天

Borderless

下

天下，在乎正义和你

天
Borderless
下

民法的人文精神

第二版

徐国栋——著

法律出版社
北京

图书在版编目(CIP)数据

民法的人文精神 / 徐国栋著. -- 2版. -- 北京：法律出版社, 2021
ISBN 978-7-5197-5684-0

Ⅰ. ①民… Ⅱ. ①徐… Ⅲ. ①民法－研究 Ⅳ. ①D913.04

中国版本图书馆CIP数据核字(2021)第109190号

民法的人文精神（第二版）
MINFA DE RENWEN JINGSHEN (DI-ER BAN)

作　　者：徐国栋
策划编辑：高　山
责任编辑：高　山　邓颖君
装帧设计：贾丹丹
出版发行：法律出版社
编辑统筹：学术·对外出版分社
责任校对：周合芝
责任印制：陶　松
经　　销：新华书店
开　　本：A5
印　　张：12.75
字　　数：281千
版　　本：2021年10月第2版
印　　次：2021年10月第1次印刷
印　　刷：中煤（北京）印务有限公司
书　　号：ISBN 978-7-5197-5684-0
定　　价：69.00元

销售电话：010-83938349　客服电话：010-83938350　咨询电话：010-63939796
地　　址：北京市丰台区莲花池西里7号(100073)
网　　址：www.lawpress.com.cn
投稿邮箱：info@lawpress.com.cn
举报盗版邮箱：jbwq@lawpress.com.cn
凡购买本社图书，如有印装错误，我社负责退换。电话：010-83938349

作者简介

徐国栋

别号东海闲人。1961 年生于湖南省益阳市。从 1978 年至 1991 年，在西南政法学院、中国政法大学、中国社会科学院研究生院收尽学士、硕士、博士学位。先后在江西大学、中南政法学院、厦门大学任教；在罗马第二大学、米兰大学和哥伦比亚大学访学。主研民法基础理论和罗马法。任外国法制史研究会副会长，民法研究会常务理事。代表作为《中国民法典研究：徐国栋卷》（厦门大学出版社 2017 年版）、《绿色民法典草案》（社会科学文献出版社 2003 年版）、《民法基本原则解释—诚信原则的历史、实务、法理研究》（北京大学出版社 2014 年版）、《民法总论》（高等教育出版社 2007 年版）等，在《中国社会科学》《中国法学》《法学研究》等刊物发表论文 280 余篇。

10 年讲座新心路（代再造版序言）

10 年前，法律出版社出版了我的讲座选集《民法的人文精神》，它张扬一种去财产中心化的民法观，主张民法有“人”和“物”两大要素，“人”是“物”的前提，“物”应为“人”服务。这种主张我最初于 2001 年在美国访学期间提出，当时遭到“围殴”。到了 10 年前的 2008 年，“围殴”减少，但未得到普遍接受。到了 2017 年，《民法总则》在对象条款上采用了我的主张。更有甚者，在体系设计上也贯彻我的主张：把民事权利的列举由《民法通则》财产权在先，人身权在后改为相反的顺序。我的主张遂由学说上升为立法。现在，在诸种民法总论教材中，要找一本以“物”前“人”后方式谈民法对象的，倒是不可能了。我的人文主义民法观从孤立派到少数派到立法到通说的逆转过程，《民法的人文精神》一书显然出了力，为此，我对法律出版社和高山编辑心存感激，更感激的是他还请我出该书的新版，这似乎是本书包含的观念的价值的一个明证。当然，我还要感谢所有邀请我讲座者、辛苦记录并整理者、听讲者，以及为本书题写书名的书法家胡育先生。

这10年间，我还实践了讲遍京城名校的想法，利用进京开会、办事的机会，从北大开始，到清华，到经贸大学，到法大、中央民大、中央财大、北联大等，一字排过来讲，京城讲透透，出版本书初版时未去讲过的名校，现在基本讲到了。于一所大学，讲座是对它的一次探索，我充分利用这样的机会，利用的方式是吃它的食堂。一般的讲座邀请者以为我虚言不做安排，只有某大把我的请求当真，让我吃了它的比较难吃的食堂。不吃难吃的他校食堂，怎知厦大的食堂之好？当然，堪与厦大食堂比试的有武大的梅园餐厅，我在那里卸掉了作为厦大食堂长期食客的骄傲，惊叹食堂还能如此经营！这是我近期在武大讲座的特殊体验，不过该校不属于北京。

本书10年前的版本收录讲座记录稿14篇，在本版本中保留了7篇。去掉的理由是篇幅限制，高山编辑在出版合同中要求书稿在30万字左右。这个要求逼迫我把收集到的47万字的讲稿记录稿去掉17万字。为此，去掉了每个讲座的“主持人语”以及末尾的“提问与回答”实录，还去掉了“跋”。旧版的附录二“作者历年讲座清单”被取消，因为2016年夏在鹿特丹丢了电脑，把更新到那年的讲座清单丢掉了，还原起来太费脑筋，而且费篇幅，故舍弃。

在去掉上述可有可无的文字后，书稿还有40多万字，为了篇幅达标，必须“割肉”。割掉与书名与“人文精神”词素的关联度不强的文章，以及并非讲座记录稿的文章，如此删掉“旧文”7篇，补进“新文”3篇。故现在的本书收录讲座记录稿10篇，但篇篇都包含“人文精神”。非独此也，我还根据逻辑关系对“新文”和“旧文”进行了重新排序。此外，旧版的附录一属于方法谈，这次以新的方法谈“外语就是力量，数据库就是腹笥”替换之。

本书书名中的“人文精神”有二解。其一，人法为先的民法观，换言之，去财产法中心的民法观。其二，为了人的民法观，换言之，反 GDP 中心的民法观。

第一篇文章《民法帝国主义——民法到底是什么?》说的是民法从其起源来看，不过是人们缔结社会契约形成市民社会后调整这个社会的法，所以，民法打一开头就是社会组织法(这是人法的另一个说法)。第二篇文章《民商合一的罗马经验与意大利经验》旨在说明，民法不过是非商人法，这是从另一角度揭示民法中的人的属性。第三篇文章《两种民法典起草思路——新人文主义对物文主义》，旨在强调主体法（人法）相对于拥有法（物法）的先在性。第四篇文章《苏式民法调整对象定义的流变》旨在说明苏联及其从属国错误处理“人法”与“物法”关系的经验及其对我国的影响。第五篇文章《人身关系的三维透视》力图证明“人法”的真正含义，以便找到它应被前置于物法的理由。第六篇文章《寻找丢失的人格》，力图找出苏联系国家在描述上无视人法，在制度上保留人法的矛盾。第七篇文章《从身份到契约，从契约到身份——两种社会组织方式纵谈》试图揭开人法中的“身份法”的奥秘。不揭开此等奥秘，就不可能证明人法的重要性。第八篇文章《民事死亡·社会死亡·社会瘫痪——市民法的规训之道》具体说明民法是如何为了惩罚或区隔的目的制造不平等的。第九篇文章《对体外受精胚胎法律地位的比较法考察——

财产、私生活利益还是人？》试图证明人工胚胎是一种在主体与客体之间的存在。第十篇文章《取得时效制度在人身法和公法上的适用》试图证明取得时效是兼跨人法和物法的一个制度，人们可依据它取得身份，而不仅是取得财产！

附录“外语就是力量，数据库就是腹笥”强调我们所处的“通过数据库阅读全球各种语言的文献”的研究环境及其利用之道，不懂此等利用的人难免落后于时代。

10 年前我为本书出版写的序言记载了当时我父亲病重的情境。老人家当时能活过来医生说是奇迹，能活 10 年更是大奇迹。但他终于在今年正月初二走了，终年 93 岁。他生于辽宁，壮于湖南，死于湖南。他带给我辽宁北票的籍贯以及假冒的湘籍法学家的嫌疑，外加我选择做北人与南人的自由。这样的自由意味着投机：当南方关联不好时，我说自己是北人，反过来也是如此。不过，随着作为南方人自信感的确立和巩固，我是越来越坚持自己的南人身份了。无论如何，10 年前我尚有病中老父，如今我已是无父之人矣！人皆天地过客，唯思想不死，希望本书承载的思想如此。若再过 10 年，法律出版社还喊我出本书的新版，则我之幸也，尽管那时我将是 67 岁。至于再过 20 年如何？还是到 2027 年再去设想吧！

是为序。

2018 年 8 月 13 日晚于鼓浪屿干部疗养院 6106 室
2018 年 12 月 28 日重写
2021 年 9 月 16 日修订

22年讲座心路（代序言）

我从1986年始至2008年，凡22年，在全国6个大区，国外两个大洲，5个国家的64所高校、法律机构、社会团体和其他性质的机构举办过120场讲座（其中使用外语的有13场），讲过约66个主题。换言之，小一半的场子是重复讲授，重复率不算高。这些讲题法学的居多，但也有法学以外的，例如，我在正规法学院的处女讲《政法院校概览》和在意大利外国学生中心所做的“谋食讲”《中国的高等教育与中意文化交流》就是如此。处女讲诞生于1989年后我的“悬浮”状态，作为那个事件的参加者从北京飘回武汉，据说教书的资格都是可以质疑的，但当时中南政法学院的领导顶住了这种质疑，我得以平生第一次走上大学的讲台，战战兢兢教《合同法》，受到学生们的欢迎。欢迎之余还要我开讲座，我不敢过分张扬讲法学题目，遂利用我蹲过的高校较多的优势给同学们介绍全国的政法院校，尤其是北京的此等院校作为考研的指南。我的“第一次”就这样用完了，用得不怎么是地方。“谋食讲”诞生于2005年冬奇冷的罗马，我刚从比萨完成重译优士丁尼

《法学阶梯》的任务回到这里。由于改用欧元、物价大涨，我带的按过去标准绰绰有余的外汇显得不足，而且我下一站要去罗马尼亚，必须为这一站留一点钱。于是，薛军帮我住进意大利外国学生中心的免费房间，条件是做一个讲座。于是，从早上开始到晚上开讲前结束，在薛军的协助下写成了这个讲座稿并宣讲之，得到了“很精彩”的评价。我得到的回报是在这个中心免费吃住了一个星期，故以“谋食讲”名上述讲座。

讲座可以谋食乎？答曰可。丑言之，我在22年内走国内外64个主办单位讲120场讲座，就是“走穴”呀！从形下的角度看，学问像其他技艺一样，是谋生的工具，而讲座和讲课尽管都是运用学问的谋生工具，但众所周知，前者与后者不同。讲课在自家地盘进行，按课时费支付报酬——通常低下；而讲座在兄弟院校进行，按非常标准付酬——通常数倍于课时费。酬金的此等差异基于两种讲授的不同：讲课是创造少或没有，传授他人的观点而已；讲座是“浓缩鱼肝油”，创造性强，自己的东西多或占全部。因此，讲座的高酬也不怎么好拿，没有一招鲜，也无人请你讲。但请了，讲了，作为从不做律师，因而未怎么见过大钱的我，每次拿到讲座结束时举办方递过来的那个信封，都有一阵心跳，猜测其数目，得知数目后又计算此数与自己工资的比例，与自己所在单位的课时费的比例。免不得大方几天，吃得好一点，对孩子慷慨一点。

但讲座的酬金不是讲前谈定的——那样太俗，而是讲后由举办方按习俗或任意给付。“习俗”是每讲一场（2小时左右）2000元，这一价格已运用多年，现在该调了。“任意”是无良的举办方利用演讲人羞于言利的心理给出的异乎寻常的低价，如 700 元。我在经济比较发达的福建省遇到过几次这样的任意给付者，导致我不再怎么敢在这个省讲座；而在经济相对落后的湖南，我常得到让我惊喜的信封。根本的差异还是对知识的尊重程度以及到底是真尊重还是虚与委蛇。

举办方与演讲方的角色是互换的，今天我到你那里讲，过一阵，你就到我这里讲，大家对等对待就是了，这是常态。但近年发生了异常，有两所高校，自认为身份贵重，加上少数少见多怪者的追捧（说“在 A 大讲学乃人生幸事”之类），遂漂浮起来，追求起不平等待遇。他们的人来了我这里，演讲要报酬，且要高酬，并且明讲是要赚一些钱（私下里用的表达是“我的此讲是商行为”）。这样也罢了；而他们又想占便宜，吃白食，打秋风，几度请我去讲。一是不肯出路费，要我顺道去他们那些个场子；二是无报酬。我的第一次此等遭遇是坚持要报酬，举办方不得不从哪个地方淘弄出 2000 元给我。我对第二次第三次此等遭遇的反应是拒绝。这两所高校实在被宠坏了。“我们”和“他们”都是收学费从中支付讲座报酬的，我们对于学费是有进有出，“他们”是只进不出，一心想占小便宜吃白食，做空头，不懂给予的快乐。大家都对他们雄起，他们就蔫了。无酬而讲是可以的，但必须对等。我在国外的讲座多数未拿过报酬，那些请我去讲的外国同事多数都被我回请到了中国讲，当然也不给他们报酬，国际旅费的支付除外。

讲座酬高不好拿。能拿到者，要么有“货”（有真才实学之意也）；要么有“信”；要么有“逗”；要么有“白”。容分述之。

有“货”是个问题吗？来的都是学者，岂能无货？但他的“货”能不能用在贵处，则是个问题了。是否有“货”，最好在前后两头观察。“前头”是观察演讲者是否就讲题写成了长篇专题论文，因为即兴演讲是靠不住的，容易形成“人来疯”，好的演讲取决于好的事前案头作业；“后头”是观察听讲者的笔记，但凡演讲时笑声不绝、气氛活跃至极的，听讲者的本子上可能只留下几个字，顶多一张纸的笔记，这就是内容寡稀，颇似国产牛奶，小孩连续喝几个月也不长一斤肉，甚至长结石，演讲者无货或有货也不售与尔家了，甚至售劣货于尔家了。我自豪的是尽管我在开讲座时经常想着银子，但我的讲座“前”“后”两头皆好。在“前”，肯定有一篇论文，其内容与演讲内容构成“一桶水”和“一碗水”的比例，而且多数情形是未发表过的。如果我讲一个发表过的东西，会有蒙混东道主的歉疚感；一句话，我的原则是无新不讲。《从身份到契约，从契约到身份》是我讲过的场次最多的题目，为我赢得不少外快，当我于1999年在中山大学讲完这个题目得到明年再来的邀请时，我发愿以后每年都要讲新题目。当时感到这一誓愿的沉重，随着研究水平的提高，它的兑现已变得毫不费力。在“后”，是在笔记方面累死听讲者或录音整理者——这点可从本书收录的讲座稿看出来，每个稿子都有几万字，相信通常人的讲座记录稿没有这么长。我曾做过一个实验，开讲前把我的一个听众的空白笔记本称了一下，有二两重。讲完后把本子复秤，发现有二两五重，几乎没有质量的单个字加起来的重量竟然有半两之重，所以我的讲座的内容是浓稠的，颇似外国牛奶，喝了出足球明星，所以，我对得起东道主的无论多么厚的信封。

有“信”，指掌握立法信息，北京学者具有这方面的优势，于是，有一些京城学者到了外地，专讲在某个立法会议上张三讲了什么，李四讲了什么，王五又如何折中了前面两位的意见，等等，这样的讲座听多了，觉得学术性欠强，遂在我担任中南政法学院科研处副处长时发愿阻止，希望来讲座者讲一个专题，但由于大家对北京学者的崇拜太强烈，对立法信息太好奇，这一愿望未得实现。不过，这样做的学者到了北大就不讲立法信息而讲专题了，所以，我的结论是他们看不起我们外地人。后来，我自己也参加了一次物权法的立法会议，开头听到宣布会议纪律，其中包括不得把会上每人的发言内容对外透露，因为这样对被透露者不公平，消极后果之一是让他不敢畅所欲言，把一些不成熟的想法说出来；消极后果之二是缺乏核对，你说张三这么说了，你的听力和理解都可靠吗？这才知道过去接待的“会议消息贩子”这么做是违纪的，是无视他人权利。顺便一提，我本人就是这样的“转述”的受害者：在民法典的结构设计问题上，我从未主张过采用法国模式搞三编制，但有个别学者凭耳朵而非眼睛获得知识，但听力又不佳，遂逢人就说我这样主张了，大会小会，全国各地到处讲，弄得一些后生娃子跟着瞎起哄，陷入罗生门，弄得我浑身长嘴也辩不清。利用这个机会我郑重声明，我从未讲过这样的话，后生们要引用这句话并把它记在老徐名下的，务必从我发表在期刊著作上的白纸黑字出发。如果找不到，那就别引了。

有“逗”，指能打通讲座与说书、说相声的界限，实现三者一家亲。通常这样的讲座气氛活跃，笑语喧哗，但听者往往带着一个空本子来，带着一个空本子回。听一次两次可以，权当解闷，通常到第三次就疲劳了。认真的求知者不喜欢这样的讲座。依我看，这样的演讲者的演讲记录稿要结集出版，比骆驼穿过针眼还难！

有“白”，指来自欧美的白人学者。外来的和尚会念经，白皮肤的和尚更会念。有的国人则是见了白人矮三分，请来的洋和尚爱怎么念就怎么念，结果许多念的是 ABC。其实不怪人家，他们也不懂得你们需要什么，达到什么样子才够水准。在国外期间，看到我身边的洋人马上要去中国讲学，却未定要讲的题目（当然没有讲稿），我不免觉得屈辱。到后来我安排外国人的讲座时就刻意避免这种状况了：先以我为主与对方确定题目，然后要求对方在动身前数周把稿子寄过来翻译，再精心组织现场的口译，效果不错，主客皆欢，我们获得了需要的知识，客人感受到良好的效果并得到在中国出版其讲稿的好处，双方合作，推动了某一知识在中国的增进。由于好，这种方法为一些后生辈借用，那是后话。

在我的讲座史上，我总共讲过大约 66 个主题，为何本书仅收其中 14 个主题的讲座稿？因为其他的主题被讲授于前 MP3 时代和前网络时代，未留现场记录稿也。后 MP3 时代的讲座都被更方便地录制下来。网络时代则使这些录音被整理成文字稿后登载于主办单位的网站成为可能。由此我得以收集它们编成本书。所以本书收录的都是些真讲座，每讲都标明讲的时间地点，而且多数有明确的整理人。为此，我要感谢所有的邀请单位和所有的整理者，由于我的讲座内容浓稠，他们给我的信封不薄呢，他们为整理我的讲座要花的时间不少呢！当然，由于每个讲座都以一篇文章为底，本书所收讲座多数有相应的文章发表并被收入我的某个文集，但这些演讲稿由于其口语化表达、附加的临场发挥以及末尾通常有的提问和回答使它们与文章本身不同，值得另外收藏和阅读。

上面的一些话暗示了我的 22 年讲座史与技术进化史的关联，确实如此！这一进化史可以“从一支粉笔到 Powerpoint 文件”形容。我现在的讲座，是越来越离不开电子课件了，它让我在单位时间里向听众传达更多的信息，让我的讲座更为“浓稠”，不光冲击他们的耳，而且冲击他们的眼，从一路“注射”到双路甚至多路“注射”，把更多的人变成新人文主义民法理论的信徒。不过，MP3 使听讲者盗窃演讲者的未发表成果更方便，我有一次这样的遭遇，导致我有只讲已发表的文章的心动，而这是多数讲座者的选择，他们演讲时是不爱被人录音的，但我最终还是采用了冒险主义的立场。面对着讲台上的一大堆 MP3，我作为受到款待的客人不好意思阻止这样的过分录音，只有华东政法大学的主持人著作权意识最强，在一次讲座中，未等我开口，他们就把这些 MP3 排开了，只留下科研处的一台，并明确承诺由于我的讲座内容在投稿过程中，在它得到发表前不会把我的讲座内容挂在网上。

讲座是我学术生活史中的一个重要部分，也是我旅行的翅膀，凭借它，我到了许多未到过的国内国外地方，看了许多神奇的景致，我得以开阔眼界、收集资料、结交朋友、获得灵感，为新讲座的孕育铺平道路。尽管如此，整理自己 22 年的讲座史，才发现自己还有那么多的城市，那么多的大学未去讲过，例如，西北地区只讲了西安一个城市里的一所高校，南京大学、西安交大竟然未去讲过，尽管已得到邀请。又如，我服务过的南昌大学未去讲过，我的原籍地辽宁的大学未去讲过，新疆、西藏未去讲过，不免怅然，看来，我还要努力，生产出更多更好的讲座，靠它们讲遍中国的大江南北、长城内外、西中东三部，讲遍中国的主要法学院！

看官可发现，在我的讲座经历中，我在中南政法学院、厦门大学和宁波大学讲得最多，它们都是我长期或短期服务的单位。在中南举办的讲座群是对我学术上的沉潜期的反映。惭愧的是这些现在我看来不是很好水准的讲座竟成为中南许多学生对母校的标志性记忆物。我在厦大所为之讲座群水平无疑高得多，数量也不少，但未必能成为该校学生的母校标志，何以如此？答曰地也！沿海之地的学生不如内陆之地的学生有理论偏好，把上海、厦门、广州的学生与武汉、西安、重庆的学生比，都会得出这一结果。答曰时也！在中南之时为讲座具有轰动效应之时，我记得当时的讲堂的窗户等可待人的地方挂满人的情景，记得在西北政法学院讲时有听众（而且是大眼睛的维吾尔族姑娘呢！）待在我的讲台下的空间的情景，而此时沿海的最好情景是座无虚席，但无站客。现在厦大演出《阴道独白》时出现悬吊性观众的情景与我当年在武汉开讲座的情形差不多，我不得不切实地承认，我的讲座，或许是多数同事的讲座，进入干不过《阴道独白》的时代了。

本书的名称是《民法的人文精神》，本序言或可以“讲座的人文精神”名。人们公认，近世的人文精神最集中地体现在文艺复兴时期的意大利一位演员对一句希腊名言的重述上：

“我是人，凡人具有的一切我皆具有。”[1] 此语中的“具有”既有“形上”的方面，如对神的敬畏和崇拜、对彼岸的遥望；也有“形下”的方面，如对物质利益的计算。本序言展示了我的讲座经济学，我斗胆认为它是暗藏于人人之心的，因而属于人性的一部分，我把自己的这一部分端出来让大家看，是对人性的张扬，但这并不能证明我不具有一定的“神性”，这种“性”可由本书收录的诸讲座中表现的对真理、和谐、至善的追求证明，并由它们对听讲人知识的增进和心灵的陶冶所证明。确实，它们中的许多都成为了听者的母校记忆物呢！呵呵！

是为序。

2008 年 12 月 16 日于胡里山炮台之侧，其时也，
82 岁老父已病卧医院 9 日矣

---

[1] 此语出自罗马喜剧家泰伦提乌斯的喜剧《自我折磨的人》。参见［古罗马］西塞罗：《论法律》，王焕生译，上海人民出版社 2006 年版，第 196 页注释 2。

目录

第一讲

民法帝国主义
——民法到底是什么？

如下是我影响最大的讲座。在整理本讲座稿时，我惊讶自己在3个小时内讲了如此多的高度技术性的内容，又惊讶地回想起当时满满一个礼堂的听众——其中许多是站着——聚精会神地奉陪了我3小时。在内地和故地讲学的感觉，真好！

谢谢大家的掌声！谢谢陈小君副校长的邀请，让我能够在离开中南4年以后，回到这个我曾经工作了13年的地方。人生中间有几个13年呢？我生命中很重要的一段时光是在这里度过的，所以我对这里怀有深厚的感情，对中南的学生，包括厦大的，我都另眼相看。（笑声，掌声）而且中南的网站我经常访问，我在上面还有化名的，不过我不能告诉你们。（笑声）反正回到这里我很高兴，对中南的学生的偏好也不是完全出于一种地缘主义，而是说我很欣赏中南学生对理论的热衷。我接触的各个大学的学生比较多，中南的学生是比较好理论的，这是很好的。今天能够来这么多人，也是一个很好的见证。我在全国各地讲过很多学，发现有两个集团：第一个就是沿海集团，在广东、在上海、在厦门，是一种感受；在西安、在重庆、在武

汉又是一种感受。这样人山人海的场面我是很久没有见到了，所以也感到特别的兴奋。(笑声，掌声)

今天我要讲的就是“民法帝国主义——民法到底是什么?”，这样的一个老题目。事实上，我在这里是想作一个解释：民法到底是什么？这是一个即使是做了一辈子民法的人也不见得搞得清楚的问题。这个问题的来历如何，我想以一个引子来开始。

作为一个民法的职业学者，我从 1984 年开始研究民法，至今已 20 年，在这 20 年中，有 4 个问题一直困惑着我：

1. 民法的命名方法为什么不同于其他部门法？其他部门法都是以其调整的人类的行为类型来命名的，如刑法、劳动法、行政法、经济法、环境法、社会保障法，等等。他们命名的特征一目了然，看了名称就知道它是干什么的。而民法却没有告诉我们它调整哪种人类行为类型，只告诉了我们一个可以实施这种人类行为的主体。

2. 为什么民法的体积远远超过其他部门法？按潘德克吞体系，民法包括总则、物权、债权、亲属、继承、知识产权 6 大部分。每个部分都相当于一个部门法。例如，《刑法》400 多条，而《合同法》就 400 多条，所以作为一个民法学者就意味着付出加倍的劳动，6 倍于其他学者的劳动量。因此每个民法学者毕其毕生精力，只能穷尽其中一个领域，成为总则的专家，或者是债法的专家，或者是物权法的专家，等等。我想，要全面征服这 6 个领域已超越了个人的能力。那么，为什么会出现如此的比例失调？

3. 为什么在一些民法典中，在一些民法著作中，这些立法者们或这些著作家们，都要义不容辞地首先抛开民法谈论法的一般问题？例如，郑玉波先生的《民法总论》，其中谈到“凡有人类就有社会，凡有社会就有法”，从法的一般现象着手，最后落实到民法。又如，萨维尼的《当代罗马法体系》，这本书是对德国当时现行法的研究，因为德国人把罗马法作为其现行法，所以他的罗马法是在当时德国有效的罗马法。这本书开头就是谈法的一般规范，法的一般定义、权利、立法权的来由、法律规范的特征，最后落实到民法。20 世纪的著作都是如此。从立法上来看，我们知道《法国民法典》有一个序编（我们的徐涤宇老师翻译成序题），首先规定的是法律生效，即在法律颁布以后离首都每隔 100 千米生效日滞后一天。在伊比利亚拉丁美洲的民法典中都有这样一个序题，它们规定的都不是民法问题，而是法的一般问题。举一个最近的例子，1998 年《阿根廷民商合一的民法典草案》，干脆将序题改为法典的第一编，叫作“法”。在民法里面规定法，关系所有法的问题，大家觉得有什么奇怪的吗？我觉得从《法国民法典》开始到伊比利亚拉丁美洲各个国家的民法典的序题是一个不好的表达。因为序题的英文表达是“Preliminary Title”，Preliminary 是“First”的意思，即在门槛之前，并没有概括出它的内容来，仅表示出其在编码体系中的地位，但是，作为一编以后，就揭示出它的内容来，这是一个重要的转折。第一编是法，第二编是民法总则，那么这样就产生一个很大的问题，那就是：为什么人们要在民法中规定法的一般问题？它的理由何在呢？

4. 为什么中国的翻译家在翻译国外的民法著作时会突然

发现不论是法语中的"Droit civil"还是德语中的"Bürgerliche Recht"都与我们理解的意思是不一样的？这里的问题是：我们理解的民法是什么？我们理解的民法首先有两个界定：第一，民法是一个部门法。我们的基本前提是从宪法出发，派生出一系列的部门法，民法是其中之一。有些民法学者出于对自己专业的热爱和对自己专业的认识，说民法是二级大法，比其他部门法高半级，相当于"副部级"待遇，（笑声）仅次于宪法。第二，民法是调整人身关系和财产关系的法律。这是我们日常的理解，是我们在日常用语中以及渗透到了我们日常思维中的一种对民法的理解，一旦在西方语言中使用不同的用法，也就是他们的民法的含义不同于此的时候，我们就把握不准了。举两个例子，第一个例子就是孟德斯鸠的《论法的精神》（商务印书馆 1963 年版，下册第 173 页），孟德斯鸠讲了一个这样的事情，他们把市民与国家之间的关系交由民法来调整。译者因此在这里加了一个注释，说"这里所讲的民法不是我们通常意义上讲的民法，而是一般的'人为法'"。其实，这种理解是不对的。以后有机会我会给大家讲讲孟德斯鸠的这句话应该如何理解。第二个例子是康德《法的形而上学原理——权利的科学》（商务印书馆 1991 年版，第 146 ~ 147 页）讲道："问题发生在这里，一次规定服从的真实契约，原来就订立在公民征服成立之前，此事是否属实；或者，是否这个权力产生在先，而法律只是以后才有的，或者可能是这样的顺序。由于人民事实上已经生活在公民的（或文明的）法律之中，这类问题或许完全是无目的的，或者是对国家充满微妙危险的。"此时，译者沈叔平先生对"公民的法律"这个词理解不了，于是又加注释："这里所讲的民法不是我们所理解的民法，而是有别的意思。"大家稍等，在下面我讲了西方历史解释模式以后，康德的这句话一下子就能理解了。

以上就是这 4 个问题，我拟通过如下的研究最后回答它们。

一、民法的词源

"民法"这个词是从哪里来的呢？大家知道是来自拉丁文中的 Ius Civile，中心词是 Civile，而 Ius 是一个广泛的概念，有很多个 Ius，正是因为 Civile 对它加以限定，使它变成一种特别法。Civile 源于一个动词——Ciere，意思是"召唤"。从 Ciere 这个动词产生了它的直陈式完成时形式，叫作 Civi，从它又产生了一个名词，叫作 Civis，是市民的意思。市民这个词是后来演化而来的，实际上它最早的意思是"被征召者"，就是军人。所以我们看到一个很有意思的现象，在最早的时候，所谓的民法就是被征召者、民兵的法。这形成了极大的讽刺，因为现在民法这个词的原义与民兵是恰恰相反的。我到路易斯安那去，他们民法的第一号人物意亚那布勒斯，一个名字很长的希腊裔美国人，为我的到来组织了一个活动，让我们"民字号"的人聚一聚。他们把民法学者称为 Civilian，我一听，就是平民的意思。我一下子变成"平民"了。（笑声）为什么民法的主体 Civis 是一些军人呢？如果对当时地中海文明不了解就很难想象。我认为，民法的一些特性是由地中海的两个半岛的文明属性决定的：一个是伯罗奔尼撒半岛，另一个就是亚平宁半岛。前者是希腊的一个地方，后者属于意大利。要在我们中国寻找一些解释上述现象的历史事例的话，我觉得是可以的。一个例子是在太平天国时期，抵抗所谓的“长毛”。当时人们组织民团进行抵抗，尤其是在安徽，人们自发出人出力，修筑围墙，俗称“土围子”；再组建民兵，装备武器。如果“长毛”来犯，土围子里的人们就会拿起武器跟他们干。土围子规模很小，人们亦兵亦民。这类似于古罗马的情况。另一个例子就是毛主席到了延安以后，不是有一个叫保安的地方吗？那里的地主豪绅当时就是修筑土围子来对抗毛主席领导的红军的，后来被毛主席给灭掉了。这一种土围子就很像古罗马时期的城邦。Civis 这个词是指军人，它的抽象名词是 Civitas，指一个军人的团体或是一个民兵团，后来人们把它翻译为城邦。但是我们知道，表示城的词历来就有两个，在任何语言里面都有两个。一方面可以从人的意义来观察一个城市，譬如武汉市，有 700 多万人口；同时也可以从物的角度来考察这个城市，例如，武汉市有 1000 条街道。在西方语言里，Civitas 是从人的角度来观察城市的，就是把它理解为一伙人；从物的这个角度来考察城有“乌尔布”（Urb）这个词。这个词最早的意思是“犁头”，因为罗穆鲁斯在建立罗马城的时候，他用犁头把城墙设计为方形。所以犁这个词后来变成了城这个词。民法这个词首先来自 Civis，Civis 组织成团体，组织形式为 Civitas，Civitas 严格来说应该叫作土围子，后来有些先生把它翻译为“市民社会”，王焕生先生就是这样翻译的，这是对的，但意思就有点抽象、有点玄了。然后呢，这个土围子需要法律来调整，调整土围子内部关系的各种法律规范叫作 Ius

Civile，也叫作市民法，严格说来或者说得难听一点叫土围子法。（笑声）所以从一开始，Ius Civile 这个词跟我们所宣示的民法这个词具有强烈的对抗，我们的民法是部门法之一，而这种 Ius Civile 是整个土围子里的一种大法。因此这种法注定是以诸法合体的形式存在的。我们的日常用语中暗含着对古代法的批评。我们用现代的目光来审视它，猛烈地批评它“诸法合体、民刑不分”。根据唯物辩证法的观点，任何事物都不是从来就有的，而是在不断地发展变化中形成的。我们什么时候开始用这样的论调来批评古代法？值得关注。如果这种批评不是从来就有的，我们就要搞清楚到底是从什么时候开始人们用这种腔调来批评古代法的。也就是说，在我们从古代那种民刑不分的法的整体中把民法和刑法分离出来，我们才对古代的那种诸法不分的状态不满了。所以呢，所谓的 Ius Civile 就是诸法合体、民刑不分的法。我们民法的老前辈佟柔先生，在改革开放后的第一本民法统编教材《民法原理》中说，所谓的市民法，是调整城邦生活的法律规则的总和，不是现在的部门法。这句话到现在看来还是正确的。大家至此可以明白古代的 Ius Civile 跟我们现代的民法有很大的不同。这里我们省略了一些中间环节，我们还要知道，Ius Civile 并不是城邦的全部的法，跟市民法相并列的还有 Ius Gentium，即万民法。这已经脱离了我们的主题，我们姑且不去管它。

在这里我觉得很有必要把 3 个 C 连接起来才能正确地理解民法是什么。一个是 Civis，另一个是 Civitas，还有一个是 Ius Civile。如果我们把“市”字去掉，就不能发现民法与市民社会的联系。而这个市民社会又是特定被理解的市民社会，跟我们现在所理解的变化无穷的市民社会概念是不一样的。我主张民法叫“市民法”，这样可以彰显这三者的联系；一旦把“市”字去掉，就联系不上了。这是需要说明的现象，也就是民法是什么的问题。

第二个问题，我们讲一下民法不是什么。民法不是什么，我们分两个方面来讲，第一个讲民法不是圣法。请大家注意，乌尔比安的《法学阶梯》和优士丁尼的《法学阶梯》给法学下了一个定义：法是关于人事和神事的学问，关于正义与不正义的科学。这句话大家反复地吟诵，可是我们理解了没有？它是给所有的法下的定义，我们说古代法“诸法合体、民刑不分”是不对的，这是用我们的意识形态去观察他们的法的产物，实际上他们所用的方法跟我们的不一样。他们把所有的法分为关于人事的法和关于神事的法。他们没有像我们这样彻底唯物主义化，他们认为自己的城邦是在神的帮助下建立起来的，是神选择的地方，而且，这个城邦是一个人神共居的世界。城邦的人们认为世界上有3种生灵：第一个是神，第二个是人，第三个是Animal。这3种生灵中有两种是有理性的，即人和神，他们就这样把人跟神的地位并列了！我在城邦里走路一不小心就有可能撞上哪位神，我在讲课之前就要敬拜讲台之神；（笑声）各种各样的物品都有相应的神，所以说他们的意识形态跟我们是不一样的。而且人与神的关系有一个很大的特点：冒犯神的行为总是个别的，但是神的惩罚总是集体的。所以就有这种观点，亵渎神明的行为，不是个人行为，而是危害公共安全的行为。所以作为一个神的信奉者，首要的任务就是敬拜神。所谓人法是调整人与人之间关系的法，但是它的终极目的是取悦于神，那么就应该有所不为。这里就不多讲了，因为星期天去工作是冒犯神的行为，至于有些小财迷不顾神的禁令，利用周末的时间去发点小财，做点兼职，这种致富方式会惹得神不高兴。（笑声）调整神事的法律的总体也就是圣法，至今都是存在的，只不过由于近代民主国家兴起以后，促进了国家的世俗化和政教分离，这种法实际上被隐而不显了，而在另一个领域仍然存在，譬如《教会法大全》，现在我们有它的中译本，不过看它的很少。在每一宗教派别里边都有自己的宗教法。不过如果不是一个教徒我们就不知道它的意思，我们只跟世俗法打交道。这是一个非常大的差异。简单地说，古代法也是有法律部门的，只不过他们的法律部门没有我们现在的这么复杂，它只有两个法律部门，一个是圣法，或者叫 Fas，就是调整人与神之间关系的法；另一个叫作人法，也就是市民法。整个的法律调整是为了维护城邦的福祉。这是第一个“不是”，就是说所谓的市民法不是什么，回答是不是圣法。第二个，市民法不是国际法。国际法严格说来是 17 世纪以后产生的一个概念，因为它的基本前提是现代民族国家的建立。民族国家不是那种土围子，不是 30 亩地，在上边养几头牛，一个人扛着长矛，宣称自己就是王，就可以了。这只是 Civitas。现代民族国家都幅员千里，战甲数万，有一个很大的回旋余地，一个很大的战略纵深，在这种情况下才有国际法。但是我们看到在伯罗奔撒尼半岛和亚平宁半岛都是一种土围子林立的世界，我们称为城邦制，意思是城邦众多，每个土围子里的人都过着亦城亦乡的生活。这就产生一个问题，因为每一个土围子或者说城邦都有自己的 Ius Civile，就像盖尤斯讲到的，每一个城邦都为自己制定法律。这种法就叫作市民法，然后市民法中那些共同的东西就叫作万民法。这样一来，马上就产生了一个问题：市民法始终是每一个土围子内部的法，相当于内国法；还有一种法，调整各城邦之间的关系，如果要进行战争，或者进行一些共同的祭祀神的活动，这样的关系就产生了。希腊从来就不是一个国家，而是由一系列具有相同文化背景的国家组成的地区，它们最主要的共同文化活动就是要祭拜他们共同的神，其方式就是举办奥运会，目的是让神高兴：看，您做的"产品"质量多好！跳得又高，跑得又快！这实际上就是一个产品展示会。（笑）人把自己当成一个基准，向神展现自己。神造人的时候是光着身子造啊，所以人最早参加奥运会都是光着身子的。（笑）这些法是调整城邦之间关系的法，当时不叫作国际法。意大利现在有学者把它叫作"跨民族法"，以避免跟现在的国际法相混淆。这是第二个"不是"，民法不是国际法。

在这里我们基本可以还原古代的法律分类方法：法律首先分为人法和神法，然后是"内国法"和"国际法"。基本上就是这么一种分类，跟我们现代人的分类方法有点类似，但是没分得我们这么细。

第三个问题要讲一下"前市民法"。前面讲过，任何事情都不是从来就有的；那么我们刚才所描述的市民法也不是从来就有的。现在的问题是，在它之前是一种什么法呢？我们刚才已描述了现代民法的根本特征，第一个是部门法，第二个是人身关系和财产关系。同时，我要强调现代民法的一个最常见但又不引人注意的特征：现代的市民法是以个人为单位的法，跟国际法形成了一个完整的对立。国际法的主体必须是国家，而个人则不在此行列中。不过在市民法里面国家不能作为主体，市民法的主体是个人，是以个人为适用对象的法。但是这种情况是不是从来就有的呢？如果我们熟悉马克思的历史发展理论就不难回答。马克思主义，或者更广泛地说，一种人类学告诉我们：人类的发展历史首先是从集体到个人。早期立法首先关注的是团体，这里面有氏族、家族、部落、部落联盟，等等。在市民法产生之前，曾经有一种法，它调整的不是个人与个人之间的关系，而是团体之间的关系，我们将这种法叫作奎里蒂法。罗马法在经历长期反复的历史演变之后才发展为一种以个人为单位的法，而在此之前法的调整对象是以团体为单位、以家族为单位的。以上讲的是市民法的来由，是对民法词源的考察。

二、市民法与西方主流历史解释模式

首先回顾第一个问题，我们说市民法不是从来就有的。所以，我们第二小节首先要探讨的问题就是市民法何时存在。我们所理解的这种以个人为单位的法即市民法是何时存在的，以何种形式存在？至少在理论上我们应有一种设想。对于这个问题，优士丁尼的《法学阶梯》为我们提供了一个很好的答案。该书第 2 卷第 1 题第 11 段讲到这么一句话："而显然，自然法更古老，因为它是由自然从人类产生起就设立的，事实上，市民法则在建立城邦、创立长官、法律被写成文字时，才开始存在。"这段话很简单，向我们描述了两种状况的对立。第一种状态我们把它叫作“三有状态”，有城邦、有长官、有成文法。用我们现在的话语来讲就是已实现了国家状态。“三有状态”无非是说有了公共权力，公共权力开始制定法律，为了适用法律，就设立了长官。“三有状态”用马克思主义来讲无非就是一种国家状态，政治权力状态。“三无状态”是一种相反的状态，没有城邦，没有土围子。没有土围子怎么样？西塞罗在其《论寻找》里描述：人们到处游荡，没有廉耻，没有婚姻，也没有所有权的概念；高兴的时候就进攻别人，不高兴的时候就被别人进攻。（大笑）这种状态用马克思的话来说就是原始社会，用西方主流政治学语言来讲就是自然状态。没有土围子自然就没有土围子的长官，也没有为维持土围子的秩序所必要的法律。我们在这里显然看到了两种状态的对立。我们看这一段话实际上是符合辩证法的呀！它实际上讲到了在市民法产生之前，有一种自然法。这种自然法又可以被置换成奎里蒂法，跟我们思考的坐标系不一样，所以用了不同的术语来表达。这段话很有意思，它告诉我们一个信息，认为市民法不是从来就有的，也不是永恒的。另外，它贯彻着一种进化论的思想，描述了一种比较低级的社会形态被一种更加高级的社会形态取代的过程；但是它没有告诉我们这种取代是怎样完成的。我们可以从其他的来源探讨这种转变的途径。我们知道西塞罗是罗马法的灵魂，他的很多著作是对罗马法的一种深入的阐发。那么按照西塞罗的想法应怎样来完成这种转变呢？刚才我们已说到，西塞罗描述了自然状态中的人类那种悲惨的状况，人们像野兽一样在丛林里漫游，相互攻击，最终是谁结束了这种状态？西塞罗暂时不答。西塞罗曾经学过法律，后来觉得法是一种很低级的科学，只有演说术才是最高级的。演说家的观点通过其口才能一下子影响这么多的人，这才叫来劲呐！（笑声）所以他出于职业的偏好，认为结束这种状态的只能是演说家。他比较聪明，站出来发表演说：啊！你们这样搞不好。你们现在是公说公有理，婆说婆有理，你现在欺负别人，但是谁能够保证你们的下一代不被别人欺负呢？今天你的身体状况好，你欺负了别人；明天你的身体状况不好，你也是要老的呀，你又得受别人欺负。这样不好，为此我们要建立一个和平的社会，无论我们的身体状态好不好，我们都能够得到一种公正的处理。我们不欺负别人，别人也不欺负我们。要结束这种状态就要联合起来，订立一个协议。这就是社会契约的思想。尽管他没有明示地讲到社会契约论，但是后来很多分析西塞罗的思想家都把他归结为契约论者。西塞罗的这些演说家为动员大家订立契约就进行游说，之后就形成了一个公意，这个公意必定会形成社会契约。在这里我们看到了市民法与西方最经典的历史解释模式之间的一种联系。这个历史解释模式是什么呢？就是被反复张扬、被反复重述的一个历史解释模式，被卢梭、孟德斯鸠、康德等很多的学者反复张扬的一种模式。人类社会是经过这么一种状况发展下来的：首先是自然状态，简单地说，是一种没有公共权力的状态，是自力救济的时代。然后通过社会契约我们进入了一种公力救济的时代。公力救济靠什么？靠公共权力。所谓的社会契约论，就是描述公共权力来源的合法性的一种理论，是主权民授论。按照这种理论，每个人把自己的部分权利让渡给公共机构，让它根据我们的利益代理我们行使。这样的话，公权力就产生了。这就得出一个很简单的图式：自然状态—社会契约—市民社会。请大家注意，这里说到的市民社会绝不再可以理解为土围子、城邦。它已经被抽象化了，不再是我们在追溯市民社会词源的时候谈到的物理意义上的土围子，而是一种政治秩序意义上的Community。这两种状态替换的中间环节是什么呢？是社会契约。所以市民法跟政治理论有密不可分的联系。这种市民社会的法才是真正的市民法。所以在建立政治权力以后的所有的法律都叫作“市民法”。

以上这个模式让我们换一种语言来表达。上述历史解释模式被马克思主义遵循并改造。马克思主义在几个方面改造了这个模式。从古希腊，一直到近现代的西方，人们在看待历史时逃脱不了这种思维模式，但是它会在个别的环节上做文章改造这个模式。我们刚才所讲到的自然状态，在马克思主义的术语里叫作原始社会。我们讲到的市民社会——这种有公权力的状态——马克思主义的术语叫作国家状态或政治状态。然而，两者之间的过渡环节是怎样的呢？就是马克思所说的阶级斗争、暴力革命。然后，马克思主义把市民社会加以分解，分解成一系列的社会发展形态：从原始社会，到奴隶社会，然后是封建社会，资本主义社会，社会主义社会，直至共产主义社会。共产主义社会是继续轮回还是向前发展，他就没有告诉我们了。马克思主义的历史观在这里似乎达到了人类智力的极限。我们如果要求他回答这个问题，与其说这是向人提出的要求，不如说是向神仙提出的要求。这种要求是不合理的，应该被断然拒绝。（笑）所以我们看到，民法的命名方法为什么与其他部门法的命名方法不一样啊？是因为民法的政治性强啊！离开了这个历史发展模式就无法理解西方民法，无法理解西方带有Civil词头的任何一个词。这种模式是在西方所有的经典作品中反复回荡的，是一个主旋律。在这里我们实际上看到，西塞罗把罗穆鲁斯用手和脚做出来的一个东西，在理论上加以理论化了。我们刚才讲到的土围子是罗穆鲁斯这个古罗马的建立者，一个赳赳武夫所做的一件事情；然后西塞罗把它理论化、抽象化。所以Civitas在罗穆鲁斯那里是一伙士兵的意思，在西塞罗那里就成了文明状态、公共权力的意思。这就是从不同角度所作的不同的描述。那么现在我们就得出一个结论，就是市民法是调整世俗生活的规则总和，而不是我们现在理解的部门法。我们下面就开始来求证：我们这种理解是否正确，能不能在西方几千年的文献中间找到印证。如果能够得到印证，我们的理论就成立了。否则，就要修改我们的理论。

三、优士丁尼《市民法大全》体系中的市民法

优士丁尼的《市民法大全》，读作Corpus Iuris Civilis，Corpus是整体的意思，Iuris Civilis是“市民法”一词的复数。这一本大书包括了4本书，第一本是《法典》，第二本是《学说汇纂》，第三本是《法学阶梯》，第四本是《新律》。中南还开罗马法课吧？开了大家就知道。这4部作品中，《法典》是汇编的皇帝的敕令，分为12卷；《学说汇纂》是对历代学说的综述，分为50卷；《法学阶梯》是法学教材，分为4卷；《新律》是对优士丁尼在颁布上述立法文件后补充颁布的168项敕令的汇集，不分卷。我的基本思路就是考察这4本书的内容，

看它是我们理解的调整平等主体之间的人身关系和财产关系的法还是所有的世俗法。如果我们确认的结果是第二个，那么我们就认为写书的人所理解的市民法与我刚才描述的市民法是一样的。大家明白了吧？我的基本思路就是由果推因，由这个果子看它是怎么长成的。

首先我们看《法典》，它的内容分为12卷，第一卷是法的渊源和教会法，教会法就是调整国家与教会之间的法，在西方国家是一个法律部门。从第二卷到第八卷是私法，分量很大，表明了西方私法本位的传统。第九卷为刑法，第十卷到第十二卷为行政法。由此可见，这个法典不是作为一个部门法的民法，此民法非我们所理解的民法。

第二个我们讲讲《学说汇纂》，它的内容非常杂，一共有50卷，分为7单元。第一单元叫作头编，它的第一卷包括了法的一般理论，法的渊源，人格身份，物的分类，各种长官的职责，等等。我们看到一些法理学的内容，像后来的民法学者一样，写民法教材的时候，制定民法典的时候，都要谈一下法的基本理论。你看看，讲的是所有的法的渊源，不光是民法的渊源！另外还包括了一些总则性的内容，一些行政法的内容，各种长官的职责是行政法里的职官法。它的第二卷涉及管辖权、传唤、诉讼期日、和解、诉讼代理、滥诉、诉讼终止等内容。第二单元是从第五卷到第十一卷，以审判为主要内容。然后第三单元是从第十二卷到第十九卷，以物为内容，主要是物权法方面的规定。第四单元是从第二十卷到第二十七卷，以交易为内容，主要规定各种合同，法律行为。第五单元以遗嘱为内容，是继承法。第六单元是个大杂烩，主要涉及继承和侵权行为。第七单元以要式口约、私犯和犯罪、上诉、各种地方事务的管理为内容。那么简单来讲，这50卷的内容也是诸法合体、民刑不分的。但是我们始终看到一条很清晰的脉络，它的私法始终是主体，其次包括一些诉讼法的内容、刑法的内容、行政法的内容。

第三我们再看一下《法学阶梯》。《法学阶梯》是4卷，98题，它的内容很清楚，主要是民法，但是前面也包括很多一般的法的理论，主要谈的是一般的法的分类。它的第一句话就是"正义是分给每个人以其权利的不懈的、永恒的意志"。第二句话是"法学是研究人事与神事的学问、正义与不义的科学"。如果把《法学阶梯》确认为民法典——它确确实实是很多民法典的蓝本，《法国民法典》就是以它为蓝本写出来的——它把自身的胎记带给了《法国民法典》，因为该民法典首先规定的就是法的一般理论。然后我们看到，《法学阶梯》最后的几卷里是刑法的内容。它的侵权行为法实际上包括了我们今天的两种犯罪——抢劫和盗窃。实际上，《法学阶梯》的内容是最单纯、最接近民法的，没有那么混杂。

最后我们看一下《新律》。因为《新律》不是优士丁尼自己编的，所以它的编排方法不同于前面的3本书。它是后人把优士丁尼完成以上3部作品以后又颁布的168项敕令汇编而成的，所以它不是按卷，而是按一条条的敕令单独排列的。它的内容主要是公法和宗教法，同时又有关于继承和婚姻的规定，所以它也有很多民法以外的内容。

这是对4部立法文件内容的考察，然后我们看看它们的立法意图如何。优士丁尼在决定颁布《学说汇纂》的 Deo

Auctore 敕令里，把从公元前 753 年一直到公元 530 年这么 1000 多年之间的罗马人的法律当作自己的编纂对象。那么优士丁尼并没有告诉我们他要编纂罗马人从建城到现在的民法作为部门法的民法，而是所有的法，即他说到的全部经过将近 1400 多年的时间历程被弄乱了的古法。优士丁尼的这些意图声明也告诉我们，他无意制定一部民法典。请大家记住这句话，我们下面要讲到颁布《奥地利民法典》的皇帝叫作德雷莎女王，她命令编纂委员会编纂一部私法典。这个恰恰是跟优士丁尼的立法意图宣示不同的。

最后我们讲一下结论。请大家注意：优士丁尼的这 4 本书，最初前面的 3 部被优士丁尼自己汇编成《法典》。尽管第一个《法典》表现为皇帝的敕令汇编，第二部《法典》把这 3 本书全部包括了。我看有时间的话就给大家讲讲什么是“法典”。这个词，好像还有点时间。（笑）这次我到美洲去就看到一个“法典”。最早的《圣经》是怎样一种形式呢？它是一卷一卷的，像我们中国古代的书画一样。后来人们觉得这样不便阅读，于是就手工把长长的一卷的页面一重重地折叠起来，这就是法典的最初物质外形。这种法典根本就不意味着材料彼此之间的任何逻辑关系，因为操作者没有对材料的内容进行一种逻辑处理，而仅仅是将其物质载体改换版式。后来进一步从折缝处裁剪开，形成一页一页的书；将这一页一页的书码整齐，再在边沿处钉上钉子，就成了我们现代的书籍的样式。这样说来，所谓法典的演化只不过是把立法文件搬到纸面上：从过去的石碑啦，铜鼎啦，搬到书籍文件上，并没有强调它的内部逻辑性。但优士丁尼把他的这 3 本书合成为法典，是经过了一定的逻辑处理的。在16世纪的时候，有一个法国法学家叫狄奥尼修·虢多弗雷多（Dionisio Gotofreddo，1549～1622，法文名字叫Denis Godeffroy），他把上述4本书合成为一本大书，把它命名为Corpus Iuris Civilis，就是《市民法大全》。大家注意，《法学词典》上有一个错误的说法——它说12世纪的注释法学家把上述4本书命名为《市民法大全》。我是从法国和意大利这两国的资料来源中找到佐证的，“市民法大全”的说法是16世纪才有的。这种命名意味着什么呢？就是说从西塞罗的时代、优士丁尼的时代一直到16世纪已经过了将近两千年呐！这个命名反映了虢多弗雷多当时对市民法这个词的理解。两千年后的虢多弗雷多理解的市民法是什么呢？他认为市民法是所有的世俗法的总和。也就是说，在虢多弗雷多的时代，还没有实现部门法的划分。

至此，我认为市民法这个词有3个意义。第一种意义，是对一种历史解释模式的见证，也即自然状态—社会契约—市民社会的历史解释模式的见证，离开了这种历史解释模式，市民法就毫无意义，甚至可以毫不夸张地说，就根本看不懂古典时期西方作者的著作。如果《论法的精神》的译者和《法的形而上学原理》的译者听了我的课，他们不会提出那些问题的，呵呵！是不是？（笑声）所以市民法这个词首先是对历史解释模式的一种见证。第二个意义，它是对一种法的分类方法的见证。这种分类方法不同于我们现在的分类方法。第三个意义是什么呢？与第二个意义相联系，它是一种立法方法的表现。这种立法方法就是对于所有法都一分为二——一个是圣法，另一个是人法，把所有的人法的规范汇编成一部法典，而不是像我们这样，把所有的关于人的法分为6部法典，即所谓的“六法”。那么，这种与部门法法典相对称的法典叫什么呢？叫作“总法典”，General Code。所以“市民法”这个词从优士丁尼以后，代表了一种总法典的编纂模式。我们说法典编纂运动是指部门法的法典编纂运动，即把法律分门别类地制定成法典。在优士丁尼的时代，他们的法典编纂严格说来是总法典编纂运动，产生的是缺乏分析性的、概括的法典。所以，我们在这里可以把市民法略微地等同于市民法的立法模式。所以，我们对于市民法的这种考察可以从多个角度进行：可以从历史解释模式的角度来进行，也可以从思想观念变迁的角度来进行。如果历史解释模式发生了变化，“市民法”的含义肯定要发生变化。

下面我们从总法典的这种立法解释模式来看一看“市民法”这种总法典模式的传播。

四、总法典模式在东西方及其他地区的流播

第一个例子讲一下东欧。这里要提及的是拜占庭帝国。在这里向大家提一个小问题：优士丁尼是拜占庭皇帝还是罗马皇帝？（听众回应：古罗马皇帝）哇，错！（笑声）错了错了！优士丁尼是公元530多年的人，我们通常所讲的罗马历史是从公元前753年罗马建城一直到公元476年日耳曼人灭了西罗马帝国。在优士丁尼活动的时代，西罗马帝国已经灭亡；他是东罗马帝国的一个皇帝。在我们的学说中有一个很可怕的矛盾，一方面我们贬低拜占庭法，说它不像罗马法那样具有普适性，而是地方性的；而另一方面我们又不得不承认这种事实，优士

丁尼制定的恰恰是拜占庭法。简单地说，我们现在研究得最多的“罗马法”实际上是严格意义上的拜占庭法。优士丁尼去世以后，东罗马帝国一直延续到 1453 年。1453 年是个什么概念呢？再过两年哥伦布就要扬帆去美洲了。这是一个非常近代的概念。这个帝国是如此的长寿，垂而不死，反复地受到敌人的围追堵截，有的时候仅仅剩下两个城市——首都和另一个城市，但是它竟然还绵绵不绝地活了下来！最后是被兴起在阿纳托利高原特洛伊旧址上的一个由土耳其人建立的奥斯曼帝国给做掉了。(笑声）我们刚才讲到的这 4 本书一直是在拜占庭帝国作为一种现行有效的法律来适用的，但是它经过了很长时间后，人们看到了一些因素需要调整。第一，就是这些法律大部分来自西方，优士丁尼是对一千多年的罗马法进行整理啊，这些东西都来自意大利半岛，来自西方。对于东方的实践，并不见得完全符合需要。譬如，意大利的土地问题跟希腊的土地问题就不一样。第二，那些规则产生在共和时期和帝国时期，而现在优士丁尼时期——按照马克思社会发展进化论——已经基本上封建化了，从奴隶社会转入了封建社会。那么这些制度就非常不适应时代了，就需要调整，要把一些不适应的东西剔除。所以从公元 867 年开始，从一个叫巴西尔一世的皇帝开始，他的儿子智者列奥接手，完成了《巴西尔法律全书》。该书以它的发起者巴西尔一世命名，巴西尔在希腊文里就是皇帝的意思。这样的话完成了对优士丁尼法的改造，完成了法典的更新。现在有一个非常时髦的词叫作 Recodification“再订法典”。阳光之下无新事。优士丁尼首先搞了 Codification，然后是巴西尔一世 Recodification。它不是把优士丁尼的《法典》全部废除，而是把里边一些不好的东西剔除掉，再把一些特别法补充进来，制定一部新的法典。《巴西尔法律全书》这部法典一共60卷，集过去的4本书为1本书了。

《巴西尔法律全书》分为5个部分，下面我们把它的基本内容介绍一下。第一部分是基本规定，包括了第一卷——至高的三位一体和大公信仰。第二卷规定了正义、词语的含义与古法的规则。第三卷至第五卷规定了教务问题。第六卷规定了诸长官。这跟《学说汇纂》的体例差不多。第二部分主要是关于民法的规定，内容非常多，我也不具体念了。第三部分是海商法。第四部分是行政法。第五部分是刑法。尽管这本书未被命名为《市民法大全》，但是我们看到——如果把市民法理解为总法典的立法模式——这种模式在拜占庭帝国得到了保留。这是第一个例子。

第二个例子，我们讲一下西欧和拉美。

在西欧和拉美这个二级标题下，我要讲的第一个例子是普鲁士。普鲁士非常有意思，它在1779年起草，到1792年公布，1794年生效了一部有19,000多条的法典，就是《为普鲁士国家制定的普通邦法》。德文就是Allgemeines Landrecht für die preussischen Staaten。Allgemeines是“普通”“一般”的意思，这个名词和英语里General Code中的General是一个意思。但是这个General还有另外的意思，是指不区分对象身份的一种普遍的法。我们下面还要讲到的《奥地利普通民法典》名称中的“普通”就是这个词。邦法是Landrecht，Land就是土地，在德国同时也是国家的意思。当时的普鲁士自认为是一个国家，与它相邻的也有几个国家。为了了解德国史，我们不应忽视这个国家。现在我们看到的是德国，普鲁士只不过是其中的一部分，这样一来，我们作为一个后来人忽略了德国统一前的事实。我们把 Staat 翻译成邦，这就好比把美国的 State 翻译为州，以强调它不是国家的属性，实际上是违背历史的。当时普鲁士自认为是一个国家，它的外部关系也具有一个国家的特征。所以这个词的严格译法应该是什么？是“国法”。这个法典包罗万象，其内容包括了一切法律：刑法、公法、商法和私法。其立法者颁布的命令也说，其目的是把全部法律按照一定的层次条理用民众语言来制定。那么，其制定的成果就是总法典。它要制定的不是一部分的法律，而是全部的法律。这证明了《普鲁士普通邦法》在技术上是总法典的立法模式的残留。这里就产生了一个问题，为什么德国在攻占罗马帝国以后认为自己是这个帝国的继承人，把自己的国家称为神圣罗马帝国，但为什么没有用拉丁文来命名他们的法律——没有把它叫作 Ius Civile，而是叫作 Landrecht 呢？要说明的是德国人当时有一个“国语化”运动。德语也是在马丁·路德用它翻译《圣经》之后才登上大雅之堂的，以前是登不得大雅之堂的，学者们都用拉丁语写作。一旦德语获得这种文学语言的地位，它就被德国人维护，他们不希望在自己的民族语言里面掺杂很多外来语。所以在德语里，“民法”这个词用的是 Bürgerliche Recht，这个词就是 Ius Civile 一词的民族语言的表达方式。但是以后的瑞士、奥地利就没有德国的这种民族自豪感，他们所说的民法这个词叫作 Zivile Recht。但是德国人就不这么干。我们举一个例子来说明。德文曾经用 Zigarre 这个词表示“烟卷”。德国人认为这个词不好，是 Cigarette 的演化，不是真正的德语词汇，是一个被污染的外来语。他们就想造一个德国的民族词汇来取代这个词，向全国征集替代方案。有 400 多人应征，提出了 200 多个新词。后来用 Ranchroll 这个词取代了 Zigarre。Ranch 在德文里就是“抽”的意思，Roll 就是卷卷，两者相加，得出烟卷。在用民族词汇来取代外来词汇的运动背景下，我认为 Landrecht 是对 Corpus Iuris Civilis 的意译。所谓的古代的市民法，应该正确地理解为“国法”。优士丁尼 Corpus Iuris Civilis 我们现在是翻译成《市民法大全》的，如果我们学过拉丁语、意大利语，就会发现它在法学上真正正确的翻译应该是《国法大全》！这就跟普鲁士的“国法”异曲同工啊！当时最早翻译 Corpus Iuris Civilis 这个术语的一个不知名的前辈，在他处理这个问题的时候，西方国家的“部门法运动”已完成，但是他不能按照部门法运动的背景把它翻译为“民法大全”，否则容易造成误解，不符合优士丁尼的原义，而他对西方文化了解很深，对于“部门法运动”之前西方的法律形态很清楚，所以他意识到二者的差别，看到 Ius Civile 的意思相当于一国的全部立法，并正确地将这一意思翻译出来。所以明白这位学者充满智慧的对 Corpus Iuris Civilis 的译法，就会理解普鲁士为什么会用 Landrecht 这个词表达自己国家的世俗法的整体，同时会进一步理解 Ius Civile 的含义。这是普鲁士的例子，我一直证明它是当时总法典的这种思路的残留的体现。我们看到，在 1779 年，这种总法典的模式还残存。也就是说，此时部门法运动尚未发生，人们还按照优士丁尼的那种方式来立法，进行法典编纂。

第二个例子我们讲一下哥斯达黎加。哥斯达黎加在 1848

年颁布了一部法典，这部法典包括了民法、刑法以及诉讼程序法等多方面的内容，简单来说就是“一典多法”，即一部法典包含了几个部门法，后来被称为总法典，它一直适用到1888年1月18日，就是到该国颁布了拿破仑法典为止。也就是说直到1888年，哥斯达黎加的总法典才被部门法所取代。1848年是拿破仑颁布其民法典44年的一个日子。《拿破仑法典》是一部典型的部门法典。哥斯达黎加的例子告诉我们，1848年处在部门法典与总法典的拉锯战时期，两种立法模式同时并存。有的国家选择这个模式，有的国家选择那个模式。有的国家在这个时期选择这个模式而在那个时期选择那个模式。这是一个非常有意思的现象。以上讲的是部门法运动的过渡时期。

第三个例子我们讲一讲巴西。巴西有一个伟大的法学家，该国民法典草案的作者叫作奥古斯多·泰赫拉·弗雷塔斯，他被称为《巴西民法典》之父。原因就在于他受巴西司法部的委托，为巴西制定一部民法典草案。为了制定好这个民法典草案，他首先对巴西全国的民法进行了一个汇编。然后他在完成了民法典草案之后就不干了。他有一个更好的工作要做：他想为巴西制定一部总法典。所以20世纪30年代颁布的《巴西民法典》是由另外一位法学家贝维拉瓜来接管起草完成的，是在弗雷塔斯民法典草案的基础上经过进一步加工而成的。那么，弗雷塔斯的总法典是什么意思呢？弗雷塔斯认为法可以分为两种类型：第一种是总法典，第二种是部门法典。弗雷塔斯的生卒年份是1816年到1883年。显然，这个时候弗雷塔斯同时接受两种法典的观念了，在他身上反映了两种立法模式的竞争。一种是总法典。总法典是什么呢？它是法律的法律，用拉丁文来讲就是 Leges Legum。第一个词 Leges 是 Lex 的主格，第二个词 Legum 是 Lex 的所有格。有些法律是为了调整人们的行为的，有些法律是为了调整法律本身的。譬如说民法总则实际上就是法律的法律，它的基本原则从某种意义上来讲就是控制法律的运作的。另一种法典是特别法典。法律的法律是为智者制定的，而特别法典是为普通人制定的。特别法典，规定人们的行为规则。这里就产生了一个问题：总法典和特别法典是一种什么关系呢？在弗雷塔斯看来，总法典是所有法律的总则。弗雷塔斯在这里成为了一个孤独的人物。总法典的本来含义是什么？是所有的世俗法的总体的意思。到弗雷塔斯这里就出现了一个很大的转折，总法典成了大总则的意思。他这样看问题，是基于当时的几何学的信念以及数学思想的影响。法典编纂的观念在很大程度上依赖于数学思想、几何学思想。所谓几何学思想就是从一个很简单的前提出发，然后一步一步地进行逻辑推演，可以演绎出大量的命题。反过来，也可以还原到原来的出发点。这是很简单的一个思想，各个命题之间有一种位阶关系，最后受一个总的起源的统摄。在这里，我们看到了弗雷塔斯的一个巨大的贡献：他可能在实际的民法总则产生之前，首先塑造了一种总则的观念。所以拉丁美洲人坚决不同意总则的观念仅仅是德国人独创的，他们认为自己也创造了总则的观念，而且他们的总则观念不同于德国人的总则观念。德国人的总则的观念是部门法的总则的观念，而他们的总则观念是所有的法的总则观念。这里我们看到了弗雷塔斯的巨大贡献。如果我们稍微来点脑筋急转弯，我们就可以看到弗雷塔斯的思想对现在的影响。我们现在接受的法律体系理论，是从宪法派生出各部门法的理论。实际上我们现在的宪法是什么啊？是所有法律的总则嘛！宪法为什么被束之高阁不能司法化呢？是因为它不是调整人的行为的法律，而是管法律的法律，所以它没有在法院里出乖露丑的必要了。宪法不能司法化的理由，没有人从这个角度来谈。但是它的潜命题是存在的，宪法是“神圣的”，最高的“根本大法”，正因为如此我们才不能将它当成法院裁判的依据。我们看到弗雷塔斯的这种总法典的理论就是现代的部门法理论的一个变相的表现形式。在一个所有的法律的总则之下派生出一些特别的部门法典。所以我们在这里看到弗雷塔斯的理论已预告了部门法理论的登场。后来，总则也确确实实是在部门法之中。

斯堪的纳维亚国家的情况我就不讲了。简单地说，所有的斯堪的纳维亚国家，即北欧国家，包括瑞典、芬兰、丹麦等，现在也没有完成部门法运动。它们现在还适用总法典，总法典的理论在它们那里现在还是有效的。它们有一些制定法，但现在还没有完成部门法运动。

部门法是严格的欧洲大陆法的概念，它主张根据以理性主义为基础的“六法”的观念对所有的实在法进行整理，把它细分。这种部门法运动在大陆法系的范围内完成了。但是在美国和英国完成了吗？我们很难用总法典的模式来描述英美的法律状况。我们说美国完成了部门法运动，但是它是以不同的标准来完成的。它没有民法的法律部门，但它有合同法、侵权行为法、知识产权法和家庭法等。全部的实在法已分为很多的类别，这样的安排也是出于我们把握的对象的需要，但它是以与大陆法不同的方式来做到这一点的。

五、相反的运动——市民法的部门法化

第一个问题是什么叫作“六法”。其实“六法”是很好推演出来的。首先宪法是所有的法律的总则，然后两个“民”字号、两个“刑”字号——民法典和民事诉讼法典、刑法典和刑事诉讼法典，再加一个商法，就构成了“六法”。从拿破仑的法典编纂以后，我们就把所有的世俗法的整体称为“六法”。在最初，所有的法律就是这“六法”。现在我手头有一本我国台湾地区的“六法全书”。那里面有几个“法”呢？不止于“六法”吧？它至少有9个大的门类，根本就超越了“六法”的范围，甚至把“国际法”也包括进去了，日本的《六法全书》也是如此。为什么在我国台湾地区和日本，现在还把它叫作“六法全书”？现在如果要为“六法全书”写一个词条，你们会怎么写呢？要是我来写的话，我就把它用拉丁文来表示——Corpus Iuris Civilis，是“市民法大全”的意思，是不是？现在的“六法全书”已违背了它具体指6个法律部门的含义，“六法”指的是什么啊？就是“国法大全”的意思。一书在手，所有的世俗法我们都能够把握。所以“六法”有两个含义，本来的含义和衍生的含义。大家不信回头查一下就知道了。这是很有意思的一个现象：为什么现在已经不止“六法”了，却还叫六法全书。这是我们首先要声明的一个问题，不然就没法进行后续论述。

第二个问题就是“六法”的本质是什么？我们为什么要把这么多的世俗法的内容分为6个门类？“六法”的本质是为

了寻法活动的需要。最有劲头搞“六法”的首先是法官，一个民庭的法官可能一辈子都不跟刑法打交道，那么他就很希望有这么一本书能够满足他。他经常要处理的案件需要援引的法律在这本书里一下子就能找到，而与他没有关系的他都置之不理。作为一个法律的操作者，要寻找出跟自己有关的规范来是多么的不容易，对于罗马的那些受过良好的法律教育的法律操作者也是如此。像我们现在的司法考试要求人们通晓法条，在罗马，司法考试是充任所有高级管理人员的必要条件，所以他们的高级官吏都是法律学院毕业的，都是通晓法律的。要是一个老百姓来寻找这些法律规范就更加麻烦了。“六法”的本质在于，在社会分工的基础上，人们只与某一些相关的法律打交道，“六法”使得寻法活动专业化，简单来讲是为了满足效率的要求。

既然“六法”的本质是这样的，那么我们下面就介绍一下在简化寻法活动方面人类的探索历程。

第一种方法是按照年代分类法，就是把所有的法律按照它们颁布的年代分类。这方面的例子有 438 年颁布的 16 卷《狄奥多西法典》，它是优士丁尼法典编纂的一个先驱。优士丁尼的法典编纂已按主题分类了，但《狄奥多西法典》还是按颁布的年代分类，每卷以颁布的时间为序来编排皇帝的敕令。另外的例子就是 1679 年意大利的萨沃依公国的律师伽师巴勒·巴利（Gaspare Bally）编辑的《公国规范总成》。这种年代分类法非常的不方便，譬如关于杀人罪，1979 年全国人大制定了一个法律，后来在 1982 年又制定了一个补充规定，1993 年又作了进一步的补充规定，那么我们要从 1979 年的法律汇编一直查到1993年的法律汇编才行，如果我们不知道相关的法律规定颁布的确切年代，则寻法的时间范围有可能更大，这是极为不便的。这种分类法现在还有没有呢？现在还有！我到美国去，看哥伦比亚大学有一个外国法律的文库，在它对每个国家的立法情况的介绍中，用了一个英语词 Session Law，这个词我就看不懂！后来我到波多黎各去，跟一个图书管理员的关系很好，我就问他，他告诉我，这个 Session Law 是这样的：譬如说我国的全国人大有任期，那么这一届全国人大制定的所有的法律会被汇编起来，名之为“某届人大立法汇编”，这个就叫作 Session Law。这个东西实际上是按照颁布的时间来汇编法律的，而没有把它们按照主题分类，所以这种方法非常不便。所以在美国出了这一届国会的 Session Law 汇编之后，还要另外把它 Codify。Codify 就是按照主题分类，所以在这里我们看看什么叫作 Codify。前面讲了，Code 是过去的书籍的一种装订方式，现在 Codify 在英语里面就是按照主题分类法律材料的意思，尽管它的这种主题分类方法跟我们大陆法的分类方法大不一样。这样一来，一个法律要汇编两次。为什么要 Codify 呢？这个问题的答案鲜明地告诉了我们 Codify 的意义所在。Codify 就是让大家寻法方便嘛！如果没有 Codify，按 Session Law 方式寻法，你找起来脑袋都大了。Session Law 便于国会用它来彰显政绩，要是跟别的届的国会的 Session Law 混在一起，这一届国会的政绩就不耀眼了！看看自己任期内厚厚的一叠 Session Law，无疑有一种优越感和成就感。所以，年代分类法尽管不好，但是曾存在过，而且现在也没有死亡。

第二种方法是按照立法主体分类法。也就是说，在有多种立法主体制定法律的情况下，把法的整体按照颁布它们的主体进行分类。罗马法就是这样的。大家看看《法学阶梯》的开头部分可知，罗马人的法律渊源分为 7 种，法律、平民会决议、元老院决定、元首的命令、裁判官的告示、法律家的解答、习俗，这就是按立法主体进行分类的。习俗是一种不确定的立法，是大家的共同行为立法。在其他的一些地方，譬如说 14 世纪由司法部长 Giacomo Bertaldo 编成的《光辉的威尼斯城邦习惯法》就是把威尼斯的全部法律按照大参议会、元老院、民事和刑事的四十人院以及其他的立法主体的标准进行的分类。我们看到，这种分类方法对现代法律提供的便利是相当有限的，尤其是多个立法主体对于同一个问题进行立法的情况下，我们要找遍所有的法律才能找到它。所以我认为所谓的法典编纂从某种意义来讲就是对无序状态的一种征服。我后面要讲的美国的一种分类方法，可能更能说明这一点。

第三种做法就是按照字母排列法，也就是把要汇编的所有法律按照所涉问题的标题首字母进行编排整理。这样的例子有弗朗切斯科·安东尼奥·冯·瓜连特（Francesco Antonio von Guarient）编成的 1704 年《奥地利法典》。我们的《法学词典》实际上也是这么编的。这里有一个非常重要的前提条件，就是法律的标题的分类一定要准确，一定要按照统一的标准来分类。假设要规定杀人案件的处理，关于杀人的法律的第一个词一定要用“杀人”，要是用“关于杀人”，那就麻烦了——这就成了“关于”类而不是“杀人”类了。所以这种方法提供的便利也是有限的，它可以作为一种辅助的方法，在所有的法律按照一定的主题顺序进行编排之后，在法典的后面用这种方式按照字母顺序做一个索引是可以的，但是作为一种“当家”的方法是不行的。

第四种方法就是主题分类法，就是我们所说的 Codify 的根本含义。具体地说，就是把法律的整体按照诸法律所涉的主题进行分类，实际上就是为所有的法律做一个索引。我最近在《中国社会科学》上发表了一篇文章讲到了这个问题。简单来讲，什么叫作法典？法典我们讲过，是一种对快捷的寻法方法的寻求，对迅捷把握庞大对象的需要的满足，这就是法典。还有什么呢？作为一个教师，作为一个立法者来讲——譬如我这里有一大堆土豆，我现在就面临一个问题：我带了很多的礼物送给我中南的一些旧友，我在来之前在厦门把那些大的包装去掉了，然后把礼物放在箱子里边。我昨天看到旅馆里有两个洗衣袋，我说这是好东西，能够把它们拎起来。但是这些东西我怎样把它拎起来啊？假设我这里用很多塑料袋子装了很多袋东西，什么鱼干、荔枝啦，我怎么把它拎起来？我拎不起来！我们立法者、教师教学的时候面临一个同样的情况，立法者和教师要把它拎起来，然后很有效地传授给学生。那么怎么样拎起来？我们要试验各种不同的方法，譬如说我们可以弄一个圈环，在每一个塑料袋上穿一个洞，像串犯人一样把它们给串起来，或者说用网兜把它兜起来。然后从把握的角度来讲，我们一方面要把所有的材料都拎起来，另一方面要让别人一看就知道里面装的是什么——那绝对不是爆炸品，不存在恐怖袭击的可能，一看就知道是友好之物。（笑声）最好要让外人看得见所有的“友好之物”。荔枝干和桂圆干可以区分开来，对于它们，这种串成把在手上拎着的方法是最好的。然后很重要的环节就是要设计你的包装，怎么把它拎起来。所谓的法典编纂问题实际上就是这个问题。从盖尤斯体系到潘德克吞体系就是在这个问题上打转转的。这就是“把手”的设计问题。像盖尤斯体系的“把手”设计过高，一下子把这个拎起来了。所有的材料都编成人法、物法，两个都拎起来了，但是人们不知道人法下面还有什么子目录。潘德克吞体系设定的“把手”比较低，它把这个东西拎起来不错，同时它还把里面的内容展示出来了，在物法之下我们一看：哇！物权法、知识产权法、合同法。它这个“把手”就设计得比较好，而现在新潘德克吞体系——第三代法典，设计的“把手”就更加低了，把债总和债分都给区分开来了，甚至有些学者主张把侵权行为法也分离出来。这整个来讲就是一个“把手”设计的位置问题。那么这些“把手”的设定取决于什么呢？取决于对一些宏范畴的确定。譬如说“人”跟“物”就是两个宏范畴。那么这种范畴越宏，它的把手位置就越高。这些都是具体的概念，你不能说用“过错”这个范畴来设定把手，它太小了，拎不起来多少东西，一拎就会把东西拎翻的。所以，法典就是这么一个东西：无论是从哪个角度来描述它，我们都面对一个庞大的对象要把握它，自己知道了还不够，还要让别人知道这里面是一个什么样的东西。我在发表于《中国社会科学》的文章里讲到，从古希腊以来，人们一直就在探寻这种方式，一直到现在的德国、荷兰，在这个问题上都是这样的。有一次在哥伦比亚大学看到一本书，*Topic and Law*，这是一个德国人写的一本书，我原以为就我一个人研究这个问题，现在发现了同道。这个问题实际上就是一个体系问题，法典编纂问题也就是主题的组织编排问题。这种主题分类法实际上就是法典编纂的基础，它让我们尽快地掌握一个法律分支。我们现在所说的法典编纂就是部门法的编纂，它取决于对一些宏范畴的确定，像民法跟刑法的划分就是宏范畴，在民法之下分为人法和物法，叫从范畴。

最后我讲一下美国的“金钟罩法典”。你说美国有没有法典编纂？我到美国去了 10 个月，任务就是研究美国的法典编纂，我研究了它的 6 个民法典，所以我想跟大家讲讲美国的法典编纂。如果问美国人他们有多少部民法典，百分之百可以考倒他们。我去的时候我的老板就说：“哎呀，徐教授真不错！我在纽约待这么久，竟不知道纽约还有民法典！”一般来说，美国至少有 7 部民法典，我正在组织翻译《纽约州民法典草案》。该草案消除了两大法系之间的一些极大地损害了人们的公正判断的偏见，《纽约州民法典草案》恰恰是将大陆法系和英美法系结合起来的典范，它吸收了很多判例的规则，另外它先规定分则再规定总则。人们说民商合一的模式是瑞士人创造的，我看《纽约州民法典草案》也是民商合一的，而且比瑞士的有关提法要早一些。从《纽约州民法典草案》出发，我又顺藤摸瓜，研究了一些从它派生的民法典，如《加利福尼亚州民法典》。《纽约州民法典草案》在纽约遭受了失败的命运，但是由于它的制定者戴维·菲尔德的兄弟斯蒂芬·菲尔德在加利福尼亚州当议员，他利用他自己的职权把它变为《加利福尼亚民法典》。在加州被采用之后，又被其他 5 个州相继采用。在美西战争中，美国打败了西班牙，夺取了西班牙的一个殖民地，这样一来，西班牙的最后 3 个殖民地——古巴、菲律宾和波多黎各都归美国统治了，然后产生了法典法与普通法的斗争。其实，还有一块小小的土地，可能太小了吧，大家知道那就是关岛，靠近菲律宾，这个地方是一个自治领。一个美国的海军上校觉得这个地方没有法典是很不方便的，于是就把《加州民法典》移植到了这里作为《关岛民法典》。与《纽约州民法典草案》一脉相承的有3大民法典，很有意思。另外，就是《路易斯安那民法典》，第五个是美国夺取波多黎各后继续适用的《西班牙民法典》，改称《波多黎各民法典》，第六个是乔治亚州制定的一部独立的民法典，第七个民法典是《夏威夷民法典》，那是在美国接纳夏威夷之前的土著立法。美国的民法典大概就是这些。这些民法典体现了美国文化的包容性，它并不是死守英美的主流文化而排斥异质。法典编纂的本质是什么？就是向一个巨大的课题开战。我们要认识它、要征服它、要把握它、要说清楚它！因为现代民主国家兴起之后，立法日益活跃，法律不断膨胀，我们越来越感到法律的无限。在我们的有生之年无法穷尽它。我们现在的法律教育实际上是屈服于这种无限，让我们法律人从早到晚地上课，颁布多少法律我们就得学多少。美国法学院的课程是很少的，主要是几门主干课，然后它用其他的方式来帮助你克服这种无限；而我们采用一种非常被动的方式，把自己当作这种无限性的奴隶。美国人用什么方法来制定法典呢？他们的威斯特出版公司出版了各州的州法，它们是各州自己所有法律的汇编。在美国大一点的图书馆里，有一个地方收藏全部的州法，包括50个州和两个自治领的法律。全部的法律从它的Session Law，Code Law，还有联邦的法律，占据整整的一个大厅，要把握它们基本上是不可能的。那么怎样克服这种无限呢？美国人创造了一种“威斯特关键词代码系统”。首先，它把所有的法律分为7个主题。有人说英美法跟罗马法没有什么关系，我是不相信的，大家一看就知道了，它来自盖尤斯体系。第一个主题是人。第二个主题是财产。第三个主题是合同。人与物的相互作用产生了合同，合同是获取财产的主要途径。第四个主题是侵权。第五个主题是对侵权进行救济。然后第六个主题是犯罪。第七个主题是政府。联系起来，是由政府来遏制犯罪。这种七编制可以看到盖尤斯体系的痕迹。在我看来，这是盖尤斯体系和社会契约论的混合。我们建立一个政府，它保障我们的生命和财产。它从私到公表明了财产运作和政治运作的关系。这里顺便讲一个问题，有的学者说人与物的排列顺序是无所谓的。请大家注意，这是一个全球性的问题。你看在这个问题上美国人是怎么处理的？美国人也讨论这个问题，人与物到底应该是什么关系？美国人经过深思熟虑后认清了这个问题，这在他们的立法中可以看到：7编制采用先人后物的顺序。

上面讲到的是7个大的“把手”，在此之上他们还设立了小“把手”。“小把手”有414个，要把这414个小“把手”准确翻译出来，非得好好学习美国法，因为它们的含义实在是太复杂了，一个词正确翻译的前提是要学好这门课程。在414个topic之下，还有若干个更小的topic，每个topic之后都由一个代码来表示。它们构成一个系统，只有接受专门的训练，才能掌握它。一旦在电脑里查询，所有相关的东西都会出来的。你看看，我们经常用West Law的检索系统，另外要用好Lexisnexis系统。这种系统就成了一种特殊的法典。这里的法典编纂出现了两个很有意思的现象。第一个是立法者与法典编纂者的分离。按照这种体制，立法者并无义务把法律制定得让人易于接受一目了然，这个任务由出版社来承担了。美国法典是美国政府编的吗？不是的。最近从新闻中知道，法律出版社要编我们中国的法律，我一看就乐了：这不是模仿美国吗？人大制定这么多的法律，而法律出版社予以编纂，当然要按照美国的方式，也是 topic 方式。第二个就是法典检索系统。我们可以从不同的角度给法典下定义，从某种角度来讲，法典就是一个检索系统。那么这个检索系统可以独立于立法材料。尽管立法材料还是那么混杂零乱，但是通过这种局外的技术手段，一下子就可以从它们中找到我们需要的部分。这样就实现了对无限性的克服。这难道不是法典吗？这就是地地道道的英美法典！是一个存在于编码检索系统之间的法典。我把它叫作“金钟罩法典”，借用了一个武侠小说的术语。这种法典与我们写在纸上的法典相比具有更大的包容性。因为纸做的法典过几年就会撑破的，而且需要 Recodification，“金钟罩法典”却不需要，它永远都是开放的，再多的法律充斥其间，它也会起到法典的效果。

下面我们讲“六法”的产生条件。

第一个条件是商人法的产生。关于商人法的产生有两种学说，第一种说法是罗马法里就有商法说。譬如市民法就是民法，万民法就是商法，像在《学说汇纂》里收罗了罗德海法，这说明商法古已有之。第二种说法认为商人法产生在中世纪。我比较倾向于第二种说法。商人法在十二三世纪产生，是为了克服当时的封建壁障。商人为了追求自由和贸易，就建立城市和自治市。商法的产生就意味着整合的需要，因为在商法产生之前我们所有的法律可由 Civil Law 一言以蔽之，而现在产生了一个新的法律，已有的框架不能包含了，我们只有建立新的体系才能容纳它、整合它，就好像一枚巨大的钉子穿墙时把墙壁撑破了，使墙壁不得不重建。这是第一个法典编纂的动力。

第二个条件是司法者的分工。最主要的分工是民庭与刑庭的分工。古罗马以来就有民事案件与刑事案件的区分。在周枏的《罗马法原论》中我们看到了这么一种表达，它的作者不是周枏先生本人，因为周枏先生的《罗马法原论》是一部集体作品。他说在本书中只讲民事诉讼，不讲刑事诉讼，因为罗马的刑事诉讼为民事诉讼吸收，讲清楚了后者，前者自然清楚。这个观点是非常错误的。裁判官独任审理民事案件，罗马法的刑事诉讼采用集体法官制度，是一个非常大的集体。譬如在各个治理层次上都有相应的民众会议，这些民众兼理刑事司法，承担刑事审判的功能。所以，在古罗马就有民事案件跟刑事案件的分工。这种状况到了中世纪的法国也是一样的。13 世纪，路易九世进行司法改革，建立了中央法院，有 3 个庭，其中的第二庭审理民事案件，第三庭审理刑事案件。所以，为了职业化分工的需要，法官被要求专门修习一门法律，法典编纂就满足了这种要求，为他们提供了“两刑两民”。

“六法”产生的第三个条件就是行政权的加强。行政权的加强是民族国家兴起的结果。民族国家就是幅员辽阔、资源丰富、具有更大支配力的国家。它的产生条件跟古代的国家有一点不一样：古代的国家处在小国寡民的状态，是一个土围子。它们都是一个民族一个国家，如果地域太大是无法维持的。现在的民族国家都是方圆千里的大国，它治理的手段就是通过立法，造成立法的膨胀。在过去，譬如古罗马的立法主体主要是民众，法学家是民众的代表，他们代表民众来立法。所以立法的主体不是中央权力机关，在私法方面尤其如此。通过法学家的办案、解答，然后是法官的裁判活动等造法。而行政权的极大加强之后，使我们所面临的法学研究客体更加庞大，更加无限。我们说法典编纂就是对法的无限性的一种把握、一种征服。

“六法”产生的第四个条件是理论进步。这里我觉得有两个人贡献至巨。第一个是莱布尼茨，他是在 1646 ~ 1716 年生活的人物。他是法学教授的儿子，原来是专攻法学的，——这个大家都不知道，只知道他是一个哲学家——后来他报考的大学的法科生的名额已经满了，他不得已舍弃法学，然后从事哲学和数学。（笑声）他的活动涉及历史、外交、数学、哲学和法学等多个领域。我们从来就不应忘记他是一个法学家，我在博罗尼亚参加世界第 17 届法哲学与社会哲学大会的时候，有很多文章是谈莱布尼茨的法律思想的。他同时也具有立法和司法的经验，因为他和美因茨选帝侯的手下相识，后者邀请他到那里从事一份临时工作。那时美因茨的君主正在忙于民法典的编纂，莱布尼茨被提拔为美因茨的上诉法院的陪审法官。这样，他一方面帮助人家编纂民法，另一方面也当了上诉法院的陪审法官，对立法和司法都比较熟，是一个横跨两个领域的人物。1667 年，他写了一本非常有名的书，叫作《法学研究和讲授的新方法》，是用拉丁文写的。在这本书里，他以数学的方法处理法学问题，形成了“几何学法学”。“几何学法学”

构成法典编纂的思想基础。我刚才讲了，所谓的法典编纂，包括现在的部门法理论，都像弗雷塔斯的总法典理论一样，由一个总的前提出发，然后引出若干问题，作出推演，然后形成一个体系，最后收官了，可以把所有的论述还原到一些命题。这就是总则的思想，它是现代法典编纂的一个基石，离开了这个东西就没有法典编纂。莱布尼茨还建立了法条的语法结构理论，认为每个法条都应该能从一条现有的规则中推演出来。那么法律规范应该被简练地设计为一个命题，该命题应表现为主体通过系词与表语的联系，这个表语就是权利和义务，这样的联系就是一个命题。这一段话表明了非常多的信息。第一，我们看到了几何学思想对法学的影响，这属于重复，就不讲了。第二，我们看到了凯尔逊对莱布尼茨的抄袭，凯尔逊从来没有宣称自己受过莱布尼茨的影响，但是你看他的规范法学不就是从莱布尼茨那里来的吗？第三，莱布尼茨创立了法律规范的结构理论。他讲到：每一个法律规范应该表现为主体通过系词与表语（就是权利义务）的联系，用这种方式来表达一个法律规范。从这里出发，实际上可以发展出现代的法律规范理论，就是“假定、处理、制裁”三结构论。权利义务就是立法主题丰富的内容。我们在这里发现了一个很大的转变。我不知道在座的各位有没有看过我翻译的《民法大全选译·法律行为》和《民法大全选译·私犯之债和犯罪》，如果看过，你们在那里很难找到一条现代的法律规范。里面有一则小故事。老师在讲课的时候，有一个学生问：这个问题怎么办？老师说：第一个可能是这样的，第二个可能是那样的，第三种选择又不同，我看还是第三种选择比较好。皇帝问的时候他又给出另外的答案。不像我们现在的法律规范直接地说，如果某人做了某事，那么应该承担某后果。这种规范在《市民法大全》里非常非常地罕见。原因何在？原因在于过去的立法大部分不是由中央政府进行的，而是由法学家进行的，或者是由法官进行的，是他们在处理实务问题的过程中间进行的，所以他们没有制定出一条规范，而是说得啰里啰唆的。这套规范是我们受过现代法律训练的人自己提炼出来的，而不是法律自己呈现在我们面前的。现在的民族国家是立法者立法，立法者运用立法权，实际上这或多或少必然要导致规范法学。规范法学在古罗马是没有的。规范法学的存在有两个来源，第一个就是说立法被理解成为一种赤裸裸的命令；第二个就是说我们应该对法律规范进行整理，让它尽量简练，而不是表现为一个故事。我们要让其认识法律规范的人，不是一个法律学人，而是一个普通的老百姓。所以莱布尼茨的观念实际上反映了一种转折，即立法主体的一个转变，立法者工作方式的转变。莱布尼茨的这个工作非常有意义。所以你从优士丁尼的法典编纂——第一代的法典编纂，从结构方式的角度讲，它是总法典的；从它的内容的角度讲，它不全然表现为规范，从中，你能找到多少法律规范呢？文字都是啰里啰唆的，往往首先是讲一套宗教教义，然后讲一个谈论的背景，今天在场的五六个人我认为其中哪一个是有培养价值的，然后就跟他讨论，采用西塞罗的那种对话体，但就是没有多少规范。而现代法典编纂内容都是从行为规则的角度制定规范的。我们从两个方面来讲现代法典与优士丁尼法典的不同之处。第一就是一个是分的一个是总的，即一个是部门法典，一个是总法典；第二就是一个是纯的一个是杂的。从微观角度来讲，后者没有明显的法律规范，只是隐含着某种规范，要读者自己去推导。而现代的法典编纂由一些明确的法律规范构成。莱布尼茨自己可能很少谈到什么法典，但是我觉得他奠定了现代的法典编纂的思想基础。而且还要注意到《法学研究和讲授的新方法》这本书的极大的价值。在本书里，他首次使用了法哲学的概念。正是基于以上的研究成果，莱布尼茨在1668年写的著名的《用理性改造的法律大全》里宣称，用全新的方法，整个的罗马法可以被改写为仅仅几张纸篇幅的一般规则。这是一个很有道理的攻击。实际上讲到了古人的立法方法与现代的立法方法的不同以及从前者到后者的转变。简单来讲，我们说什么是古人的立法思想？在整个的意识形态背景之中，在古典时期的罗马法学中间，什么是立法呢？立法不表现为一种命令，而是一种劝说，为了劝说，要讲很多乱七八糟的话。有如你要我去调解一个纠纷，我不能说："哇哇，你不对，你应该让步。"而要说，"你们两个曾经很要好，现在这样闹翻了可不好，让别人看笑话"。最后才说你们该怎么办。这就是劝说，而现代的立法由于民族国家的兴起以及政治权力的结构的改变，被理解成为一般的命令。这样就没有必要那么啰唆了。这样，法官处理纠纷的角度就不一样了：废话少说，你该怎样，他该怎样。以上是从宏观和微观两个角度来谈现代法典编纂的思想基础，证明这种思想基础来自数学观念，来自哲学。

第二个我认为对于现代法典编纂至关重要的人物是克里斯琴·沃尔夫。沃尔夫是1670～1754年的人物。他的影响非常大。康德曾经是沃尔夫的信徒，在看了休谟著作的德译本以后，从独断论中惊醒，开始反对沃尔夫。连康德都影响过，所以说沃尔夫非常非常的有名。沃尔夫也是一个数学家兼哲学家，客串法学。（笑声）他在法学上的主要贡献第一是第一次提出了主体的范畴。提出主体的范畴主要是为了吸纳法人现象。因为在过去，"Persona"是抛弃了所有个别性的人，无论是性别、背景或者职业的人，本来就是主体的意思。他加了一个主体的概念想建立一个能够统合自然人现象和法人现象的一个主体概念。第二是他建立了总则的理论，我看总则理论是数学思想的一个必然的结果。第三是他实现了实体法与程序法的划分，这对于"六法"的形成极为重要。我们知道"六法"的主干无非是两个程序法、两个实体法，它的骨干部分除了宪法这么一个配件和商法这么一个新生之物，实际上是部门法跟程序法区分的结果。那么，这个区分何以能够完成呢？这和我们讲到的古人和今人的立法方式不同又有关系。古人的立法方式的一个特点是注重劝说，另一个很重要的特点是注重程序，往往一个实体法律制度体现在诉讼程序的运作中。你看在罗马法里面出卖人有一个"出卖之诉"，然后买受人有一个"买受之诉"，两者合起来就是我们今天实体法意义上的买卖合同。合伙合同是以"合伙之诉"来体现的。而且当时的立法体制是学者立法和法官立法。而现在的民族国家是由议会立法。立法的体制已经发生了革命。所谓的革命就是说实体法对于诉讼法的那种依赖关系已不复存在了。对于立法者来讲，我可以就实体问题的操作下一个命令，同时也可以就一个诉讼问题下一个命令。这是一样的，两者之间并无一种依赖关系。在一个高高在上的立法者看来，实体和程序两个领域的划分是清楚的，两者他都可以直接伸手。而在过去，法律是以经验的方式成长的，通过在法的运作过程中发现问题加以补充之。作为一种立法方式，诉讼法跟程序法的划分是必不可免的。如果你把诉讼法跟程序法看成一个东西，实体法马上就死。诉讼是实体法的生命之音，或者叫作实体法的源头活水，而现在这个问题不存在了。所以，我们看到哲学家也好，数学家也好，他们的思想尽管很缥缈、很抽象，实际上还是反映了当时的现实，反映了当时民族国家的兴起，政治结构的改变，立法、司法方式的改变这种现实。这样就产生了“六法”的思想基础，实体法与诉讼法分开了，总则出现了。这里的总则不能仅仅理解为民法总则，所有的法律也是可以有一个总则的。这样一来，现代的法律体系不是已形成了雏形了吗？宪法之下一溜排列着5个法，那么，宪法就可以被理解成为所有的法律的总则，按照规范法学的理论也是这样的。我们的观点是从它那里来的。所谓的总则就是法律的法律，是母法。然后下面的分则就是子法，从母法派生出来。

接下来，我讲一讲“六法”的正式形成。我想在这里讲一些事实性的、材料性的东西。“六法”的正式形成是一个不太容易界定的问题，不同国家的实践可能就相差几十年。在我看来，应该是法国人创造的“六法”实践，尽管其思想基础是德国人搞的。路易十三时期，颁布了1614年《马里亚克法典》，这个法典不是把法律规范简单地堆砌起来，而是试图重组它们，把它们分为公法、民法、刑法和海商法等部门法。路易十四继承了其先祖已进行的法律整理工作，颁布了一系列的条例。1667年他颁布了《民事条例》；它不是民法典，而是民事诉讼法典；接着在1670年颁布了《刑事条例》；1673年颁布了《商事条例》；1681年颁布了《海事条例》；等等。我们看到在这个时候，路易十四作为一个立法者，已放弃了把所有的法律熔为一炉的尝试，而是分门别类地规定它们，但是他制定的法律叫作“条例”。这个“条例”跟我们现在所讲的特别法意义上的条例是不一样的，而是部门法的意思，所以“条例”是部门法的先祖。这种序列化的“条例”就是我们最早的“六法”实践的萌芽。

到底谁是第一部现代意义上的民法典呢？我是这样认为的，因为路易十四制定的（法律）称作“条例”，我们不能把它视为民法典。历史上第一部民法典是1756年产生的《巴伐利亚民法典》。这部民法典的结构分为4编，第一编是总则，它的内容涉及自然法与正义、法的分类等老问题。你看，这部部门法意义上的民法典又狗拿耗子多管闲事，规定起法的一般问题来了。民法典的立法者总是有一种王者风范，想为天下立一个规矩。然后的规定涉及与人的身份相应的权利义务、家庭、父权、婚姻、监护以及奴役。奴役是不好的，违反现代民法精神，但是在这里作为一种历史残留。第二编是物权，规定了财产权利与义务的总则、所有权、所有权之取得、时效、占有、不动产抵押、地役权总则、相邻权、用益权、使用权以及为乡村居住者提供适当的服务，等等。第三编是继承法，分为12章。第四编是债法，共有18章。规定了关于合意的一般规定、不动产契约、拍卖契约、先买权、租赁，等等。最后它规定了一个采邑法。我刚才跟大家列举了很多古代立法的内容，《巴伐利亚民法典》与它们不同，不是诸法合一，而是民刑分离的，是最接近现代意义上的民法典的，唯一与现代民法格格不入的是“奴役”。我们现在所谓的“家庭法”（Family Law）过去不这样叫，包括美国都是叫 Domestic Law，译为“家内法”，在康德的《法的形而上学原理》里讲道：人身关系、家内关系包括了主人与仆人的关系。《纽约州民法典草案》里有这个东西。古代民法与现代民法的一个不同，是前者的主体法调整主人与仆人的关系。Family 这个词，本来就是一伙奴隶的意思，就是说奴隶是家庭的成员。像我们现在的狗一样——美国有些地方把狗当成自己的家庭成员。采邑法也是一个封建的东西，《巴伐利亚民法典》的其他的东西都跟现代民法是一样的，所以我认为 1756 年《巴伐利亚民法典》宣告了部门法意义上的民法典的诞生。同时我们还看到，当时的巴伐利亚除了颁布了民法典之外，它还在 1751 年颁布了刑法典，1753 年颁布了诉讼法典。从部门法运动完成以后，我们产生了这样一个表达——“古代法”，我们开始讽刺了，开始看不起了，觉得它们相当幼稚，“诸法合体、民刑不分”。我想这种批评始于巴伐利亚的这些法典。

刚才讲到的是德国的情况，下面讲一下奥地利的情况。

奥地利的民法典是在 1811 年制定的，比《巴伐利亚民法典》要晚得多。它的正式名称是《奥地利普通民法典》（General Civil Code of Austria）。General 跟 Civil Code 怎么能够并列呢？General 本来是总法典名称中“总”的意思，Civil Code 是部门法典的意思。这个 General 是什么意思呢？因为在封建时代，有它的法律分类体系——我因为时间关系前面没有讲——叫什么采邑法、庄园法、自治市法，等等。人们有不同的身份就适用不同的法。现代民族国家兴起以后实现了人的统一，把各种具有不同背景的人的个别性去掉，把他们的共同性融合在 Persona 这个名词里面。这样的话，法律也应作相应的改变，这种法律的适用不因身份而异，所以《奥地利民法典》给自己加上 General 的定语。德雷莎女王在 1753 年任命这一民法典的起草委员会，她在颁布的这个委员会的诏书中间是这样写的：委员会的起草仅限于私法。请看看优士丁尼在指示他的法典编纂委员会颁布《市民法大全》的 Deo Auctore 敕令里是这样说的：整理 1400 多年以来已经动摇的古法。他说到的是所有的法，而不是某个部门法。我们可以看出在这两个立法命令之间有一个鲜明的对比：一个代表了总法典的时代，另一个代表了部门法典编纂的时代。好！部门法立法运动至此完成。后来 1804 年《法国民法典》不过是继承其余绪。一般的，人们都会把《法国民法典》当作第一部部门法的民法典，这种看法是不对的。

下一个问题我讲一下古典思想家对于“民法”一词的用法。我们看到“民法”这个词与一定的历史解释模式相联系，为什么它在不同的时期有不同的含义？在现代的法典编纂完成之前，它是总法典的意思。现代法典编纂完成以后呢？就在部门法的意义上使用。所以“民法”一词的各种各样的含义呈现在不同的历史文献之中。就像罗马法本身一样，关于市民法这个词本身的理解也是一个各种用法的庞大的历史堆积，每个人都可以在这一堆积物里找到自己需要的东西，做不同的理解，所以造成一个很有意思的历史现象：就像我在本讲座的开头所讲到的，人们理解不了“民法”一词有如此多的截然不同的含义。

我在这里就分为语言区来阐述古典作家们的用法。

第一，就讲拉丁语系国家的用法。我做了一个很长的研究，一个很长的考察，但是口头的讲座不适合讲一些深奥的理论，所以我得找一些比较通俗的作家，最好是常见其作品的作家。先看看曼佐尼的用法。曼佐尼是一个意大利作家，他写了一部很有名的作品《约婚夫妇》，他的生卒年份是 1785 ~ 1873 年。在《约婚夫妇》里面，他是这样写的："所有的教士，不管是世间的修士，还是修会的修士，都不受民法管辖；不宁唯是，他们居住的地方也享有豁免权。"要是同学们来翻译这本书，对于这里的"民法"一词的意思，你们会不会加注释呢？恐怕要加吧？但是听过我的课就不要加了！这里的民法遵循古代的两分法嘛！一个是神法，另一个是世俗法。而这里的民法是世俗法整体，不是部门法的民法的意思。教会的人受教会法的管辖，俗人受世俗法的管辖。这是一个佐证。而且这个译者很明智，他没有加注释，不然的话大家就都知道他是一个傻瓜。他一加注释就会暴露出他是个傻瓜，可不是吗？（笑）第二个意大利作者叫利玛窦。看过利马窦的传记觉得他真不容易。我到过他的家乡，意大利北方的一个城市马切纳达，看到他穿着中国儒服的一个雕像。十几岁时他就到葡萄牙去接受训练，为了进入中国这么一个当时很封闭的国家，费尽了艰辛。他首先是在印度的果古等待进入中国，在那里收集关于中国的资料，接受相关的培训。其次在中国的澳门等待进入中国。后来还采取了很多的途径，穿着中国的衣服，装扮成儒生，慢慢地跟中国的士大夫套上了近乎，终于进入中国。他在做准备的时间收集关于中国的资料，传记作者是这样描述他的这一活动的：他特别研究他们（这里是指中国人）法律中的民法和治理形式，他买了很多的中国书籍进行研究。一看此语，哇！中国那时有了民法了！一些爱国主义者可以抓住这句话大做文章。但是如果我们了解“民法”一词用法的变迁线索，我们就会看到，利玛窦讲的“民法”不是部门法意义上的民法，而是讲的我们中国的所有的世俗法，即用来治理这个国家的法。在很晚的时期，明朝的时候，西方还是这样使用民法这个词的。

接下来我们讲一下霍尔巴赫，一个法国人。霍尔巴赫是1723~1789年的人物。他写了一本书，叫《自然政治论》。在这本书的中译本里，由于翻译的原因，把市民法翻译为公民法。在霍尔巴赫看来，所谓的“公民法”也就是制定法，这里的制定法是所有的法律的总和，是实在法的意思。他并不把市民法理解成法的一个门类。另一个法国作者摩莱里，其生卒年月不详，摩莱里很可能是一个化名。在1755年出版的《自然法典》中，他用民法这个词指称一个国家内部所有的法律。例如，梭伦制定的法律，这个法律是与国际公法相对称的。其实这个定义就是盖尤斯为市民法所下的定义——所有的民族为自己制定的法。有些法律是与其他的民族所共同的，这一部分法叫作万民法；其他的那一部分就是市民法。盖尤斯理解的市民法过于笼而统之，现代意义上的市民法更有分析性。在现代人看来，一个国家所有的法不能说都是市民法啊！就像把我国所有的法都叫作《中华人民共和国市民法》或者《中华人民共和国六法全书》叫人摸不着头脑。但是我国采用了《联合国国际货物商事销售合同公约》，那个东西是万民法啊！所以摩莱里在这里还是在非常原始的意义上来使用市民法这个词的。

我要用稍微多一点的时间讲一讲孟德斯鸠的用法，他提供了本讲座开头我提到过的让《论法的精神》的译者遭遇困难的文本。孟德斯鸠是这样讲的：他们制定了一种以国家为成员的民法。我们大家明白这句话的意思吗？前面讲到民法最重要的特征是什么啊？是以个人为适用主体的。尽管有法人制度，但是法人被理解为个人的集合。而在市民法以前有一种奎里蒂法，它的适用主体是团体。这是远古的状况，但是现在有没有可能有一种以团体为适用对象的法呢？这是有可能的，因为对西方传统的历史解释模式既有一种微观的运用，也有一种宏观的运用。微观的运用就是把它适用于私人际关系，我们个人之间有一种自然状态，其情形一如西塞罗所描述的，后来我们通过社会契约结束了这种状态，进入了市民社会，这个市民社会是以个人为成员的社会。但是，如果我们把这个理论宏观化，会看到，至少在奎里蒂法时期，也存在一种自然状态，这是以国家为成员的自然状态。康德所处的时代就是这样的自然状态。康德有一个伟大的理想，就是实现永久和平。在他看来，在过去的那种国际法条件下，一个国王的冲冠一怒就可以挑动国家之间成千上万人的大屠杀。一个国王可能因为到另一个国家访问，早餐没有伺候好，这个国王拍屁股走人，一回国就跟那个国家打仗。（笑声）上场的人就是十几万，死了好几万。这以后缔约休战，宣布和平。人民被视为君主的私产，成了战争的消耗品，这是不合理的！那么国家之间有没有规矩可寻？在这种情况下就有一种必要通过国家之间的契约结束自然状态，进入以国家为单位的市民社会。康德的这种描述实际上讲到的是国家之间的自然状态。那么我们能不能通过国家之间的社会契约结束这种状态、建立一个以国家为成员的市民社会呢？这个过程按照西方的历史解释模式是很顺理成章的，而孟德斯鸠恰恰谈的就是这个问题，他用了很简单的语言，但是我们的译者理解不了，就加了一个注释。孟德斯鸠的意思我是马上就理解的。孟德斯鸠的思想后来得到了发展。大家知道国联的观念是谁提出来的？第一次世界大战时期的美国总统威尔逊提出来的。威尔逊看到了“一战”中屠杀的悲惨和不必要，就想建立一个世界政府，通过一个社会契约这样做。国联在“一战”后成立，但是不成功，包括它没有制止日本对于中国东北的占领；但是“二战”后建立的联合国把它完善了。20世纪80年代以来，尤其是在上一次伊拉克战争中，国际正义日益践行。我认为“沙漠风暴”是一个正义的行动。国际部队把科威特拯救出来。那个时候联合国越来越表现为一种国际政府、世界政府。在这个层面上，我们发现市民法的含义有一个很有意思的变化。市民法本来是与国际法相对立的，现在的话反倒成了国际法了。孟德斯鸠是在谬用这个词。我们开头讲到：市民法不是国际法。这里孟德斯鸠就把市民法的概念推广到国际关系中来，把国际法看成一种市民法。孟德斯鸠的《论法的精神》对“市民法”一词有8种用法，在这里我只给大家讲了这一种。为什么孟德斯鸠有8种用法呢？根据现代人对孟德斯鸠的肖像的研究，孟德斯鸠在写这本著作的时候，他的视网膜已基本上脱落了。他的视力很微弱，所以雇用了16个秘书来写这本书，根据现代作者对《论法的精神》的手稿的研究，上面有16种笔迹。导致这本书混乱不堪，只是利用人们的无知才获得了那么大的影响，它经不起稍微仔细的研究。我在做这个研究的过程中，就发现孟德斯鸠的思维非常混乱，用辩证法的思维方法来研究孟德斯鸠的著作，发现市民法的含义有8种，太多了！一个严谨的作家顶多只有两种。这说明写作的程序问题加剧了这种混乱。我在这里讲的是它的一种用法，是一种谬用，不合常理的使用。面对这样的使用者，要把握市民法的意思更难。

第二，讲一下德语语系作家的用法。第一个作家是康德。康德是从1724年到1804年的人，这一些数据告诉我们，到《法国民法典》诞生的时候，康德就去世了。康德生活在《巴伐利亚民法典》的时代，《法国民法典》的前夜时代，同时也是《普鲁士邦法》的时代。当他使用市民法的这个词的时候，他既可以采用其世俗法的整体的含义，也可以采用其法的一个分支的含义。让我们看看他是怎样使用的？他是在两种含义上使用市民法这个词的。在他的《法的形而上学原理》中，他采用我们刚才讲到的西方历史解释模式，把人类的发展解释为从自然状态到文明状态的发展。自然状态是什么我在前边已解释过，文明状态就是市民社会，也就是有了国家的状态；然后通过社会契约结束了自然状态进入了文明状态；这个文明状态的所有的法就是市民法。这就是康德对市民法这个词的用法，跟我对这种历史解释模式的阐述是完全一致的，就是人类摆脱了自然状态进入市民社会以后所制定的所有的法。这里的问题就是，康德为什么没有选择《巴伐利亚民法典》对“民法”一词的用法，而使用了《普鲁士邦法》对这个词的用法呢？我认为，一个搞历史哲学的人、搞宏观理论的人跟搞部门法理论的人对这个词的偏好是不一样的。我们知道康德是一个在历史上非常有贡献的思想家，他要继承西方的那一套历史解释模式。他如果在狭义的意义上使用民法这个词，意味着什么啊？意味着脱离西方传统的历史解释模式。现在我们所使用的部门法意义上的“民法”一词跟西方的历史解释模式是没有什么关系的。对于康德这样一个伟大的思想家来讲，抛弃对这种概括意义上的“市民法”一词的用法，无疑是一种巨大的理论资源的浪费。所以，尽管已有部门法运动，他还是用“市民法”一词更古的含义。

第二个德语作家是威廉·洪堡，是从 1767 年到 1855 年生存的这么一个作者。他对“市民法”一词的用法实际上反映了作者是一个部门法时代的人物，其时，部门法观念已深入人心。他在 1792 年写成的《论国家的作用》这本书中使用了“民法”一词。在他的术语体系中，“民法”一词与警察法、诉讼法和刑法相对立。为了节省时间，我讲一下他理解的民法包括什么。他理解的民法包括侵权行为法、表意行为法以及继承法几个部分。显然，到洪堡的时候，他已完全在部门法意义上使用民法这个词了，尽管他的部门法名称跟我们是不一样的——如警察法，就是说一种公安行政法吧！这是行政法的概念。

第三，讲讲英语世界中的用法。英语是一种非常特别的语言，因为我们的民法现象未曾在英语世界发生，所以英语作家在谈论“民法”一词的时候都是在谈论一种外国的现象。我在哥伦比亚大学听课，发现一些老师讲的“民法”就是指的大陆法系。他们也不会理解一种部门法意义上的民法，除非是专门研究大陆法的专家。这是第一点需要说明的。第二点需要说明的是，就像德国人对 Ius Civile 一词进行了民族化处理一样，英美人也是如此。英语里面用来表达 Ius Civile 这个词的是 Municipal Law，即自治市法。它区别于自然法和国际法。此外，《牛津法律指南》列举了 Civil Law 一词的 10 种含义，其中的几种含义耐人寻味：……（3）随着市民法（Ius Civile）特权的扩展和古代世界中越来越多的人被授予罗马市民资格，Ius Civile 逐渐意味着整个罗马法、罗马世界的法和各地罗马市民的法；（4）Civil Law 这一术语从指罗马城邦的法律扩展到指任何国家为本国设定的法律；（5）Civil Law 是与教会法相对的法律，包括所有世俗的法律；（6）Civil Law 是与商法相对的法律；（7）Civil Law 指民法法系；（8）Civil Law 是相对于刑法和行政法的法律部门；（9）Civil Law 相对于军事法律而言，包括所有军事法典内未予规定的民事和刑事规则；（10）Civil Law 有时指相对于国际公法的国内法。上述法律辞书对"市民法"一词所作的界定，代表了英语世界中对"民法"一词的一般理解，其中有法的整体的理解，也有部门法的理解。

六、结论

至此，我们可以得出一些结论。

我们看到，作为部门法的民法，在立法上，直到 1756 年《巴伐利亚民法典》才实现；在理论上，直到 1792 年左右，在洪堡的作品中才实现。由此可见，我们习以为常的民法与其他部门法现在的这种关系，并非从来就有的，而是在 18 世纪下半叶才形成的。

从以上结论出发，可以推出当前流行的挂衣钩式的法律体系观的历史短暂的结论。按照这种法律体系观，法律可以分为 3 个或更多的层次。宪法是第一层次的法律；第二层次的法律从宪法派生，它们构成各种部门法，如民法、刑法、行政法、税法、劳动法；第三层次的法律由部门法派生，被称为特别法。就民法而言，它的特别法有公司法、票据法、海商法、保险法、破产法等。这些同层次和不同层次的法律按挂衣钩的方式彼此联系。宪法是这个挂衣钩上的钉子；各部门法是平行排列的一系列钉子，每个这样的钉子上都挂着一个部门法；特别法相当于领带、帽子什么的，在第二层次的钉子上挂不下，它们被人们掖在各个部门法的衣袋里。这样的格局，可谓对称美观，井井有条，殊不知它是一种逻辑的、理性的法律体系观，它不能回答本讲座开头提出的问题，也并非从来就有。

实际上，民法与其他部门法的真实关系是这样的：按西方理论传统中流行的对国家与法的产生过程的解释，最古的民法，就是人类步入国家时代的法的整体，它是一棵大树的根。随着时间的流逝，各种各样的法从民法中分发出来，首先是宪法，其次是诉讼法，再次是刑法、行政法等，直到最近，环境法还正在从民法的侵权行为法中分发出来。又如，国籍法也是从市民法中分离出来的，因此，较早的《法国民法典》还规定法国人的资格；较晚的《德国民法典》就未这样做，而是在民法典之外另行制定国籍法了。而在现行《意大利民法典》

的起草过程中，对这一问题的认识处在摇摆中，有人认为人格的赋予严格说来不属于现代意义之民法的规范，因此不应在民法典中包括它们。无论如何，经过反复的分发后，民法维持了自身，但此“民法”非彼“民法”，它是彼民法经分离后的剩余物。正因如此，阿根廷学者桑托斯·西福恩特斯（Santos Cifuentes）这样给民法下定义。“民法包括其他法律部门从其内容完全分离出来后（自罗马市民法以来）留下或剩余的东西，这些法律部门有公法、商法、诉讼法、农业法、矿业法、劳动法等。”他接着说：“由于从起源的角度看，国家曾把所有的这些法律部门囊括在一个单一的规范整体中，随着时间的流逝，这些法律部门脱离出来，人们把民法（作为剩余物的）说成是共同的主干或共同法。这个意义上的民法现在通常还作为一个规范体，在实在法的其他部门内部缺少专门的解决方案时补充它们，同时转化为原则的一个共同基础，这些原则因此具有补充适用的功用。”

得出上述结论后，可以解决本讲座开头提出的困惑民法学者的 4 个问题了。

首先是民法的命名方法为何与其他部门法不一致的问题。从民法分离的诸法，是在人类智识大开的时代独立的，因此它们都经过了逻辑化的处理，而民法本身并未经过这种处理，造成民法的命名标准与其他部门法的命名标准不一致，民法是以特定的历史解释模式为依据命名的。

其次是民法的“块头”为何大于其他部门法的问题。由于被分离的诸法都曾经是民法的一部分，它们的“体积”当然与民法不能等量齐观。

再次是民法为何总是关注法的一般问题的问题。作为一场绵延甚久的分离运动的剩余物的民法，其价值无非是“生命、自由、财产”，由于这些价值的至高无上性，从它分离的诸法，当然是为了保障这些价值而存在的。借用刑法学者黄风的话来说，“民法是一切部门法的基础，其他各种法可以说都是从不同的侧面对民事法律关系和基本原则的保护、充实和发展，或者为它们的完满实现创造必要的法制条件和环境”。这种对市民法的理解由于极为强调民法的地位，被同行称为民法帝国主义。由于民法的这种万法之源的地位，在一些民法典中，在许多民法理论著作中，都规定和讨论法的一般问题，是毫不奇怪的。

最后是“市民法”一词的译者经常发现该词具有不同于我们现在理解的意思的问题。由于在西方文献中，“民法”一词既在其古老的含义上使用，又在其近代的含义上使用，当然使中国译者在翻译外国学术著作时，经常感到遇到的外文的“民法”一词具有不同于我们通常所理解的意思。

最后我要说明的是，有些新产生的法律部门，可以被理解为不是从民法中派生出来的，前面已经讲到了商法，实际上，还可以把经济法列入这一范畴。我不赞成把任何现代事物的祖先都追溯到古代，如果这样做，经济法在古罗马法中也有其来源了，因为戴克里先的价格敕令也会被理解为古代的经济法规定。

认识过去是为了更好地理解现在，本讲座的目的，仅仅为了告诉人们民法的辉煌的过去，并无意改变现状，以民法取代宪法。因此，其他部门法的学者尽可以放宽心，不必担心自己的饭碗被民法学者砸掉。我对其他部门法的政策是维持现状，不提倡民法搞扩张和侵略。

时间：2004 年 5 月 8 日

地点：中南财经政法大学南湖校区模拟法庭

记录及整理：曾铭

第二讲

民商合一的罗马经验与意大利经验

感谢经贸大学，感谢我们的傅广宇老师等邀请我回到我的母校，来汇报我从母校开始走的路上的一个成果。为什么这么讲呢？我在1993年的时候，在经贸大学意大利语中心学意大利语半年，从此走上了意大利法学、罗马法学的道路。今天演讲的题目，一个是罗马，另一个是意大利，应该说第一步是从经贸大学走出来的。我们还知道，《德国民法典》的一个中译本的译者也是经贸大学的，所以我们这里也应该讲讲经贸大学对于中国法学的贡献。说老实话，我们现在中国民法学有两个学派，一个是像我们傅老师这样的德国派，（笑声）另一个是我跟我的同事们代表的拉丁学派。拉丁学派的所有的同仁都是在经贸大学学的意大利语，所以我们把经贸大学看作意大利语学派的家乡。23年以后回来，面目全非，认不出来了，（笑声）唯记得当年的一栋红砖楼，上面爬满了爬墙虎，那真的是很漂亮，可惜刚刚被拆掉。（笑声）但是经贸大学现在的影响比过去大多了。所以我非常高兴，各位领导、各位同事给我这个机会，让我能够回到这里来，讲讲我的意大利语的起步，以及后面获得的一些经验。那么我们言归正传。

一、什么是“民”？什么是“商”？什么是“合一”？

我们经常谈论民商合一，但是实际上很少对在这一语境下的“民”和“商”这两个词究竟代表什么，做一个很精确的讲究。我介绍一下流行的一些说法：

1. “民”是非营利活动，“商”是营利活动。商行为就是营利行为，所以商法就是调整企业内部关系及对外关系的基本法。商的法律含义是营利性的活动，商法就是调整企业的营利活动的法。但是这一种说法面临很严峻的挑战。首先我们看看《意大利民法典》第2082条规定的企业主的定义。请大家注意，它是以生产、交换或者提供服务为目的，从事有组织的经济活动的人。没有营利。我认识的一个研究意大利民法典编纂史的一个长篇作品的作者，是农迪罗内（音），我写信跟他问为什么没有以营利为目的。请大家注意，这就是我们理解意大利的民商合一的一个很重要的问题。请大家看看《意大利民法典》，里面包括合作社。合作社是以营利为目的吗？合作社是一种自益性的组织。比如，我们搞一个军队服务社，由这些军官的家属们来承担运作，但是它不讲究赚钱，主要是为了满足这些部队的需要。所以说营利性不能够涵盖合作社。今天早上我还在看，发表在近期《华政学报》的一篇文章，题目是《合作国家》，是德国人写的，那里面提出了两个命题，涉及在现代的条件下，企业到底是不是营利性的。它的第一个命题是，在宪法上，企业尤其是大型企业承担有义务，执行国家规定的任务的义务。那么这些任务可能是带着利益的，也可能是不带利益的。第二个命题就说，企业的风险不仅由企业承担，而且也由国家承担。比如，企业办不下去的时候，如果这个企业非常的重要，国家会拯救的。所以，我们过去流行的，包括我们正在制定《民法总则》的过程中间，所讲的那种营利法人，这个“营利”二字值得重新思考。这是对“民”与“商”的第一种理解。

2. “民”代表农业经济，“商”代表商业经济。就是说，两者一个是进步的，一个是落后的。这种观点长期盘踞在意大利的学术之中，意大利学者研究罗马商法也好，研究现代商法也好，都是把民法当作一个落后的对象来看待，把商法当作一种新兴的进步的力量来看待的。我想在我们中国学界的讨论中，很少有人从这个角度着手。

3. “民”是国内的经济活动，“商”代表一种国际的活动，与国际贸易有关。我们在经贸大学特别能感受到这一点。所谓国际商法，表明商法具有国际性。

4. “民”代表一种仁慈性的经济活动，“商”代表一种残忍的经济活动。这个也叫我们国内感到怪怪的，但是在意大利的学界很流行。怎么讲呢？我们就看看意大利有名的商法学者维万德（音）对于商法产生理由的阐述。他说在罗马帝国的晚期，法律变得人道化。我们都是从正面来阐述这些方面的，但是商法学者从消极的方面来看待这些现象。第一个就是人们可以因非常损失撤销买卖。什么是非常损失？如果标的物的价格低于市场价格的7/12，用现在中文的话就是显失公平。那么，这个遭受损失的一方可以撤销买卖。这就保护了吃亏的一方，但是整个交易安全就没有了。我们平时都是赞美这个非常损失规则，但是没有看到它对商业交易安全的损害。第二个是限制利息。我们大部分人都是众口一词地说高利贷不好，但是也有个别的英语作者为高利贷辩护，包括休谟。高利贷是自愿的，通过高利贷有时候还可以获得高利。里万德认为，限制利息是一个民的规定，而不是商的规定。然后是禁止流质，以及授予连带债务人和保证人分别的利益。本来，对连带债务，诉诸一个债务人就可以得到全部，现在债务人可以分账了，那么债权人的安全性就受到了影响。还有保证人的先诉抗辩权，延长时效期间，还有什么恩惠期，等等。商业失去了因其繁荣所要求的快速的连续性。

那么接下来就讲中世纪为什么会产生商法。就是要把这些仁慈性的规定取消掉，然后恢复那种严峻的规定，才能够保证商业的效率与安全。所以民在这里表示的是一种人道的对待交易的态度，商是一种非常严峻的对待交易的态度。在这里我们就要涉及《威尼斯商人》这一个被反复讨论的案例。这个在国外被反复讨论，实际上在我们中国的文献中，像刘星等很多人也写文章讨论这个案例。这个案例实际上是表明了一种民与商的分野。它的案情我想大家很熟悉：两个人经公证，A无偿地借给B 3000金币，借期3个月，如果到期不能偿还，违约的条款是从债务人的身上割一磅肉作为罚金。我们说这是严酷的条款吧！但是它有利于保障商业安全。在莎士比亚的戏剧中间，它有这样的话："公爵不能够变更法律的规定，因为威尼斯的繁荣完全依赖着各国人民的来往通商，如果有人不执行这个规定，那么对于威尼斯的法制精神就会产生重大的怀疑。"这就是商业的精神。但是后来我们知道一个聪明的法官是怎么解决这个问题的：你割肉可以，但是不能割的多，也不能够割的少，要不多不少一磅肉，然后让债权人陷入困境。我们站在罗马法的角度来讲，这个案件应该怎么处理？我们说当然这样规定是不对的，因为人身利益高于经济利益。在罗马的债务人和债权人的斗争中间，早就确立了一个原则，就是债务人不能够以自己的身体担保债的履行，只能够以经济手段担保债的履行。但是在《威尼斯商人》这个戏剧中间，人家也没有批判这个规定如何如何。而是绕开它，也承认这个规定的价值。威尼斯商人的这种严酷的契约条款，有约必守的精神，就代表了商业精神。如果说这个条款很严酷应该不执行，那就是民法的精神，这就是民商的分野。

5. "民"是普通法，"商"是特别法。有人认为，所谓的民法是适用于所有的公民的法，商法是适用于公民中特定的阶层的法，就是商人法说。

6. 我们还可以说，在谈论"民"的时候，有"大民"和"小民"之分。因为在有的国家，民法包括婚姻家庭法。在有的国家，像在苏联以及现在的俄罗斯，民法不包括婚姻家庭法。这是我们第一个要考虑的。第二个要考虑的，各个国家对商的理解也不一样，有大商法，像意大利的商法，它包括了合作社法。你要包括了合作社的话，企业到底是不是营利呢？就值得怀疑了对吧！另外它还包括了劳动法。劳动法是协调劳资关系的，就是说是抑制资本、保护劳工的一种法。那当然还有小商法。

所以我个人认为，民商合一这个话，切忌脱离特定的时空语境来讲。因为在不同的国家都有不同的民，不同的商，对民与商都有不同的理解，民与商合一的情况都是不一样的。

第二个要说的是“合一”。合一有各种类型：

第一种合一是民法吃掉商法型。可能中国就是这种情况。商法学者感到自己的地盘有灭绝的危险，非常的愤怒。现在产生了一种“商法恐怖主义活动”，威胁民法制定过程中不体现商法的性质或者不给搞个《商法典》，就把民法炸掉，（笑声）我们说这个就是“商法恐怖分子”。去年在北航的会议上，就有“商法恐怖分子”的表演，我估计今年也会有。而我们看意大利的商法学者就很潇洒，他们是商法吃掉了民法，他说你们这个落后的民法，我们给你改造好了。这个角度完全不一样。

第二种合一是商法哭着喊着要加入民法型。（笑声）当然这是第一种形态的一个变种。指制定民法典的时候一定要把商法搞进去，不搞进去我跟你没完，哭着喊着，以自杀相威胁。（笑声）

当然，还有一种类型就是商法吃掉民法，意大利的就是这种情况，因为民法表示贫穷落后、土地经济，商法表示新型的生产关系，那么商法把民法吃掉就是对落后的民法进行改造。这是第二个要说明的。

我们来做一下小结：我个人认为不设定共同的前提，每人讲的民商合一可能是不一样的。你理解的民是什么？你理解的商是什么？你所处的国家，你的民有多大？你的商有多大？你的合一是哪种类型？这些我们要搞清楚，这也是贯穿我们整个讲座的一条线索。

二、罗马私法的民商合一

简单来讲，商法大别为商事企业法和商事行为法。

1. 我们首先看看罗马法的商事企业法。企业在罗马法中有各种类型，大别为两种类型：一个是陆上企业，另一个是海上企业。海上企业就表现为一条船或者是一个船队，在罗马法里都有所表现。通常一个企业可以由所有人自己经营，也可以委托他人经营。如果是委托他人经营海事企业的，那么受托人称为船舶经营人，如果是委托经营陆上企业的，受托人称为总管。《法学阶梯》里面有一个法言讲到了这两种情况。裁判官授予的一种诉权是针对船舶经营人之诉，同时也授予另外一种诉权，叫作总管之诉。第一种诉权适用于什么情形呢？某人任命其奴隶为一条船的船长。那么这个船长为了经营的关系，与第三人订立了契约，后来还不了账。这种情况下，就要找主人来承担责任。这就发生了针对船舶经营人之诉。最后的责任承担者，是委托他进行船舶经营的那个主人。第二种诉权适用于这样的情形：某个人任命奴隶主管小店铺或者任何业务，因为任命他主管的事务他就某事缔结了契约的情况下，那么他代表主人管理一个陆上企业，发生了与第三人的债权债务关系，最后还不了账，要主人来承担责任。第二个法言，路径要宽一些，因为第一个法言讲到的都是某一个主人任命自己的奴隶来管理一个陆上企业或者海上企业，第二个法言则是任命自由人或者他人的奴隶。这两个法言都是谈论企业主委托自己的奴隶、自由人或者是他人的奴隶经营企业，最后对于他们的受托人的行为承担责任。那么这种责任承担是衡平的，因为别人跟他们的受托人打交道的时候，依据的并不是受托人的信用，而是主人的信用，由他们承担责任。这就从企业的外部关系的角度反映了罗马的企业的存在。我们说企业法人有两种表现形式嘛，一种是内部关系，另一种是对外关系。当然，罗马的企业法具有奴隶制的色彩，但是有的时候也有自由人受托管理的情况。当然，自由人也罢，或者是他人的奴隶也罢，都是一些经营能手，然后被请来管理这些需要技能的事务。这是对于企业活动的对外关系的描述。

对于企业活动的内部描述，我们也看一个记载。普鲁塔克的《马可·加图传》里面有这样的记载：有人向马可·加图寻求海事借贷。请大家注意，马可·加图是罗马的一个平民，靠个人奋斗起家，自己经营农场，也写了《农业志》，讲究如何经营的有效，里面有些话不太好听，比如“奴隶嘛，不能用的就赶紧把他抛弃掉，但他年轻的时候就使劲地用”。(笑声)他很会理财，如果有人问他借钱搞海事活动，他要借款人凑够50人和50条船他才可以借，所以一般的小借他不干。而且他要求自己入伙，并委托自己的解放自由人彭迪奥（音）作为自己的代表与借款人一起冒险。这样的话，加图与借款人就形成了一个海事合伙企业。加图是出资人并且派一个代表，借款人出人力，另外出船，共同分担损失和收益。这样的合伙规模不小，因为有 50 个出资人、50 条船，以及数目不小的流动资金，那么就构成一个船队，可以从事大型的运输活动。请大家注意，罗马是一个海事国家，大家看看地图，它处于亚平宁半岛，在地中海的中心。在帝国时期，它分为 12 个关税区。它的物资供应大部分都是从外部输入的。像我在罗马读书时的老师斯奇巴尼家附近就有一个陶片山。罗马从外部输入一些液态的商品，第一个是橄榄油，第二个是酒，这些液态商品的包装器皿有一个特点就是只能使用一次，因为第二次就串味了。所以运过来之后，到了码头要马上砸掉，砸多了之后就形成一个很高很高的山，一个垃圾山。根据现代人的考古研究，大部分的陶片来自西班牙。这个陶片山的存在也证明罗马这种所谓的个人生活的国际性，商品来源的国际性。这样的话，就使得海商运输非常重要，需要组成船队，当然也会有一定的风险。这是海上企业。

我们再来看看陆上企业。乌尔比安有一个很长的法言，描述了它的情况。首先乌尔比安对企业下了一个定义，叫作“人与物的集合”。这个跟我们的定义也差不多，人合的内容和资合的内容。他描述了庄园财产的物的方面和人的方面。庄园财产的概念包括用于生产、贮藏、采集商品的一切东西，用于生产的有土地耕种者和领班，或者包括管家和监工，还有耕牛、施肥的牲畜、器皿、犁铧、丁字镐，等等；用于采集的有压榨机、箩筐、割谷用的镰刀这些农具。在有些地区如果庄园的设备比较好，还包括守门人和清洁工，如果有栽种花木，还包括园丁，如果有森林和牧场还包括牧人和护林人。如果有养蜂业，还包括蜂箱和蜜蜂。还包括一切运输工具，大车、力畜、船舶、木桶，等等。特雷巴求斯还认为从物的概念还应该包括庄园中为奴隶服务的面包师和理发师、从事维修的工匠、烘面包的妇女和侍女、磨粉工、厨子、管家、职工，等等。甚至于包括什么赶骡人、看门人、猎人。我们总结一下，这是一个超级农庄。它的人力资源有种地者若干、领班、管家、监工、守门人、清洁工、园丁、牧人、护林人、面包师、理发师、维修工、烘面包工、侍女、磨粉工、职工、厨子、会计、看门人、赶骡人、猎人等，总共有 21 个工种。假设每个工种有两人，不少于 42 人。当然不可能是两人，因为种地两个人种不过来是吧！所以应该算是一个中型企业了，这些人又分为管理者和被管理者。管理者包括领班、管家、监工，等等。这些都是有法律术语的，构成罗马法中的特殊代理关系。这些林林总总的人员都属于企业主，他可能住在城里面，通过领班来控制农场取得收益。所以，这就是一个完整的企业。当然乌尔比安谈论这个企业，是作为一个客体谈论的，就是说上面的人员、设备都是土地的从物。为什么说上面讲的是企业法人呢？因为这些土地以及从物构成一个农业企业或者说是农庄。当然，在罗马，无论是海事企业还是陆上企业，奴隶都是重要的人力资源，自由劳动力比较少，这是它的企业特性，所以它的商法具有奴隶制的色彩。

2. 罗马商法的第二个方面是商事行为法。商事行为法有两个表现。第一个是民事形式与商事形式的并存。实施一个行为可以很复杂，你看我们前面所说的民是什么？民就是无效率的活动，就是啰里啰唆、复里复杂、折腾死你；而商是快捷有效率，有证据。以我的购书经历为例：今天我来北京的路上，接到UPS的电话。说是书运到我的办公室了。我让我的学生助理代签收了。我7月20日在米兰付的款，书现在才到我这里。因为现在对于西方文化产品的输入采取了限制的态度。他们让我交了4000元的仓库保管费，还要交3000多元的税，还有什么滞纳金好几千元。我说这就是民，要是这样做生意的话，黄花菜都凉了，谁都不敢跟你做生意了。我发誓，我再也不敢在意大利大肆买书了，尽管过几天我就又要去意大利了。（笑声）我们说同一个活动可以采取几种方式来进行。那么在罗马法上有哪些选项呢？第一个选项是要式买卖。要式买卖是一种很正式的交易形式，我们叫要式行为，有5个证人在场，一个司秤，还有一个买受人。完成一个交易要在5个证人面前进行，说一定的套语，有一定的仪式，敲着秤说，“根据罗马法，这个东西是我的”，才能够完成所有权的转移。但是这样呢，交易成本很高。你想想，要把5个人召集起来，起码得吃个饭吧，每个人再拿一条烟，（笑声）这个成本马上就上来了。第二个选项是拟诉弃权。拟弃诉权是什么？就是对物权的变动，两个人到长官面前去虚拟诉讼。我想把这个东西给林老师，林老师说这个东西根据法律是我的，我就不吭声了，东西就归林老师了。这样的话也很麻烦呐，要占用法官上班的时间，（笑声）当然比要式买卖要简单一点。第三个选项是要式口约。要式口约很简单，就是一方当事人要一口气把合同的条款全部说出来，对方只表示一句话就行了，“同意”“答应”“允许”，这样的话，就不要长官了。请大家注意，这三种形式一个比一个简单，要式买卖最复杂，拟弃诉权次之，要式口约就比较简单。尽管如此，还有一个基本的条件是双方当事人要全部到场，我问你答，而且有套语。那能不能不要两个人都到场，搞一个使者，写一封信。举个例子，为什么非要让梅老师到厦门去签订合同呢？打个飞的，1800 千米，一千米一元也要 1800 多元路费，来回 3600 元，这个多贵啊。（笑声）梅老师在北京也很忙，一刻千金，要是能够发个 E-mail，或者派个使者，派一个学生去，时间没那么金贵的，也能传过去。但是按照要式买卖这就不行。最后第四个选项，就是合意合同，是在公元前 2 世纪产生的。合意合同的好处在于，只要两个人意思表示一致，交易就成立。你们两个人来不来，讲不讲固定的套语，要不要长官作证，这些都不需要。打个比方，过去还要说一些套语，现在以捏手的方式，向我们中国古代，进行交易在袖套里面以手来讲价也是可以的。可以通过使者，也可以通过书信，只要意思表示一致，形式不重要，那就是最好的。

请大家注意，长期以来，这 4 种交易方式并存。我们可以把那些比较复杂的叫作市民法上的交易方式，把那些最简单的合意合同叫作万民法上的交易方式或者商事的交易方式。合意合同的类型比较有限，包含买卖、租赁、合伙、委任 4 种。买卖是可以通过多种方式进行的，要式买卖是买卖，拟诉弃权也是买卖，通过要式口约也可以缔结买卖，但是最后最方便的是以合意合同缔结买卖。当然，这种方式非常简单，受到大家的欢迎。首先是在外国人中间适用，后来在罗马人之间也适用，最后取代了其他的方式。从某种意义上来讲，假如说要式买卖等是市民法上的交易方式，或者说是民法的交易方式，合意买卖就是商法上的交易方式。最后，市民法上的交易方式没有了，只有商法上的交易方式了，我们说市民法被商法化了。也就是说，进步的东西取代了落后的东西，这就是罗马商法的存在在行为法里面的第一个表现，就是一个行为可以通过多种方式达成，大别为两种，一种是市民法的方式，另一种是商法的方式，商法的方式简单快捷。

第二个表现是一元两制，就是说一个合同，在我们看来实质是一样的，但是有可能一个是属于民法，另一个是属于商法。我们就以保管为例来说明这个问题。在《法学阶梯》里，第三卷第14题第3段讲到了寄托合同。寄托合同就是我们现在的保管合同，保管合同大家都知道，在罗马法里是无偿的。你把东西交给我保管，我给你提供保管的服务，但是我不收费。不收费就导致了保管人的责任比较低，他只有在存在某种故意的情况下才承担责任。如果只是有过失的话，不承担责任。如果发生损失，只能怪寄托人找了一个不负责任的人。我们可以把这种无酬的寄托叫作市民法上的保管。这种保管是基于友情关系互相帮忙，没有报酬。但是在罗马法中还有一种有偿的保管，叫作仓储合同。仓储合同之所以在罗马存在，跟罗马国家的那一种大进大出的贸易环境有关。我们前面讲到了罗马是一个海事国家，大部分的商品都依赖于输入，吃的用的都是从外国运来的。它成为世界上的霸权，就跟现在的美国一样，用世界上的东西来供养自己。它自己输出的，我看好像除了罗马法，还有军队。由于这种海运的环境，它对于到港和离港的货物都有进行仓库保管的需要。所以你看看罗马人的贸易非常的具有国际性。它进口印度的货物、波斯的货物、巴比伦的货物、亚述的货物、摩洛哥的货物。这些货物到达罗马之后，要在港口附近进行仓储。所以罗马人建造了公仓和私仓，满足这种需要。在公元前 2 世纪末，请大家注意，我们多次提到公元前 2 世纪末，合意合同也是这个时期产生的，这个在历史上是罗马的商业时代，罗马的商法也发源于这个时期。当时还建造了罗马的第一个国家粮仓，因为罗马从外面输入的货物很多，最重要的输入货物是小麦。罗马人的粮食已经不能自给了，首先是从西西里、撒丁岛等地进口小麦，然后从北非进口小麦。所以需要大量仓库把这些到港的货物存储起来，建立了一系列的公仓。公仓的第一层有 140 个舱室，有 2.1 万平方米，很大。到了帝政末期，罗马共有 300 多个公仓解决仓储问题。当然在公仓之外也可能建了一些私仓，一般是由所有人自己经营，也可能租给他人经营。公仓也不完全是由国家经营，有时候是租给私人经营的，租金归国库。仓储人与顾客的关系是工作的租赁，我给你提供保管服务。仓储人与仓库所有人的关系是物的租赁。这个货物的货主肯定要给仓库保管人交钱的，因为仓库保管人自己也不享有仓库。罗马法有一个法言记录了一个事情，一个大理石商人同时也承租了国家的仓库，他很多年没有向国家交付租金，国家就要扣押他的大理石。国家向他收租金，他肯定得向客户收租金。所以我们看到，同样是保管，在罗马法中有寄托和仓储两种形式。我们把寄托叫作民事上的保管，把仓储叫作商事上的保管。两者的区别一个是无酬，一个是有酬；一个是给朋友帮忙，一个是专业性的。

那么古罗马为什么民商合一呢？维万德对这个问题的回答是当时没有出现阻碍商业的条件。前面我们已经讲到过，阻碍商业的条件都是一些让法律人道化的措施，如限制高利贷、不许乘人之危，等等。这就让我们得出商法无情、民法有情的结论。尽管民法落后，但是我很温柔啊。（笑声）这让我们想到了一句歌词，我很丑，可是我很温柔。（笑声）这种说法也为一个现代意大利的商法学者加尔加莫（音）所主张。他在解释中世纪商法起源的时候是这么讲的：此等商法不准债务人以恩惠期，只许债务人以金钱支付。也就是说，你尽管有不动产可以用来抵债，但是我不要，我只要现金，因为商人需要的就是金钱。否定罗马法上的必要替代制度，债务人对于自身的迟延支付行为必须承担相应的法定利息。利息再多，把他压垮，也不要紧。罗马法上的一个人道主义的规则就是利息不能超过本金的 3 倍，而按照商法的原则，无论有多少利息总能一直滚下去。我们说商法无情嘛。受让人还可以取得赃物的所有权。所以我们说允许夏洛克割商人一磅肉的威尼斯法具有强烈的商法性。我们可以这样说，剥去民法温情脉脉的面纱之后就成了商法。我们在考虑民商关系的时候，很少有人这么考虑问题。

那么，我们再看一下《罗马商法》的作者之一贝特鲁奇教授对以上问题的回答。在此之前，我要先讲一下雅典的商法。首先这里我们就扯得比较远了。商法的起源问题，我们讲罗马的商法和雅典的商法，就突破了中世纪商法产生说。雅典是民商分立的。雅典有专门的商事法院，它的案件是保证一个月内审完的。当时没有监狱，要想审案件，必须把债务人关在监狱里面，关的太久会关死人的。而且它又有国际性。所以民商分立、民商合一不是一个现代的问题，古已有之。我们说希腊法是民商分立的，罗马法是民商合一的，原因何在？贝特鲁奇教授基于这样一种背景的考虑，他认为民商分立的说法是以商法的形式独立说为基础。按照这样一种说法，商法体现为一个商人阶级创造的规范集合体，只属于商人。按照实质独立说，被商化的私法诸制度构成商法。商化是什么意思呢？就是以动态财富为考虑对象的法，而民法是以静态财富为考虑对象的法。如果是以动态财富的考虑优先于静态财富的考虑，那么这个法律就实现了商化。所以，我们可以说，凡是反映了新的财富概念的制度都是商法性的，反映了旧的资本概念的制度就是民法性的。由此可见，我们可以超越主体的标准和行为的标准判断某一制度是否属于商法。这在我看来非常的简单。罗马的哪一个制度在现代的商法里有体现，那么它就是商法，无论它合一的原因是什么。合一的原因我们可以参考外国学者的看法。《比较法研究》明年第一期要发表我一篇文章，里面讲到了罗马的船舶经营人、旅馆老板等对顾客的财物所承担的承保责任。那么这些制度在很多的商法典里面都有体现，因此我们说这些制度是商法性的。

三、1942 年《意大利民法典》的民商合一

首先我们讲一下“合一”的理论基础。第一个主张民商合一的作者叫作莫塔内里，这个人在中国的名气很大，凡讲民商合一、分立，必提此人，但也就是一句话带过而已。我是为了感谢我们梅老师和傅老师的邀请，来之前我说要对得起贸大，我又专门做准备，把这本书查到了。莫塔内里在《实在商法的哲学导论》一书中主张民商合一。这个人是比萨大学的教授，同时也是政治家，在历史上影响很大。在他写作的时候，法国已经民商分立，路易十四制定了《商事条例》。在这个现

实之上，他认为两个法典的分立不是逻辑分析的结果，而是专断的安排。他反驳了主张民商分立的如下观点：

1. 属种不同说。按照这种说法，民法是属，商法是种。我们知道属比种大，属包含种，商法要适用民法的一般原则。莫塔内里他是这么批驳的：商法的某些部分也是民法的属，如关于商事合同的规定。这与我们前面讲的内容有关。我们说以前的买卖包括要式买卖、拟弃诉权、要式口约，公元前 2 世纪产生合意合同。合意合同是个商事制度，最后民法把那些古老的、麻烦的交易方式都抛弃了，通通采用合意合同了，这样商法不就成了民法的属了吗？所以他说民法是属，商法是种的这种说法，你要找到一个例外不就破除了嘛。他就找到了这个例外。这是一个逻辑上的辩驳，从逻辑上来立论。

2. 一般与例外不同说。这种说法认为民法是一般，商法是例外。莫塔内里的辩驳是："例外"与"新"不同。商法是为了解除新问题产生的，处理新问题的新规则不能看作例外，它也是原则。因为这些问题，假设过去被考虑到了，对被考虑到的对象有不同的处理，我们说大部分的情况是原则，例外的情况是例外。但是这些新问题过去从来没有被考虑到，谈何例外呢？商法是解决一些新问题的。所以，我个人认为他的逻辑辩难也是蛮强的。

3. 适用对象不同说。该说认为民法适用于一切公民，商法适用于公民中的特定阶级，这就是商人说。在我们中国比较流行的就是商行为说和商人说，这种理论是相当陈旧的。他举了个例子，商法中的有些规则，比如汇票的规则，隐名合伙的规则，不仅适用于商人，也适用于非商人。我也不是商人，但是我在哥伦比亚大学开了一个账户，他们要我给支票，不采取现金支付，我们交房租必须用支票。所以，立法者在制定商法时并非只考虑到了商人，而是以全体公民为考虑对象的。

4. 独立起源说。该说认为民商彼此独立起源，不曾相互交集。这当然是有违历史的。在古代，民商是合一的。莫塔内里的观点有一个可能的实在法影响。就是1852年《摩德纳民法典》，它是民商合一的。在规定了民法的四编之后，最后有一编规定了商法的内容，包括各种票据法。据我所知，这是历史上第一部民商合一的法典。但是我们一般把《瑞士民法典》称为第一，因为很多人不知道有这个《摩德纳民法典》。因为比较小，除非是在经贸大学学过意大利语的人，有几个人知道呢？在经贸大学学过意大利语的人很多也不知道，要对这些问题感兴趣才行。

第二种民商合一的理论是维万德提出来的。他1887年在博洛尼亚大学发表了一个讲词。按照当时的习惯，在新学期的时候都要发表一个讲词。他的讲词叫作《为一部统一的债法典而奋斗》，主张民事合同与商事合同的统一，就两者制定一部统一的债法典。请大家注意，他没有主张全面的民商合一，而是主张合同法的合一。他的理由很简单，罗马法和英美法都是民商合一。这个我们很少从这个角度去考虑。我看到这个也是很受启发，特别是罗马法的民商合一。英美法我们知道是没有明显的区分，但是在美国制定了《统一商法典》之后，我们很难说在美国法中还是民商合一。维万德认为，他的时代施行民商分立是为了保护商人团体的利益；如果制定一部统一的债法典，商人与其他公民对立的利益将按更公平的比例调整。他赞赏瑞士的债法统一，批评德国的区分民商。但是后来维万德抛弃了自己的观点。他后面的观点比较接近中华民国的做法，就是民法要规定商法的一般原则。但是商法的一些特别法，个性比较强，放在民法里面怪头怪脑的。于是采取一般原则的合一，然后具体制度就是搞特别法的方式。但是他的民商合一思想在当时产生了很大的影响。我个人认为，1942 年《意大利民法典》债编对商事合同的吸收，应该是受到维万德的影响。因为维万德就是草案编辑委员会的副主任，很难说他不产生影响。

以上是说民商合一的理论基础。第二个问题，我们讲一下现行《意大利民法典》最早的民商分立计划。众所周知，1942 年制定的《意大利民法典》是民商合一的。但是请大家注意，当时最初的计划并非想民商合一。是中间发生了一些事情，让政府放弃了过去民商分立的计划，改采民商合一的路径。“一战”之后，意大利考虑修订它的 1865 年的民法典和 1868 年的商法典。为什么呢？“一战”的时候意大利吸收了很多领土，就是北方的领土，这些领土曾经被奥地利统治。为了将这些新的领土予以整合，它希望制定一部新的民法典。另外，它也认为 1865 年的民法典比较落后，反映了一种封建的土地关系，而不能够反映新的，流动资产占主要地位的这样一种社会现实。所以它分了两个委员会，当然还有其他的委员会我们就不谈了，只谈跟民法和商法有关的委员会。第一分委员会负责制定民法典，最初设计的民法典有 4 编：人与家庭、物与物权、继承与赠与、债务合同。那么我们看到，在这一民法典的计划中间，不包括商法的内容。第二分委员会负责制定商法典，这个委员会的副主席就是维万德，我们前面讲到的一个主张民商合一的博洛尼亚大学的教授。《商法典》草案在 1925 年完成并出版，分为 5 编：第一编是人；第二编是债与商事合同；第三编是票据；第四编是转让契约、破产；第五编是刑法性的规定，刑法性的规定当然是公法性的。但是很有意思的就是，维万德是犹太人，墨索里尼上台以后颁布了一个法律，把犹太人从知识分子队伍中清除。维万德尽管很有名望，并且身居高位，但也被去职。这个时候墨索里尼委任了阿尔贝托·阿斯奎尼负责修订和再造商法典。我把我翻译的这个《劳动宪章》，分发给大家，因为这个就是 1942 年《意大利民法典》的思想基础。当时意大利议会把它确定为《意大利民法典》的序言。我们也知道《意大利民法典》有一个规定，当法律没有规定的时候可以援引法律一般原则。那么这个东西就是法律一般原则的一个被引证的对象。所以我们要理解意大利的民商合一，必须看《劳动宪章》。《劳动宪章》第 1 条规定："意大利民族是一个具有目的、生命，高于构成它的单独的或者集体存在的个人的行动手段的有机体，它是一个道德、政治和经济单位。"它首先是一个道德单位，第三才是一个经济单位。所以，经济活动首先是个道德活动，我们可以说它的目的是增强国力。按照《劳动宪章》的宗旨，劳动不是体现为一个阶级对另一个阶级的压迫，而是体现为一种合作，合作的目的就是增强意大利的国力，恢复它过去的荣光。所以要从企业制度出发厘清商法的范围，而且要把商法与工会制度和职团制度联系起来。职团制度是 1942 年《意大利民法典》的灵魂。按照职团主义的理论，企业是劳资合作的场所。在经济实力上，劳弱资强，非经国家的干预不能取得两者的平衡，所以国家必定是企业关系中间恒常的存在。请大家注意，我们看到《劳动宪章》里面国家的地位，“劳动法院是国家参与调整劳动争议的机关”，“职团制国家认为，私人在生产领域的创意是实现民族利益的最有效、最有用的工具”，等等。这些规定统统采用国家主义的立场，假设这样的企业关系是新的商法概念的基础，商法的私法性就被剔除了。所以，阿斯奎尼认为，如果人们问商法典为何，它实际上就是经济法。他是使用了经济法的古典的概念。经济法就是国家对于经济进行操纵的法，或者进行干预的法，一个是反垄断法，另一个是反不正当竞争法。同时，这样的商法也包括劳动法。因为它是职团主义，职团主义把企业看作一个劳资合作的舞台。要“抑强扶弱”，弱者是劳工，而“抑强扶弱”的重要工具就是劳动法。1940 年 6 月 10 日，阿斯奎尼主持的商法典草案完稿。他是维万德的学生，不是犹太人，但是他贯彻了维万德的思想，分为 5 编，其中第一编总则，第二编是商事公司、合作社和康采恩的内部组织。我们前面已经提到合作社加入商法对于商法一些基本概念的挑战。为什么《意大利民法典》不认为企业主是一个营利的人？我也写信问过他们的专家。答案是就是因为合作社，合作社是一个自益性的机构，不是讲究营利的，赚点钱也可以，但不是专门要赚钱。还有康采恩，康采恩是一种垄断组织，垄断组织的限制就是经济法。还有商事合同，还有票据、破产、刑罚性的规定等。

四、结论

罗马和意大利的两个民商合一相隔很遥远，理由不一样。我们把两者放在一起谈，能不能找到一些历史线索呢？我个人尝试这一工作。我们首先说罗马法中的民商合一是自发的，而非自为的。当时的人可能还没有明确意识到民法规范与商法规范的区别。用现代人的眼光看，它是残忍法与仁慈法的合一，并逐步仁慈化，假设我们把民法理解成仁慈法。请大家注意，有人说在哈德良皇帝以后，通过裁判官的解释，罗马法日益人道化。债务到期以后有 30 天的宽限期，才能对债务人施加压力，债权人急死了。我个人认为，中世纪的民商分立是仁慈法和残忍法的分立。这里我们以《威尼斯商人》作为代表，没有人谴责那一个合同的正当性。罗马人肯定会谴责的，罗马法天生是左派，是保护弱者的。它的理由很简单，用我们现代的话讲，财产利益不能大于人身利益。中世纪没有人挑战《威尼斯商人》中合同的合法性，只是规避它而已。合同有无效合同，违反公序良俗嘛，怎么能割一磅肉呢？现在我们可以用这个方法宣布它无效。你看看中世纪人们的意识形态是何等的残忍。

1942 年《意大利民法典》基于职团主义又实现了仁慈法与残忍法的合一。职团主义是讲究劳资合作的，资也罢劳也罢，两者没有独立的利益，独立的是国家的利益，你们都是国家的机关，如此而已。职团主义这种劳动法的安排，实际上贯彻的是仁慈法的理念，把那些过去属于残忍法的商法也纳入进来，但是通过职团主义逐步地去残忍化。

那么1942年《意大利民法典》实现了民商合一吗？我的回答是，看你怎么理解民和商。如果把二者理解成私法的两个分支，意大利民法典没有实现民商合一，而是实现了职团法、经济法和它们共同组成的新商法与民法的合一，包括了经济刑法。请大家注意，1942年的商法不是什么私法，而是社会法、经济法。正因为这样，新意大利民法典不是一部纯粹的私法典。我们正处在制定中国民法典的时代，我们中国的大部分民法学者还沉浸在一百多年前的意识形态和自由主义的政治观念里，成天喊着市民社会与政治国家的区隔，要以各种方式来限制国家，私法自治，等等。中国民法典制定在即，商法学者非常担心丢掉自己的地盘，声称要制定商法典。* 当下，应该反思我们中国学者队伍的素质问题。（笑声）很多的理论讨论当下，没有为了学术而学术。我就想起2016年8月24日第十一届中国法学家论坛。在我前面发言的是张卫平。他说，你们其他的部门法都是来抢地盘、安插卧底的，我们民诉法才是民法最忠实的朋友。我说民诉法才最容易搞死民法。（笑声）很简单，你成天搞调解，民法典放在那里不用，很快就变成"腊肉"，民法典"腊肉"。（笑声）20世纪30年代的意大利情况相反，民商合一的推动者都是商法学者。不怕丢掉自己的饭碗，投身民法，把自己融入其中，实际上主导着民法。我们把民法理解成一个强势的学科，没有经过证明地认为它很了不

---

* 《民法典》已于2020年5月28日颁布，本处应作者要求，保留讲座原貌，未作修改。——编者注

起。但是在意大利看来民法落后得很，得靠商法给它打扮、改造。所以我个人认为，中国的商法学者应该学学意大利商法学者的做派，有一点贵族气，有一点不怕丢饭碗的勇气。谢谢大家！

时间：2016 年 11 月 4 日 18：30～20：40
地点：对外经贸大学宁远楼 221 金杜模拟法庭

第三讲

两种民法典起草思路
——新人文主义对物文主义

如下讲座于2001年4月19日在山东大学法学院首讲，但只有在人民大学讲时留下了录音记录稿。整理这个讲座稿时，在山大和人大发生的温暖的一幕幕浮现在我的脑际……

非常感谢中国人民大学民商法中心的领导、专家邀请我来做这个学术报告，因为这里是一个非同一般的地方，在这里听的人不足200人，但是过几天可能天下的网民就会看到我今天所讲的内容，所以这个讲座的影响是非常大的。能够让我在这里讲我感到非常的荣幸，也让我感到人大一种宽大的胸怀，因为在治学方面，坦率地讲，我的一些观点和人大曾有过的商品经济的民法观学派是有一些不一致的，但是人大学派并不因为这一点而排斥我，能够让我在这里发表我的一些可能与各位老师不一致的观点，这是有肚量的，所以我表示非常的感谢。

我今天讲的题目是：《两种民法典起草思路——新人文主义对物文主义》，这个题目的源起也来自这里的讲座。梁慧星教授在《中外法学》2001年第1期发表了《当前关于民法典编纂的三条思路》一文，是梁老师在今年年初在中国人民大学法学院的讲座，详细介绍了“松散式”、“理想式”和“现实式”三种起草中国民法典的思路，我的一些想法很荣幸地被当作“理想主义思路”的设计方案得到介绍，这对宣传我的观点起了重大作用，我十分感谢。其中有些意见和我的不同，所以我就有感而发，在今年4月山东大学邀请我讲学时，我写了一篇文章，在这里我把这篇文章给大家介绍一下，有什么不对的地方，希望大家尽情地批评。

一、是三种思路还是两种思路？

这是对我们的讨论对象进行厘清。

梁老师介绍的三种起草思路，其中的“松散式、邦联式”就是要学英美法，不搞另起炉灶性的民法典。“松散式”就是主张不要搞民法典，他们说，我们现在基本上已经有了比较完备的民事法律体系，有《民法通则》《合同法》《婚姻法》《继承法》，还有知识产权的三个条例等，就可以了，把它们归并在一起就是一个松散式的、邦联性的民法。这是第一条思路。

第二条思路就是我的一些想法，要进行法典编纂，基本的设想就是对民法典的设计实行“两编制”。第一编是人身关系法；第二编是财产关系法。另外在人身关系法下设四个分编：自然人法、法人法、亲属法、继承法。在财产关系法下面设物权法、知识产权法、债法总论、债法各论。在两编之外还有一个序编，在里面规定民法的一般问题，相当于一个小的总则，此外还有一个附编，是关于国际私法的规则。梁老师把这个思路叫作“理想式”，其原因是在体系上追求一种对称，一种美；但是不考虑实际操作，对以前的法律体系打乱也比较多。

第三种就是“现实式”。就是利用中国现有的法律资源来制定民法典。现有的法律资源包括以下两项内容：第一个是我们现有的民事立法，相对的比较成了体系的，第二个是我国从清末以来继受的德国的法律概念体系，以这些东西为基础来制定我国的民法典。

那么这三种思路到底存不存在？

我个人认为不存在所谓“三种思路”的问题，只存在两种思路。为什么呢？因为“松散式”实际上不是民法典思路，而是反民法典思路，这种主张就是不要搞民法典，而是一种法律汇编。在英文和其他一些语言中里有两个词是比较接近的，但是又是不同的，一个是“Consolidation”，另一个是“Codification”。“Consolidation”就是把一些既有的东西不加根本改造地汇编在一起；而法典编纂是在审查某一法律部门现行的全部法律规范的基础上制定一个新的涵盖该法律部门的系统、完整的规范性文件，要把过时和错误的内容统统废除，并增加新的内容，这是对既有法律的扬弃，把过去合理的东西保留，还可以做一些补充，它属于立法活动。

按照法理学界的解释，根据“法律汇编”与“法典编纂”的区别，我认为“松散式”是法律汇编的思路，只有“理想式”和“现实式”才是法典编纂的思路。所以在当前的中国不存在三条思路，而只有“理想主义”与“现实主义”两种思路。

对松散式思路怎么看待？我个人认为是懒汉的主张。因为这样搞起来比较省事，不用殚精竭虑，掉头发，衣带渐宽，很快就可以搞出一个东西来，管它是不是民法典，贴上民法典的标签就可以了。这是一种懒汉式的主张，不能采纳。另外，这种观点也是基于对英美法的一种不正确的判断，在我看来，如果此论的主张者真正地了解了美国法，就不会如此主张，因为美国在20世纪以来一直在大搞法典法，科尔宾和威利斯顿各自的《论合同》就是其某种意义上的合同法典，如果了解了这些具有学说权威的书，就会看到美国式的这种法典比大陆法系的法典更严密，更具有可操作性。我参加了柯尔宾的《论合同》的翻译，我被其中的理论所折服，很详细，比大陆法的要好，完全是一种地道的法律。第二个例子是美国的各种法律《重述》，它们是不折不扣的学者搞的法典；《统一商法典》则不必让我提醒众人就知道它是法典了。

所以，那种松散式的法典编纂，即使在英美法，也是很难找到对应物的。

二、剩下的两种思路有何区别?

那么，剩下的两种思路的区别何在？我认为它们有两个区别。第一个是形式上的区别，梁老师将自己的民法典结构设计思想概括为现实主义，这是有道理的。从梁老师的文章可知，现实主义指充分利用现有的资源制定民法典的主张，这些资源有：其一，我国现有的民事立法，如《民法通则》《合同法》《担保法》等；其二，德国法律传统的资源，即德国式的法律概念体系和权利分类体系。这种现实性第一个就是利用现有资源，避免另起炉灶的资源浪费。第二个是梁老师的主张不是一种纯粹的法典编纂，也不是一种纯粹的法律汇编。我认为是一种介于两者之间的中庸之道。按梁老师的设想，《合同法》可以基本不动地纳入新的民法典。按照他的思路，新的法典要一部分一部分地搞，在《合同法》之后就推出了《物权法》草案。将来要制定民法典，这些新的内容可能就没有大的改动直接进去了。还有《婚姻法》的修改也是和民法典联系起来的。这样可以避免过大的震荡，比较容易地制定民法典。由于已有的资源为大家所熟悉，各级法院也好接受新民法典。

梁老师将我的相应思想概括为理想主义，也是有道理的。这种理想性表现在什么地方？就是表现在我坚持法典编纂的特性。既然我们要制定民法典，那么我们就要遵循法典编纂的一般规则。把过去的东西统统作废，提炼出一些内容，然后采纳新的东西跟过去的东西进行协调，这就是法典编纂的真谛。这样做工作量很大，但是我们会在这番工作之后获得民法典全新的形象，让未来的中国民法典在世界民法典之林中获得比较高的评分。我所称的理想主义，指最大化地利用法典编纂的立法性充分改造我国民事立法的结构和思想基础，与法律汇编拉开距离，实现我国民事立法的现代化。为何如此主张？理由有三：

其一，遵循继受法国家制定民法典的普遍规律。世界上的国家在民法上分为两种，一种是固有法国家，另一种就是继受法国家，对于后者，民法不是他们的固有的，而是从外面舶来的。继受法国家有什么规律呢？像韩国、泰国、日本、清朝时期的中国，都是这样的国家。我们观察一下它们的历史可以发现：这些国家如果要谈可操作性、可实践性，那么它们的民法典就根本制定不了。继受法律，无非是引进外来的好制度对本国的不合理现实进行改造。所以继受法只有在外来的东西与本国的现实发生激烈冲突的情况下才可以继受。如果本国的东西好，那么我们还继受什么西洋法呢？这就决定了继受法国家这样的命运：它制定出来的民法典可能是一时难以操作，甚至有50%以上的条文不能兑现。它往往起一个宣言的作用，表明当前领导人一种改革的决心，或者起一种证明的作用，让那些要进入这个国家的人相信，这个国家的法律也和西方的差不多了，不必担心要被斩首。但这样继受的法律必须经过很长时间的磨合才能成为一种实际的法。王泽鉴先生纪念我国台湾地区"民法典"实施50年的文章讲得非常恳切，在国民党占据大陆的时期，中华民国民法只是在铁路交通线沿线生效，到了我国台湾地区之后，由于日本占据我国台湾地区50年，《日本民法典》和"台湾民法典"是同源的，日本在那里留下了一些比较好的制度，像不动产登记制度，使这个"民法典"的适用获得了比较好的条件，所以到了我国台湾地区之后才获得了比较多的兑现。我们看看川岛武宜的研究，《日本民法典》到现在还有好多条文没有落实的。这个规律我想还找不出反证来，因为我们中国也是继受法国家，那么我们就不能过分地强调民法的现实性，不可避免地要制定一部比较理想的法典，取法乎上而得乎中；如果取法乎中，则只能得乎下了。这是第一个理由。

其二，就是为了中华民族的光荣。（笑）说老实话，我们中国是一个大国，你们觉得好笑，我可是一点也不觉得好笑，我们 APEC 会议开得很成功，也花了很多的钱，那是为什么？是炫耀国力，不炫耀能行吗？该炫耀的还是要炫耀。这回申奥成功也是国力的表现。你想想，非洲没有一个国家办过奥运会，亚洲只有日本韩国办过，中国没有办，就没有进入那个富国俱乐部，办了以后就是一个标志，就进入了俱乐部了。说话才会有分量，不然的话说话就是干喊。在这个方面制定民法典是一个很大的工程，像申奥一样，像办 APEC 一样，也是一个炫耀国家国力的机会。严格来说是炫耀我们知识分子能力的机会，这个方面的国力是靠我们法学知识分子来代表的。在条件上，首先改革开放二十多年来（截至 2002 年），我们在民法理论上有了很大的发展，尤其在这个方面人民大学作出了巨大的贡献，这是必须承认的，一个好的民法典总是建立在理论研究的基础上，我们有很好的理论资源。第二就是我们中国正处在第三次法典编纂运动的洪流中，中华民族正好可以一显身手，向世界奉献一部值得称道的民法典。在人类历史上总共有三次法典编纂运动，第一次是优士丁尼搞的，发生在公元 6 世纪，成果是《市民法大全》；第二次发生在十八九世纪，产生了一批现在我们还深受其影响的民法典，像德国、瑞士、法国的民法典；第三次法典编纂运动正在进行，从 20 世纪 70 年代开始，到现在还未结束，其发生主要和“冷战”的结束，产生了一批新国家或旧国家改换了制度，刺激了制定民法典的需要有关。这一阶段产生了一些优秀的民法典，像新《魁北克民法典》（1974 年）、新《荷兰民法典》、《俄罗斯联邦民法典》，另外请大家注意《埃塞俄比亚民法典》（1960 年），我刚刚校对完这部民法典的译稿，可能在年底出版。这部民法典差不多是勒内·达维德的个人作品，如果大家因为埃塞俄比亚而轻视它，那就要犯错误了。这部民法典非常先进，我认为它一点都不比《俄罗斯联邦民法典》差。这些民法典的诞生使我们的考察视野日益扩大，如果过去我们只有法国、德国等国家的民法典可以参考，现在我们就可以放宽视野参考更多的民法典。很遗憾，能注意这几部民法典的学者还有待增加，许多人现在还是张口德民、瑞民、法民，那已经是一两百年前的民法典了。因此，我们能够使中国的民法典在第三次法典编纂的浪潮中成为一部优秀的民法典，至少能够和这些民法典比肩而立，我想我们作为一个文明民族，做到这一点还是有可能的。

其三，学者从理想出发考虑问题的权利。我觉得我十分珍惜这个权利，中国是一个缺乏分工的社会，我把它叫作"一能百能主义"，今天刚想起的一个名词，譬如像我写文章行，人家就说我当官也行。这是一个推论，实际上这个推论是不成立的。这就造成了我们社会中的角色极大的混淆。就像一个学者很少从学者的角度看问题，动不动就从政治的角度看，他就考虑到这个东西制定以后全国会乱的，怎么办？这个不是你考虑的问题，是政治局委员考虑的问题。我一直从学者的角度考虑问题，学者的角度就是合理性角度，操作的问题让操作人来解决，学者从来不考虑操作的问题，怎么合理就怎么提，这样才有一个角色的分工。另外我们还有另外一个推定，一个能写好专著的人被推定为能写好教材，其实这是两码事。一个写教材的人是善于深入浅出的人，一个写专著的人是善于深入深出的人，我现在已经与写教材划清了界限，我坚决拒绝写教材，因为我不适合写这个，对大家来说是一种折磨，对我自己来说也是一种折磨。这个就是决策的问题，民法典也是这样。民法典的基本思路应当由学者提出，在实践中与其他部门协调，作为学者你不要老是串味道，说别人的话。就我来讲，我是学者，怎么理想就怎么说，当然就是理想主义的。

第二种区别就是实质上的差别。通过对梁老师最近的著述的研究，我觉得梁老师的观点有一个哲学基础，就是“物文主义”。所以从形式上看是理想式与现实式的区别，从实质上来看是人文主义与物文主义的区别。我的主张是人文主义，梁老师的主张是物文主义。因此，中国民法典起草思路之争是主义之争，一个是理想主义与现实主义之争，另一个就是人文主义与物文主义之争。那么我们现在就讲第三个问题：什么是人文主义？

三、什么是人文主义？老的和新的人文主义

人文主义是一个被滥用的词语，在很多大学里面包括人民大学，你浏览一下海报就有两三个是关于人文主义的。但是说老实话，无论是看的人还是写的人都不知道什么是人文主义。因为我想搞一个新人文主义的民法哲学，所以一有人文主义的讲座我就去听。我在武汉就听过一个，这个人就没有给人文主义下定义。他就给我们讲人文精神，说在美国，有一个黑人小孩在一个候车室里面把一个汉堡包掉在地上了，他把它捡起来，然后把残渣也捡起来吃了，他说这个就是人文主义。这个就和我理解的人文主义很不一样。我认为不妨把“人文主义”一词中的“文”理解为“中心”的意思，人文主义不过是主

张把人自身作为这个世界的中心的观点。把它叫作“人本主义”也可以。如果我们了解人文主义产生的背景，大家可能就会理解，所谓的人文主义就是人类中心主义，人把自己看作自己的目的。既然在构词法上可以做这样的解说，那么我们就可以进行一系列的构词，人文主义所反对的一种主张，以神为世界中心的主张，我们不妨把它叫作“神文主义”；把它现在应反对的以物为中心的世界观称为“物文主义”。物文主义与人文主义是非常对立的，人是主体，物是客体，故两种主义，一种是对主体的张扬，另一种是对客体的崇拜；我们还可把“文革”中那种政治挂帅的生活态度称为“政文主义”，即不管行为的经济效果，只管行为的政治意义的主张。请大家注意，物文主义这个词是我生造的，好像已经被大家所接受，而且任何一个概念的最初产生都是生造，所以我看我的造词法还是能被大家接受的。这是第一个问题，讲的是“文”的含义。

第二个问题讲一下二元论的世界观与人文主义的关系。我们看到人文主义与物文主义是对立的，但是二者是有关联的，涉及世界上两大最基本的要素：人和物。一个是主体，一个是客体；一个是对主体的张扬，一个是对客体的张扬。所以两种主张的分歧是对构成世界两大要素重要性的评判上的分歧。人文主义也好，物文主义也好，都是与哲学基本问题有关的。按唯物主义的理论，哲学的基本问题就是思维与存在的关系问题，精神与物质的关系问题。按照这种观点推下来，我们可以得到一个结论：民法问题与哲学问题是高度一致的。我自己琢磨民法的体系，再与哲学的体系相比较，发现两者之间非常雷同，都是谈两个要素的关系问题，不过两个学科用的术语不同，但是它们是用不同的术语描绘同样的事情。所以民法本身具有高度的哲学性，民法本身又是哲学爱好者的舞台。

第三个问题我们讲一下表现人文主义传统的三个命题。这三个命题表现了西方文化中的人文主义传统。第一个就是普罗泰哥拉在公元8世纪提出来的“人是万物的尺度”这个命题。这个命题涉及了人和物的关系，对人和物进行了评价，人是在先的，人是更加能动的因素。相隔了很久笛卡尔提出了“我思故我在”的命题，这也是一个人文主义的观念，“思”是世界第一性的东西，有了“思”人们才能推出世界其他的事物。第三个就是“价值”的概念，“价值”概念是对这两者的现代转换：价值是物对人的有用性，也是以人为主体的概念。一个物对一头熊猫有用并不构成价值，只有在它对人有用时才是如此。这是西方三个表现不同时期人文主义传统的命题，这个传统是应该由我们的民法理论继承的。它们实际上也是用不同的术语谈到了民法调整对象的问题。

第四个问题我们讲一下人文主义在具体制度中的表现。我认为有以下几点：第一个就是不管立法者是否意识到，或是否愿意，民法的制定都是以人为先的。我们还要谈到《民法通则》，其中规定民法是调整平等主体之间的财产关系与人身关系的法律，这是一个以物为先的定义，但是在民法的阐述顺序中，它是先主体再客体的，所以它还是一个人文主义的体系。那么从这个意义上讲，民法是一个组织法，民法很像一个军队的组织规章，人是社会性的动物，在行动之前总是要组织起来，形成一定的单位，民法就是一个这样的组织法。它首先解决人类自身的组织问题，然后再调整人类的目的，人类怎样利用各种经济资源的问题。第二个表现就是民法极为强调意思自治原则。因为人除了意志之外，其他东西都是物质的，作为人的本质的根本表现就是自由意志。我们看到黑格尔的《法哲学原理》就是以自由意志为主线，把这些制度串联起来的。譬如主体是自由意志的载体，然后行为是自由意志的实施，客体、物是自由意志的定在，正是因为这样，我们看到意志自由的因素在民法里有浓厚的表现。在所有权制度中，正由于所有权中“心素”的存在以及它相对于“体素”的优先地位，即使物脱离了所有人的占有，它仍不失为所有人的，一旦有机会，所有人将正当地收回，此乃所有权的绝对性的表现，这是意识的胜利。所以在这个意义上我们说《民法通则》是贯彻了人文主义的。

第五个问题我们讲一下什么是新人文主义？人文主义是一种文艺复兴后产生的古老思潮，从产生以来一直支配着西方世界。文艺复兴已过去了好几百年，那么我们是不是还是要继受这种人文主义呢？我认为不可。因为时代发展了，旧思想难以与新时代相适应，所以我们必须扬弃老人文主义，创立新人文主义作为我国民法典的思想基础。

那么，新老人文主义的区别何在？

两种人文主义都强调人的中心地位，但有两点不同：第一，认识论上的区别。如果说老人文主义的认识论特点是绝对主义，即对人类认识能力的强调到了一种绝对的程度，基于这种确信，第二次法典编纂就制定了那种包罗万象的民法典，那么，新人文主义的认识论的特点是对人类认识能力持有所知和有所不知的评价，基于后一种可能，应允许民法典保持开放性结构，赋予法官广泛的自由裁量权发展法律，因此，新人文主义的认识论是一种折中说，包含某种程度上的不可知论，与老人文主义的绝对主义倾向不同。第二，对人自身地位认识的区别。老人文主义认为人是世界的唯一中心，强调征服自然，因此造成了对生态的破坏；新人文主义认识到人与环境的依赖关系以及与其他生灵的伙伴关系，强调人与自然的和谐，尊重下一代人的权利、动物的权利。从人类中心主义走向了众生共生主义。简单总结一下，老人文主义是乐观取向的；新人文主义是悲观取向的。

下面我讲一下我们时代的人文主义精神。我觉得我们的时代是人文主义的时代，尤其是改革开放以来，人的地位提高许多。我们可以举一些很具体的例子，第一个例子就是飞行员王伟同志牺牲后，我们花了很大的代价来进行搜救，江泽民主席讲“人是世界上最可宝贵的”并兑了现。这个例子反映了改革开放以来的主旋律。第二个例子我们可以讲国民经济统计指标的变化。在改革开放后，我们以 GDP 指标取代了国民生产总值的指标，并辅之以人均国民收入的指标，这更加强调了生产活动对人的一种效果，因为 GDP 指标包括了对人提供服务的第三产业指标，涵盖了生产活动给人带来的效益。第三个例子，过去我们有 1/3 的隐性失业人口，他们每个星期工作 6 天，但是也不创造什么价值，不知道上班的目的是什么。现在人们想通了，既然不创造价值那就回家休息，有了让人们享受闲暇的大周末和长假，当然也有经济的考虑：促进人们的消费，中国人活得更像人了，还可以休假，这不是人的地位提高了吗？第四个例子，我觉得是最典型的，就是“姚丽案”，响亮地提出了“财产权怎能高于人身权”的时代质问。[姚丽案的基本情况是这样的：姚丽是大庆建行某储蓄所的一名普通职员，党员。1999年7月9日12时许，她与另外3名女职员正在吃午饭，突遇两人抢劫银行，其中一人用一把5~6磅重的铁锤猛击防弹玻璃，边砸边吼：“快开门，报警就整死你们。”3名职员按了报警器开关，但警讯未能传出。又打电话报警，然而电话不响。此时，玻璃即将砸坏，职员之一孙海波把门开了，两名歹徒进来后，将姚丽办公桌中的13,568.46元和孙海波办公桌中的30,190元抢走，又威胁姚丽打开保险柜，姚丽骗过歹徒（说其中无钱）。最终未交出保险柜钥匙，使其中的25万元安然无恙。歹徒逃离现场后，姚丽又打“110”报了警。第二天，姚丽从家中取来1.3万元交给单位。8月5日，建行处分她，理由是她未制止孙海波开门，也未与歹徒搏斗，而是交出了1.3万元，属于严重失职，决定开除其公职和党籍。姚丽申请行政复议被驳回，遂向大庆市萨尔图区劳动争议仲裁委员会申诉。该委于1999年11月8日作出裁决：撤销建行的决定，恢复姚丽公职，安排工作，补发工资。建行不服，向同区的人民法院起诉，法院判决建行败诉。建行仍不服，上诉于大庆中级人民法院，认为姚丽人身未受到威胁，就将钱交给歹徒，25万元安然无恙与姚丽无关。中院于今年3月1日开庭，判决建行败诉。]这种观念现在听起来觉得好笑，但是在多少年以前大家都是这样的。现在，姚丽得到了广大人民的同情，这是人身利益的获胜。《中国青年报》2000年3月20日关于姚丽的报道用的是“财产权怎能高于人身权?”的标题，很好。我想这是有一个天理存在，就是“人身权高于财产权”，（众人笑）这种自然法观念早就存在于我国的国民意识之中的。另外我还要举个偏离这个主题的例子，就是为什么要废除债务监禁？卓别林的父亲就曾因还不起债而坐牢，但是卓别林的时代之后你欠的债再多也不能关人。我们看到了一种人文主义对物文主义的取代。那个时候财产权是高于人格权的，你还不起债就把你关起来，尝尽天下羞辱；现在不行了，人格权高于财产权，债权再大也是小事，人家的人格尊严是不可估价的。第四个例子就是梁老师本人在武汉讲民法解释学的时候，我有幸听过，20 世纪 90 年代的时候我在北京学习意大利语，在中国社会科学院研究生院我也听过，也是梁老师经常给我们说的：民法解释学里有一个利益衡量的问题，就是衡量利益的大小和利益的位阶。财产利益与人身利益是两个不同的位阶，二者相比较的时候，财产权远远落后于人身权。这是梁老师自己说的。

上面的种种现象我们都可以归结为一句话：时代精神在我国发生了从重物轻人到把人当作目的的转变。国家在进步，这种进步体现在很多具体的事情之中。正因为这样，我们才不惜一切代价大规模地搜救跳伞的飞行员王伟。还有就是在电影《拯救大兵瑞恩》也提出了一个很哲学化的问题，就是某一些特殊群体的人身权价值问题——一个已经死了 3 个孩子的母亲享有有一个活着的孩子的权利的问题。有些战士的母亲的权利也是应当尊重的，这涉及人身权的至上性。另外，就是最高人民法院在最近的司法解释中将精神损害的封顶限制取消了，也说明了对人身权的一种重视。如果说十几年以前有些学者还因主张人道主义过力受到过贬斥，那么现在的情况是相反的，我们的人权专家待遇优厚，非常吃香，这就是意识形态的一个重要变化。所以过去我们看起来习以为常的东西，现在我们看起来不对了，举个例子来讲就是下面要讲到的第六个问题“物头人身”现象。

这个现象在中国存在了很多年，我们现在才发现它。它就存在于《民法通则》第2条的规定之中：“中华人民共和国民法调整平等主体的公民之间、法人之间、公民和法人之间的财产关系和人身关系。”其中的两个要素物和人，物被置于人之前，是一个物文主义的定义。其产生情有可原，因为《民法通则》是1986年产生的，当时商品经济的民法观占据支配地位，在那样的背景之下作出这样的规定并不奇怪。但是我们看到《民法通则》由于有一种自然法的存在，所以它的编章顺序与第2条的规定是矛盾的。《民法通则》在章的层次的行文顺序为：（1）基本原则；（2）公民（自然人）；（3）法人；（4）民事法律行为和代理；（5）民事权利；（6）民事责任；（7）诉讼时效；（8）涉外民事法律关系的法律适用；（9）附则。其中除了第一章以外，“公民”“法人”属于人法的规定；“民事法律行为和代理”是行为法的规定；“民事权利”是对客体的规定。你看这种现象叫体系违反，定义没有贯彻到结构之中。要是按第2条的规定，第2章不应该是“公民”，而应该是“民事权利”或“物”，之后再规定人身关系部分。这样就发生了一个“物头人身”的现象，这是我对《民法通则》第2条的解释。这个现象我们看了十几年也没觉得不好，但是今年受到人文主义的熏陶，忽然发现这样不好了。

下面讲一下转变。也是对《民法通则》第2条的一些批评。从20世纪80年代以来我国的意识形态发生了变化，人文主义思潮的涌动要求清算“物头人身”结构，代之以“人头物身”结构。这种思潮的旗手是张俊浩教授，在他1991年主编的《民法学原理》中，他将民法定义作了一个变动，我觉得是一个跨时代的变动，他说民法是“调整社会普通成员之间人身关系和财产关系的法律规范系统”。这个定义中，人身关系优先于财产关系。这样一改效果很好，首先是把人文精神体现在定义之中，其次把体系违反也消除了。还值得注意的是张教授第一次把民法界定为“人法”，认为财产占有是为了人的，但是这不是在严格意义上使用了这个概念，而严格意义上的人法是主体法的意思。第二个倡导者就是我，在彭万林主编的《民法学》中，我也毫不含糊地将民法定义为“对平等主体间的人身关系和财产关系加以调整的法律部门”，但是说老实话，我们这个算是少数派，我觉得是我们这个学界太粗心了，写了也没人看，都还在说民法调整商品关系。前不久我打电话向一个厦门的学者咨询一个问题，他就情不自禁地谈商品关系，我们的学生写文章也都是大谈特谈商品经济。讲商品经济的人有两个巨大的缺陷，第一个就是不跟中央保持一致，因为商品经济是过渡时期的表达。1984年10月，中央确定我们是有计划的商品经济，这是一个过渡，到1994年，商品经济已寿终正寝了。所以仍然坚持商品经济就是和中央对着干。第二个巨大的错误就是商品经济是一个独特的中文表达，无法翻译为外国文字。在西方语言中是不存在商品经济的，在这个方面我有两个经验：第一，1996年我去秘鲁首都利马开会，我写了一篇文章谈中国民法中的无体物问题，用了商品经济这个词，改这篇文章的意大利人看不懂，宣读的时候他们也听不懂，我讲商品经济的地方他们都理解为市场经济。第二，最近中国政法大学的一位副教授到厦门开会，与我相见，说他看了一个节目，好像是《东方时空》，也说到商品经济这个词无法翻译成外国语言，是个典型的中国表达。现在如果还不让它寿终正寝，就很奇怪了。

利用这个机会我想介绍一下意大利权威的民法教材对民法的定义，我们看看这个定义与张俊浩的定义有什么区别。看看德国法族的物文主义传统与拉丁法族的人文主义传统的对抗。意大利的教材是这样定义的：所有可以在民法名下包括的东西。简言之，包括以下方面：首先是更直接的关系到主体存在的规则，其次是上述主体参与享用利用经济资源的一般规则。这个定义无非说民法是一个组织法，把大家组织成一个市民社会，是自由人的联合。其实市民社会没有那么多玄妙的含义。这个概念已经被大家弄得面目全非了。其实它就是一个自由人的联合，为了防止强盗抢劫，我们不得不受一些约束，所以市民社会就是这么一个东西，自由人的联合。在中国有两个民法学派，第一个是人文主义的民法学派，以我和张俊浩为成员；第二个就是物文主义的民法学派，梁老师是这个学派的领袖。两个学派各贡献了一部民法典的起草思路，现在是两条思路之争，也是民法学派之争。

四、什么是物文主义？

物文主义是以物为世界之中心的观点，它与一些既有的理论如商品拜物教、商品经济的民法观和旧唯物主义都有关联。这种观点源远流长，在中国有它的表现。

梁老师的物文主义观点表现在他的三部著作中。第一部就是他的早期作品《民法》（四川人民出版社 1988 年版），第二部是他最近的作品《民法总论》（法律出版社 1996 年版），第三部也是他的近期著作《中华人民共和国民法典大纲（草案）》，收录于《民商法论丛》第 13 卷。请大家注意结构是意义很大的负载者，民法的很多问题往往都是以结构说话。结构是一种最大的智慧的凝练，作为一个好的老师最好的办法就是设计出一个很好的结构，有时候这个结构需要很多代人的努力才能完成。就人法与物法的顺序问题，梁老师的早期著作《民法》在章的层次的阐述顺序是这样的：（1）导论；（2）民事法律关系；（3）公民（自然人）；（4）法人；（5）民事法律行为；（6）代理；（7）诉讼时效；（8）所有权；（9）债；（10）合同的成立；（11）合同的担保；（12）合同的变更和解除；（13）合同的履行；（14）人身权；（15）财产继承；（16）民事责任。我们可看出，除了把应属于节的层次的关于合同的 4 章提升了位阶外，这一阐述顺序基本与《民法通则》的行文顺序一致，是一个“人法前置主义”的顺序。因为梁老师是一个合同法专家，所以有一个特点，就是一般不研究民法调整对象问题，因为他对这个问题缺乏一种直接的认识。同书中，梁老师引述了《民法通则》第 2 条的民法调整对象定义，我们知道这一定义中还是包括被后置的人身关系的，梁老师对这一定义的分析是：“民法主要调整平等主体间的财产关系，即横向的财产、经济关系”，并将民法界定为“调整我国社会经济关系的基本法”。这种说法有一个特殊的背景，1988年，是民法与经济法进行论战余烟未熄的一年。民法与经济法之争，简单地讲就是对经济生活的调整权之争，是到底由谁来调整的问题。梁老师当时这样写是有一些特别的考虑的，要是把民法调整人身关系的功能说得过大，人家就说民法都是搞那些鸡毛蒜皮的小事的，经济生活你民法调整不了，那就让个位，让我们经济法来。梁老师当然不能说这个话，所以就强调说民法是调整经济关系的，由此就留下了一个物文主义的根。第二个著作就是他的《民法总论》，《民法总论》在章的层次的阐述顺序为：（1）导论；（2）民事法律关系；（3）物；（4）民事主体——自然人；（5）民事主体——法人；（6）民事法律行为；（7）代理；（8）诉讼时效；（9）权利的行使；（10）民法的效力、适用和解释。我们只从第三章以后谈，梁老师的结构是物—人，把物摆在第一，把人摆在第二，行为放在第三。这就完全把我和张俊浩的定义倒了一个个。看到以后我说老实话是觉得惊诧莫名，不知道有何来历。应该说我读的外国民法典是比较多的，曾经收藏过80多部，后来调到厦门之后丧失了30多部，那是公共财产，作为私人财产我有53部，这些东西我经常翻翻，可是梁老师的提法我未尝闻也。要是这样搞的话可是世界民法史上的重大转折，如果大家不服的话，可以回去查查。硬要这样搞要写几万字的文章来论证，不然肯定会引起巨大争论的，因为有史以来从来无人把物摆在第一位的。第三个作品就是梁老师在《民商法论丛》中发表的为未来中国民法典设计的大纲，这个大纲基本上是遵循大陆法传统，把一个教材的结构移植为法典的结构。其行文顺序为：（1）总则；

（2）物权；（3）债权总则；（4）合同；（5）侵权行为；（6）亲属；（7）继承。从这一层次来看，民法典基本上是个财产关系法典，看不出主体的地位何在。梁老师在编的编排上没有反映出他对主体的看法，但在该大纲的总则中，主体的地位如何就看得出来了。该总则在章的层次的结构是这样的：（1）一般规定；（2）权利客体（就是规定的物）；（3）权利主体——自然人；（4）权利主体——法人；（5）法律行为。（后面的部分从略）跟他的《民法总论》的结构完全一样，权利客体被置于了权利主体之前，这是一个“物压在人头上”的设计，前无古人。梁老师最推崇的是《德国民法典》，这一著名的民法典是怎么规定的呢？其总则内部的基本结构也是：（1）权利主体；（2）权利客体；（3）法律行为；（4）其他规定。基本上是主体—客体—主体与客体之间的关系这样一个结构。可以说，《德国民法典》在总则部分还是贯彻人文主义的，尽管在编的顺序上是物文主义的。梁老师极为推崇的北川善太郎教授也认为，民法总则的基本内容是：（1）权利主体人；（2）权利客体物；（3）法律行为。我们可以这么说，无论是在日本还是德国，它的总则部分还都是人文主义的。在这个方面梁老师和他所推崇的前辈还是有不一致的。

另外，梁老师还存在体系违反。他虽然在编的顺序上把“物”置于民事主体之先，但在“物”之前的“民事法律关系”一章中，他对这种关系的分析仍遵循“主体”“客体”“内容”“变动”的顺序。所以梁老师在这个方面还是不一致的，是体系违反的。梁老师支撑这一观点的论据就只有二三十个字吧：“一个毫无财产、一文不名的人，连生存都难以维持，能算是真正的人吗？”

我把这个观点概括为“穷汉无人格说”。在这里我也要自我批评，以前我写过“无财产即无人格”的话，“法律人格建立在财产的基础之上”这样的话，这个话可能比较适用于自然人。前几天还有个学生拿来有这个话的旧作给我看，问我怎么认为，我说我向你检讨，我错了。如果按照这个观点，那么杨白劳就可以打死了，杨白劳可是没有一文钱呀，刚刚有了点钱还买了个红头绳给花完了，那就没有什么人格了。但这是不行的，也与司法实践比较矛盾。

下面就讲一下我对于“穷汉无人格说”的批驳。第一个就是，我们知道，在古罗马有许多富有的奴隶，他们由于经营特有产成功或受主人的荫庇过着奢侈的生活，但他们大体上只是生物学意义上的人，而不是法律上的人。《十二表法》就有一个规定，第十表第6条规定禁止对奴隶的尸体涂油，举行丧事盛宴。这种待遇行之于自由人是可以的，但是行之于奴隶不行，因为奴隶没有人格，尽管他很富有。第二个例子就是在大革命前的法国，富有的第三等级在法律人格上的贫困以及贫穷的贵族在法律人格上的富有的状况，第三等级富而不贵，第一等级贵而不富，这表现了人类生活中一对永恒的矛盾——富与贵分离，如果我们把“富”理解为财产，把“贵”理解为人格，那么这两个是很难一起得到的。第三个例子，我们中国老百姓很敏锐地看到这个现实，求全的时候要富贵双求，福禄寿喜都要，富了之后就贵了，就要一个富就可以了，那个贵就不要了，这个是不对的。因此，《埃塞俄比亚宪法》第25条规定所有公民在法律面前的平等不能因财富等因素而受不利影响，在这种框架下，一个穷汉的尊严与一个富翁是一样的。最后要说明的是梁老师的论据涉及一个事实，一分钱难倒英雄汉，但这是不合理的事实，这是法律要改造的对象。而且这种现象正在逐渐得到改变，不能把它认为是一种合理的事实。如果这样推理，必然得出“有财产者有人格，财产多者人格大”的结论，这个结论显然是不成立的。

下面我们讲一下关于对排序不重要的批驳。因为我和张俊浩都主张对于民法定义要作一个颠倒，把人身关系调到财产关系之前，我认为这是一场理论革命。但是有些学者认为这个东西无所谓，民法的排序是任意的，排前排后并不说明其重要性的大小。梁老师就持这种观点。但是我还是坚持对于法律的各个部分排序具有重要性区别的意义。梁老师说“民法典的结构和编排，不能以所谓重要性为标准”。我要问，如果编排顺序不表明重要性的不同，梁老师著作中物的位置的不断前移又是为了什么？另一个驳论是《德国民法典》所采用的潘得克吞体系有萨克逊式与巴伐利亚式两种，前者的编制结构是总则、物权、债权、亲属、继承，后者的编制结构为总则、债权、物权、亲属、继承。两者的区别在于物权与债权的位置前后不同，这种位置的安排是为了表达主题的不同的重要性，因为巴伐利亚式产生时，财产的流动性增加，成为当时的一个特点，所以将债的位置前移，以体现债比物权要相对重要。梁老师的“七编制结构设计”出于德国而不同于德国。在《德国民法典》中债是第一编，梁老师的物权是第一编，那么梁老师你能不能说明把物权提前的原因？我非常赞同梁老师的主张，认为所有权是法律的第一个问题，但是梁老师就没有这么一个说明。我就认为物的位置不断前移，放弃巴伐利亚式，而采用萨克逊式，就说明对材料的重要性反映在它的排序上面。

最后我要说明的一个论据就是我国的一种宪法惯例，这是最有力的也是最不利于梁老师的论据。我国于1982年制定了新宪法取代了1978年宪法，两部宪法的最大差别在于1982年宪法在第一章“总纲”后马上开始规定第二章“公民的基本权利和义务”，然后再规定第三章“国家机构”；而在1978年宪法把第二章和第三章的顺序颠倒过来。立法机关在其说明书中声称：这样的安排是为了表明主权在民，国家机关为人民服务的观念，就是为了强调老百姓比政府机关更要紧，其中加进了社会契约论的观念。我觉得这个改变有两方面的意义，一方面是实质上的意义，说明了我国宪法观念的变化；另一方面就是程序上的意义，它制定了一个惯例，就是立法各个顺序的排列不是无意识的，也是立法活动本身的一部分，是反映立法者价值取向的手段。我正是根据这一宪法惯例来思考和安排人法与物法的先后的；而梁老师对主题的顺序处理至少在他声明的意义上未考虑这一惯例。

下面一个问题：商品经济的民法观与物文主义的关系。商品经济的民法观是一个比较老的现象，盛行于20世纪80年代的中国，是为了当时与经济法进行论战，其一个特点就是主张对民法进行简化，把民法包含的内容简化为商品关系，主体制度被理解为关乎商品所有人，客体制度被理解为关乎商品，而不是财产，因为财产的范围要比商品的大，商品的交换就被理解为法律行为制度的内容。以商品为核心来纯化民法，甚至主张将婚姻继承制度都排除出去，成立一个新的法律部门。梁老师的物文主义观点与商品经济的民法观有什么联系呢？我认为物文主义的民法观是商品经济民法观的当代表现形式，它们的一个共同点就是对与物的极端强调，但是物文主义的民法观又是对商品经济的民法观的改良。第一个改良是承认了亲属法、人格权制度都是民法的一部分；第二个改良是以更广泛的“物”的范畴取代了只能指称劳动产品的“商品”的范畴；第三个改良是以“市民社会”的新名词取代了过去一度为人间喜闻乐见的“商品社会”的概念。但它对商品或物的崇拜却保持不变。什么是市民社会？市民社会是主体的社会，但是商品社会就不一样了，是商品的社会，是客体的社会。社会是人的联系，而商品是无法把人联系起来的，如果我们使用商品社会的概念，就会犯一个巨大的逻辑错误。

接着讲一下我对梁老师为何提出如此理论的推测，就是唯物主义的贯彻。为什么梁老师会发生这么大的转变？我认为，梁老师和我一样都看到了民法的调整对象理论应与民法的阐述顺序一致，也看到了民法的体系违反的不合理，即“物头人身”的不合理。我的矫正是向“人头物身”努力，梁老师也想改变，可能是他从小就受到的唯物主义教育影响，梁老师来了一个“物头物身”。这样就消除了民法的体系违反，但是这种消除的正确性如何，还值得探讨。我把梁老师的做法理解为唯物主义的特定化。

最后我们讲一下旧唯物主义面临的危机。我们经常受到其熏陶的唯物主义到底是不是有必要存在呢？让我们看哲学界的人士怎么看这个问题？我在这里举三个例子，两个中国的，一个日本的。第一个就是举一下我们中国学者陈志良的意见。他在 1987 年发表了《物质性原则与哲学现代化》，这是一篇我见到的难得的坦率的文章。对于主体性原则我们中国讨论了十几年，但是这些主张主体性原则的人到底想干什么，我搞不清楚。因为他们不敢说明他们想干什么。但是这个陈志良就说了，他说张扬主体性原则是因为过去对客体强调得太过分了，现在我们来强调一下主体，精神是第一性的，物质是第二性的。这个说明使我豁然开朗。根据陈志良的研究，唯物主义包括机械唯物主义（或称旧唯物主义），人本主义唯物主义（以费尔巴哈为代表），实践唯物主义和辩证唯物主义 4 个类型。他认为只有实践唯物主义是对的，辩证唯物主义、机械唯物主义都把人看作机器，人本主义唯物主义的角度不对。辩证唯物主义为什么不对呢？他认为马克思从来没有把自己的哲学称为辩证唯物主义，而且辩证唯物主义忽略的最重要的东西是实践。我们过去把客体抬得很高，忽略了实践。实践是什么？实践是主体作用于客体，这就需要重新把主体放在一个比较高的位置。实践是哲学的核心范畴。也就是说，主体与客体的相互作用才是哲学所关注的对象。得出这种认识是一种人文主义的转变，是对过去物质崇拜主义的反动。第二个意见是高德良在《华侨大学学报》上发表的，他对过去我们所讨论的哲学基本问题进行了探讨。我们过去认为哲学的基本问题是物质与精神的关系问题。他认为这个说法错了，哲学的基本问题是思维与存在的关系问题。由此可见，“存在”的概念取代了“物质”的概念，精神的概念仍然保留下来。物质概念仅涉及单纯的物质，而存在概念涉及主体与客体的互动，它是一种人的概念，表现了人存在于物质中的样态。这样就把主体性张扬了一点。

因此他和陈志良一样都强调实践，把思维与存在的关系问题转化为人的意识与人的存在的关系问题。这个观点是与我们民法调整对象理论关联的，因为民法调整对象理论说白了就是以这些哲学理论为基础的。最后我们看看日本马克思主义学者梅本克己的意见，他认为马克思主义存在只重视客体的缺陷，因此在唯物主义中留下了自由问题的空白。为此，他提出了“主体唯物主义”的主张，目的在于把存在主义重视主体（人）的要素补充到马克思主义中来。

由此看来，无论是在国内还是国外都出现了对唯物主义进行更新的趋势。现在的唯物主义只能是一种以实践——主动者主体作用于受动者客体的活动——为中介观察人与客体的关系的思想。如果说，梁老师的“物头物身”的民法典体系还符合旧唯物主义，那么它与强调主体性的新唯物主义直接冲突，因此，它背离了现时的时代精神。

五、德国宏观物文主义的根源

从民法的发展我们可看到，民法是发源于地中海上的两个半岛上的现象——伯罗奔尼撒半岛和亚平宁半岛。民法严格说来其所有属性都是在这两个地方产生的，并且随着它的传播把这些根本属性带到了全世界，离开了地中海的文化背景就无法理解民法。

民法的发展可以简单地概括为几个阶段，第一个就是希腊雅典阶段，虽然希腊没有留下什么民法的制度，但是希腊的思想对民法思想起了塑造的作用。我最近写了一篇文章《共和晚期希腊哲学对于罗马法的技术和内容的影响》，有可能在不久发表，就是专门研究这个问题。我看到希腊罗马的这种精神一直保留在拉丁语族国家。到了德国就分叉，发生了唯物主义的转折，到了俄罗斯有了进一步的发展，从俄罗斯把这种唯物主义的发展传到中国。现在我们要对德国好的东西进行保留，对不好的东西进行清算，回到民法好的原点上来。

第一个问题我们讲一下拉丁法族中的人法优位主义是怎样形成的。这两个半岛有个很大的特点：它们在工业化之前就实现了城市化。我们经常把城市化理解为工业化的产物，但是现在也没有人说清楚工业化与城市化之间的关联。但是，希腊、罗马都是遍布星罗棋布的城邦的地区，小国寡民。人们为什么要建立城邦呢？按西塞罗的说法，在荷马时代进行抢劫是一种正常的经济活动，这没有什么不好意思的。所以见面的第一句话就像中国人问“吃了吗？”问你“今天是不是抢了银行？”（笑）大家有种愿望就是我能够抢别人，但是别人不能抢我。这也是梅因在其《古代法》中的分析。所以就产生了城邦，当时人们为了顺利地进行抢劫，每个人都把自己武装起来。所以民法最初就产生于一个动词叫“Ciere”，就是“召唤”的意思。该词的变化形式为“Civis”，意思就是“被召唤”，但是最确切的翻译是“民兵”，因为当时没有职业军人，都是民兵。所以市民就是民兵，这就表明一种人的概念，城市总是可以从两个方面来理解，一个是人，另一个是物。拉丁语有不同的词表达这两个方面。人的城市是一种表示方式：Civitas。物的城市是一种表示方式：Urb。所以人的城邦就是军人的共同体，人们凭借它可以去抢劫别人，并且在别人进行抢劫时守卫自己。所以大家都争相建立城邦。城邦的第一个问题就是“你是哪个城邦的人?”就是人法的问题。所以市民法的第一个问题就是人法，人法的第一个问题就是人格法，搞清楚谁是我的敌人，谁是我的朋友。还要搞清楚人法的对外方面，你不是我们一伙的，但是你可以来我们这里进行交往，做生意。在人法的对内方面，不见得所有的人都能成为我的人，这里面分为三六九等的，要对内清理自己的门户。在拉丁文中，表示”人”的术语有三个：Homo（生物学意义上的人）、Caput（原意为“头”，引申为“章”，是市民名册中的一章的意思，只有享有完全权利能力的市民才能在此等名册中占据这样的一章，因此，Caput 的意思又引申为“主体”）和 Persona（原是唱戏用的面具，人们戴上它就意味着进入了某种需要主体资格的场景，表明一种对外的身份）。人法的对内问题就是 Homo 与 Caput 或 Persona 的对立问题。一句话，不是所有的 Homo 都能成为 Caput。那些不幸的人，像奴隶和外邦人，他们的人格处在受到贬斥的状态。

现在，越来越多的人都认识到了人格的含义，人格问题就是一个城邦的主体资格问题。要想取得这个主体资格要跨越两个门槛，一个是对外方面，看你能不能取得本邦的身份。取得市民籍是很难的事情，因为取得市民资格就意味着可以获得巨大的经济上的利益——享有对征服土地的分配权，有的人采用卖给罗马城邦当奴隶，然后获得解放来获得市民资格的方式；否则就要通过功勋来获得，像运送 20 船粮食，这样是很难的。这是一个古代的问题，但是现在是不是还存在呢？我觉得是，这种 Homo 与 Persona 的分裂在现代社会也是存在的。美国宪法对黑人没有歧视性的规定，但是在20世纪60年代，黑人是不可以与白人一起坐车的，连厕所都是分开的。于是爆发了民权运动（Civil Right Movement），这是一场人格运动，是一场争取把法律上允诺的人格兑现为现实的人格的运动。这就是市民法的主要功能。这就是拉丁法族中人法优位主义的形成过程。

第二个问题讲一下市民法的财产法转向。这是在德国发生的。19世纪，德国人温得沙伊得写过《潘得克吞教科书》，我看过其意大利文译本，他说“民法要做的所有事情包括两个对象——第一，财产关系；第二，家庭关系”。大家注意这时人格关系没有了。日本民法教科书上的定义和温得沙伊得的定义如出一辙，一模一样；梁老师对民法调整对象的定义也和温得沙伊得的定义一样。我们看到梁老师的观点与德国观点的渊源关系。那么德国为什么没有人法了呢？第一个原因是民族国家的建立。很多人认为国家是个近代的现象，古代没有国家。国家的概念首先是在马基雅维利的《君主论》里提到的，在此之前人们使用People的概念，或者市民社会的概念。十七八世纪产生了一些民族国家，像西班牙、英国、法国、意大利还没有挤进这个行列，尽管它有很多公国，因此这个问题还和国际法有关，有的人认为国际法产生于17世纪。民族国家产生之后，就把过去市民社会的内容由国家来承担，过去由市民法承担的人格问题，现在就成了政治国家制定的国籍法的内容。民法的发展就是不断地把自己的内容分离出来，结果人格法分离出来成为国籍法。我们可以作一个比较，尽管这个比较可能不太合适，因为《法国民法典》和《德国民法典》都是16世纪以后产生的。1804 年《法国民法典》对于国籍问题作了大量的规定，但是在 1900 年这个规定就没有了。大家注意到没有，《法国民法典》的开篇部分都规定了法国国籍的取得，这也是民族国家建立之后积极活动的结果。第二个原因是受历史学派的影响。该学派认为法是民族精神的产物，由此，法开始被理解为某种宏观环境的结果，而不是人的活动的结果或自为的存在，这种对法的理解构成对启蒙时代的理性主义对法的个人主义解释的反动。历史学派的第一个开端者是孟德斯鸠，他把法律的特性的原因归结为气候的影响。后来出现了一些伟大的罗马史研究家，像蒙森和尼布尔。他们对罗马史的研究就是要解释罗马史的发展主线问题。通过研究，蒙森和尼布尔发现推动罗马史发展的最终的因素是对土地的占有，这成为当时的一种通说。马克思、恩格斯、黑格尔、萨维尼也正好生活在那个时期，但黑格尔没有受这种观点的影响。这样就产生了一种理论倾向，把法的原因归结为经济，这样唯物主义就形成了。唯物主义在西方是一个骂人的话，说你这个人只知道物质的欲望，没有精神上的追求；但是这个词在社会主义国家里是褒义。

第三个问题讲一下财产法地位提高的历史背景。值得注意的是财产关系地位飙升的时代正是资本的原始积累时代。当时的资本主义社会采取效率取向，宁愿以工人阶级的累累白骨为代价来追求财富的快速增长。要想知道这一时代的残酷性，只要看一下恩格斯的《英国工人阶级状况》就够了。马克思还把这种人为物所役、经济利益高于生存利益和人格利益的情况称为“异化”。《德国民法典》就产生于这样的一个环境之中，成为物文主义的典型代表。

第四个问题讲一下市民法含义的转变。与上述思想和现实的背景相对应，发生了市民法含义的转变。市民法最初是一伙民兵的法，他们农忙种田，农闲抢劫，在以社会契约结束了自然状态后，人类处在公共权力下的合作状态，称为市民社会，就是具有公权力的社会的意思，但后来发生了把市民社会处理成物质关系的总和的倾向。黑格尔首先把市民社会改造成“处在家庭和国家之间的差别的阶段”，是一种人际经济关系的运作方式，包括需要的体系、通过司法对所有权的保护以及以社会保障制度对上述环节之偶然性的消除三个环节。黑格尔把家庭排除在市民社会之外。而在远古时代的罗马，家庭曾是市民社会的堡垒，大家看《法学阶梯》第一卷，一个执政官的社会地位非常显赫，但是在家庭里还是要受家父的约束。这一掌故表达的信息就是政治国家的权利在市民社会门口止步。到了优士丁尼时代，政治国家的权力才渗透到家庭，因此说家庭是市民社会的堡垒。第二个改造市民社会概念的作家是马克思，他的市民社会包括了家庭。他将市民社会理解为“在过去一切历史阶段上受生产力所制约，同时也制约生产力的交往形式”，它以家庭作为自己的前提和基础。我们看到这样的市民社会与“一伙民兵”意义上的市民社会概念是完全不一样的，这个概念的含义发生了从主体到客体的转弯。这样，就为梁老师提供了民法调整的两大领域，他因此说，民法调整的民事生活关系相当于马克思在其著作中讲的“市民社会”，即经济生活和家庭生活两个领域，因此梁老师说：“民法所调整的社会关系分为两大类，即经济生活关系和家庭生活关系。”这就是梁老师的理论来源。

那么，对于梁老师的这种观点应如何评价呢？我是这样认为的，积极方面是把对家庭法的管辖权夺归了民法，使中国民法典的结构设计在这一问题上比《俄罗斯联邦民法典》完善。消极方面在于梁老师忽略了民法除了调整财产关系和身份关系（家庭关系）外，还在同一个层次上调整人格关系，《民法通则》第2条所称“人身关系”是“人格关系”和“身份关系”的合称。在梁老师新近创立的民法调整对象理论中，我们看到，立法中的“人身关系”被缩减成了“身份关系”，人格关系不见了。

所以我的第五个问题就讲一下德国的民法调整对象理论的不足。梁老师的观点以德国的学说为依据，但是对《德国民法典》也有不少的批评。首先在《德国民法典》颁布之后，瑞士也颁布了民法典，人们对《德国民法典》的评价不高，认为它是19世纪的尾声，而不是20世纪的序曲。德国有人提出要立即废除《德国民法典》而代之以《瑞士民法典》。《瑞士民法典》相较于《德国民法典》，它的第一编就是“人法”，即主体法，以此彰显了立法者的人身关系前置主义立场，然后才规定了亲属法、继承法、物权法。这样的模式比《德国民法典》的好得多，所以拉德布鲁赫评价说：把《德国民法典》与《瑞士民法典》相比较，“会使我们变得谦虚一些”。

六、对德国模式的当代批判

第一个问题讲一下德国的自我批评。最近出版了一本非常好的民法教科书，就是梅迪库斯的《德国民法总论》，体系很精，内容也很全。与包括篇幅广泛的“人法”的一些外国民法典（这些法典中当然包括了即使是属于德语世界的《瑞士民法典》和《奥地利民法典》）相比，“我们的民法典总则中对人法的规定则显得非常单薄，亲属法被贬入第四编”；“法律对自然人的规范过于简单，因此没有涉及一些重要的人格权”；“民法典的人法部分仅仅是一件未完成的作品，人们几乎不能从这些规定中推断出一般性的结论”。被告都已经“招了”，再对它进行辩护是不合适的。

第二个就是《乌克兰民法典草案》对它的批判。乌克兰是和德国走得最近的，他们常常标榜很早就借鉴德国的民法，另外，乌克兰也是受《俄罗斯联邦民法典》影响很大的一个国家，《俄罗斯联邦民法典》是独联体国家示范民法典的基础，参加这一民法典合作项目的国家有乌克兰、哈萨克斯坦、白俄罗斯等。成员国都希望制定一个普遍适用的民法典，以减少法律上的冲突。所以，乌克兰有义务遵守《俄罗斯联邦民法典》。《俄罗斯联邦民法典》的结构包括如下7编：（1）总则；（2）物权；（3）债法总则；（4）债法分则；（5）著作权和发明权；（6）继承权；（7）国际私法。《乌克兰民法典草案》包括如下7编：（1）总则；（2）自然人的人身非财产权（也就是我们所说的人格权）；（3）财产权；（4）知识产权；（5）债法；（6）家庭法；（7）继承法。乌克兰尽管有义务接受以《俄罗斯联邦民法典》为基础的独联体国家示范民法典的模式，但它并未照抄这一示范民法典。首先，它把人身关系提前于财产关系；其次，它把家庭法纳入民法典中，这表明了其清算苏联时期从德国继受的物文主义的意图，这是一个很积极的进步。顺便要提到《乌克兰民法典草案》的第二编规定了32种人格权，有47个条文，这是对人身权“条文畸少，不足以设专编”之结论的不利证明。

第三个批判来自意大利人。在某种意义上继受了德国法的意大利，其教授也对《德国民法典》的物文主义发起了攻击。在去年10月于符拉迪沃斯托克（海参崴）召开的第8届中东欧国家与意大利罗马法学者研讨会上，桑德罗·斯奇巴尼作为第6届同名会议确定的罗马法示范教材编订组的成员提交了书面发言《关于以优士丁尼〈法学阶梯〉为基础编订罗马法初级教材的意见》，其中提出了示范罗马法教材之编订格局，它是一个人法前置主义的格局。另外我最近完成了一个研究，就是在中国的罗马法教学。中国的所有的罗马法教材都是按潘得克吞体系写的，我们长期受到它的影响。所以这个建议是对德国潘得克吞体系的批判，是对拉丁语族人法优位主义的张扬。在这个会议上我也对此进行了批评，我介绍了我的民法典草案结构设计。对潘得克吞体系进行了批判，因为俄罗斯就是一个潘得克吞体系国家，导致了东道主的不快。他们的一个教授认为自己民法典的结构没有什么不好，至于怎么个好法，好在哪里，却也不肯说。会议的主持者意大利教授P. 卡塔兰诺认为：我提出的人与物的关系问题是“一个当代不能讨论，只能回答是或不是”的问题，是一个既成的问题，没有什么好讨论的。对我进行了支持。

现在我们可以做结论了，看来，无论在德国自身还是在受德国影响的国家，物文主义都在遭受批判。那么在中国就搞一部人文主义的民法典好了。我个人觉得这是一个很抽象的要求，但是可以化为很具体的步骤。如果大家被我说服了，第一个就是希望大家在走出这间教室以后就不要再说什么“商品经济”的民法了，至少可以和中央保持一致。第二个就是希望大家在以后说明民法调整对象的时候说：民法是调整主体之间的人身关系和财产关系的法律。

最后我想谈一下民法典颁布的程序问题。因为这个问题太重要了，要是不利用这么好的一个讲坛讲这个问题，那是不可饶恕的罪过。我们的《合同法》在立法过程中情势变更原则被删掉了，这是中国立法史上一个不幸的事件。但是这一原则其实已成为法律了，是由湖北省高级人民法院确立的一个“判例法”，只是在立法程序上的缺陷导致这么好的条文被删。我们就讲一下制定民法典的应然步骤。在民法典草案提交人大讨论时，专家与人大代表之间是一个什么样的关系？这么多的专家殚精竭虑制定的条文是他们心血的结晶，但是代表们大部分不是法律专家，他们看不懂也是很自然的。所以我们要解决的就是外行与内行的对抗，我们要考虑的就是怎么发挥人大监督功能，在大方向上把关，同时要避免一些程序上的不完善，把一些好的条文给删掉了。我想介绍一下法国、德国、瑞士，还有西班牙的经验。民法典草案在议会进行讨论的时候，议会代表无权对每一个条文进行讨论，他们仅能就法典的哲学基础和基本原则进行讨论，不能逐条进行投票通过，只能“一揽子”的通过。因此在民法典的制定程序上有两个问题需要注意：第一，不能让议会逐条进行讨论，除了合同法情势变更原则被杀这个例子外，还有《俄罗斯联邦民法典》第3卷也至今未通过，因为第1卷、第2卷是总则和债，杜马的议员们不怎么看得懂，第3卷包括了继承，那就不一样了。每个人都是当事人，都想要是这个条文制定出来我的小舅子的利益就会受到影响，那个小舅子和这个小舅子的利益又不一样，所以大家就咬个不休，没有结果。这是立法上的一个失败。两年了依然没有通过，在于程序有问题。按西班牙的经验，制定民法典之前有一个委员会，制定了27条基础，每个基础涵盖了一些条文，议员只能对基础进行讨论，不能对条文进行讨论，这样就避免了一些立法事故。第二，每个国家的民法典都是在对抗中产生的，充满了激烈的辩论和批驳，包括我这次讲座中对持不同意见的学者的直呼其名的批驳，这是很正常的，是为了保证结论的科学性。在程序上，一般是委托一个委员会起草一个草案，委托另外一个委员会专门就这个草案挑毛病。这两个委员会是旗鼓相当的，就让这两个委员会来对抗。这些我们中国还没有，我们要为制度、规则的完善殚精竭虑地工作，也要考虑不至于让这些好的东西损失掉，所以要重视立法程序。

最后要讲的是，每一个民法典要想在时代的洪流中留下一个烙印，就要有一定的思想。我们在这里今天晚上所做的工作就是为我们的民法典找一个哲学基础，《法国民法典》以自然法为基础，《德国民法典》《瑞士民法典》以新康德主义为基础，新康德主义就是把法律理解成一种秩序而不是一种规范。其他的先进的民法典还不断涌现，我们中国的民法典以什么思想为哲学基础呢？我觉得用人文主义作为其思想绝对没错。我也写了一首小诗，说的是在论战中最后发现物文主义者不见了，讨论来讨论去，我是和一个风车作战。一方面感到很失落，另一方面也感到很惊喜，人文主义在我国得到了承认了，在座的各位今天从这里走出去就成为一个新人文主义者。谢谢大家！

时间：2002 年 1 月 14 日
地点：中国人民大学民商法中心
记录及整理：人大民法研究生

第四讲

苏式民法调整对象定义的流变

一、前提性说明

谢谢我的老同学郭峰教授的邀请，到闻名已久，但是从未来过的中央财经大学讲学，也谢谢各位老师各位同学的参与。今天我讲的题目是《苏式民法调整对象定义的流变》，第一个问题讲一下本研究在我的民法调整对象理论系列研究中的地位。我可能是中国民法学者中，在民法调整对象问题上投入精力比较多的学者，为什么投入这么多精力呢？因为民法调整这个问题就是民法是什么的问题，也可以说是民法的一号问题，它有三个属性，第一个是古老，古老是什么呢？据学者考证盖尤斯的《法学阶梯》得出，此问题是在公元161年诞生的，为什么说盖尤斯是民法调整对象中的开创者呢？因为他说民法包括三个部分：第一个是人法，第二个是物法，第三个是诉讼法。我们撇开诉讼法不谈，把人法换算成人身关系法，把物法换算成财产关系法，这种体系向我们昭示的难道不是一个民法对象理论吗？在这里面，它的人身关系和财产关系是平行的，两条平行线，民法调整的两个事项，所以我把盖尤斯开创的理论叫作平行线说。这意味着什么？民法中的人身关系和财产关系处在同样的地位，是两条同样重要的线。所以我们讲平行线说是有一定的原因的。后来我们看到苏联民法里就讲调整财产关系以及一定范围内的人身关系。那么财产关系大，人身关系小，两条线还有，但是两条线已经不对称，不是平行线说了。盖尤斯最早的贡献是创立了对称的平行线说，所以它被作为后人进行工作的一个起点。

这是我们说的古老性，第二个是它的普遍性，我最近专门做民法调整对象理论的比较研究，我下面给大家介绍的一篇文章，涉及 20 多个国家的 40 多种民法理论，那是西方国家的。这篇文章涉及 27 个东欧国家的民法变相理论。在世界上有近 200 个国家，掌握在我手里的有民法调整对象定义的国家有 50 多个了，所以它是一个受到全人类关注的问题。

第三个是现实性，作为民法的制定者首先要考虑我要干什么，我的立法中能够包罗哪些内容，被包罗内容彼此间是什么关系，这是一个非常现实的问题。刚才郭教授讲到了平等主体，平等主体在民法调整的两个对象之前作为一个限制语存在，在这个问题上，政法大学的老师说这是我们杨振山教授一生的心血，但是人大的教授不服气，说他们的佟柔老师早就说了。后来我们通过研究发现欧洲学者早就说了，至少在苏维埃民法中早就说了。大家都认为它很好，但是根据我的研究这个说法根本是错误的，因为民法调整人身关系和财产关系并不是以平等的方法去调整的，也不是调整平等主体之间的。正因为它是一个很现实的问题，涉及对民法的根本认识。它在我们中国曾经引起过全国性的两次大讨论，第一次是 1951 年、1957 年第一次起草民法典时，第二次是 1980 年、1986 年，第二次起草民法典时。民法调整对象理论的形成都跟立法活动有关，也证明人们在制定大法的时候首先要搞清楚它是什么，所以它具有重要的意义。

因为它具有重要的意义，我长期观察这个问题。从 1993 年开始我发表这方面的第一篇文章，就是《对民法调整对象和调整方法的再认识》，我把这个称为零号作品。在 1994 年我发表了第一号作品，《市民社会与市民法——民法的调整对象研究》，一般人按照盖尤斯的思路，说民法调整财产关系、人身关系等，我当时别出心裁讲到民法不仅调整这些方面，而且调整这以外的关系。我在当时对民法调整对象的看法就隐含着我现在比较赞扬的，民法是一种公私混合法的学说。

第二号作品是《商品经济的民法观源流考》，研究民法主要调整商品关系的学说的来龙去脉，该说把民法所有的制度都围绕着商品经济的核心建设起来，主体制度是商品所有人，所谓的法律行为制度是商品所有权的移转，物权制度是商品的所有权。这种观点对于民法的人身关系不予考虑，甚至要把一些不符合商品经济要求的民法内容舍弃掉，这是完全错误的。

第三号作品是《人身关系流变考》，我认为这篇文章非常重要，过去我们对于人身关系的理解都是错误的，这篇文章在世界的范围内考察了什么是人身关系，把人身关系分成三个类型，第一个是人身关系Ⅰ，第二个是人身关系Ⅱ，第三个是人身关系Ⅲ，人身关系Ⅲ就是指债的关系。所以这篇文章对人身关系的理论研究推进有很大的作用。因为我们首先要正确认识人身关系是什么？我们才能谈它与财产关系的关系问题，它与财产关系的比重大小问题。所以现在所做的工作，把人身关系和财产关系能够平等化，甚至人身关系优先与财产关系，都跟这个作品有关。

第四号作品是《再论人身关系》，是对这个问题的展开，主要是涉及苏联理论。

第五号作品是在厦大学报上发表的文章，是《民法调整对象理论比较研究》，涉及西方 20 个国家的民法调整对象理论。

第六号作品是《苏式民法调整对象定义的流变》，这篇文章已发表在《中国法学》。这是对东欧 27 个国家民法调整对象定义的考察。

如上我给大家介绍一下我的有关研究，因为它们彼此关联，大家感兴趣可参看。

以上第一个方面是对我有关研究的综合介绍，第二个方面是我们讲到的苏式民法调整对象定义影响的国家有哪些，这些受影响的国家我起了一个名字，就是“苏联密切联系国”。这个概念指三类国家，第一类国家是 14 个苏联加盟共和国，苏联是由 15 个加盟共和国联合组成的，俄罗斯联邦是其中一个，1991 年东欧剧变、苏联解体以后，14 个加盟共和国独立，后来它们就建立了独立国家联合体，虽然他们都成了主权国家，但是在历史传统方面、文化价值方面还是有共性，受苏联影响的。这些国家的名字我就不一一罗列了。

第二类是所有《华沙条约》成员国，包括捷克斯洛伐克、匈牙利、波兰、罗马尼亚、阿尔巴尼亚、保加利亚、东德，这些国家在当时的情况下负有义务接受苏联的理论，这些国家很特别，我最近访问了保加利亚、罗马尼亚和波兰，对它们的情况进行了了解。这些国家对俄罗斯是瞧不起的，因为它们都曾非常发达。例如，捷克，它曾是非常发达的国家，捷克的机器在全世界都可以找到。一个地方很小，但是能够产生那么大的生产力，对世界产生很大影响的有新加坡、捷克。保加利亚在文明上是俄罗斯的始祖。但它们不得不受苏联的统治。在这种情况下它们是很不情愿的，苏联的干涉是很直接的。我们举例说明，1964 年《波兰民法典》起草好了，按照苏联的民法理论的模式，亲属法应该在民法典之外，所以他们不得不做一个假动作，把已经起草好的亲属法单立出去，成为婚姻家庭法，这样是为了满足苏联作为老大的要求。

第三类是苏联的传统意识形态同盟者，这些国家跟苏联的关系稍微松散点，但也是一脉的。像越南、朝鲜、古巴、中国、塞尔维亚。大家注意我没有说南斯拉夫，因为南斯拉夫现在已经分裂成多个国家了，我把塞尔维亚看作它们的代表，这些国家加起来有 27 个。

把这个问题摆出来，我们就知道我们在什么样的语境讨论这个问题，我们是在前社会主义国家和新型的社会主义国家的范围内考察民法调整对象定义流变的问题。这就暗示了主题与意识形态、与“冷战”的关联，可以说在西方国家民法调整对象是一个形态，但是在社会主义国家，或者曾经有过社会主义国家历史的后社会主义国家，它们都有一些共同语言，所以在这方面自然就有“冷战”，就有意识形态争论的部分。

有一个情况是北约东扩，北约东扩造成了什么情况？一些前《华沙条约》国家现在变成了欧盟成员国，加入了北约，加入了《申根条约》，比如波兰和罗马尼亚，在去年1月1日加入了欧盟，最近它们已经加入北约了，北约最近的峰会是在罗马尼亚布加勒斯特举行的。在捷克、波兰，《申根条约》已经生效了。东欧与西欧的来往更加自由，像自家人一样，没有任何壁垒。在这样的情况下我们可以设想一下，过去被苏联控制的国家现在自由了，可以按照自己的模式设计自己的民法调整对象理论并重整自己的民法，他们有没有这么做呢？这也是我非常关注的问题。我到波兰看到它和俄罗斯的关系是非常仇视的。我们举个例子，俄罗斯曾经把波兰军队被赶出克里姆林宫的日子定为它的国庆节，包括在社会主义时期也是这样。对波兰人的卡廷森林大屠杀，造成两个国家彼此非常仇视。但我惊奇地发现，该国最流行的民法调整对象定义还是苏联式的，在外交上反抗苏联，但是在意识形态上仍然受到苏联的影响。再举一个例子，我去年到罗马尼亚开会，我获得了签证，很多的俄罗斯学者得不到签证。因为当时罗马尼亚的总统强烈反俄，让他们拿不到签证，搞得很多俄罗斯学者只好靠旅游签证参会。罗马尼亚的朋友把他们的民法调整对象定义翻译给我看，我一看也是苏联式的。我说你们在外交上对抗苏联，但是意识形态还是受到苏联模式的很大影响。

二、苏联—俄罗斯自身民法调整对象理论的变迁

首先我稍微讲一讲沙皇时期的这方面情况。沙皇时期俄国有一些重要的立法文件，第一个是1832年《俄国法律汇编》，它是经常被我国作者提到的立法文件，以长见称，有19,000多条，但是请大家注意它不是法典而是法律汇编，它的第十卷是相当于民法典的民法汇编。它有以下四编，第一编，亲属的权利义务，就是亲属法；第二编，一切财产上权利的取得与保有，这就是狭义的物法；第三编，取得并保全财产上权利的顺序，这相当于《法国民法典》第三编；第四编，契约书上之义务。这个体系告诉我们，它是从家庭法开头，没有规定主体法。我们说广义的人法包括两部分：第一个部分是主体法，主体法是国家对于自然人或者法人的主体资格的授予，主要反映为权利能力制度和行为能力制度。第二个部分是家庭法。它属于广义的人法，狭义的人法就是主体法。按照这个构成，必然得出一个民法定义，民法是什么？调整身份关系和财产关系的法律，所谓的身份关系就是亲属关系。它不调整人的关系，因为人的关系是主体法内容。它为什么那么做？道理非常简单，因为它是《俄国法律汇编》第十卷，该卷只规定私法。关于人格的关系，是公法的问题。在座的可能看过我一些文章，我一直认为人格问题是公法问题不是私法问题。《俄国法律汇编》第十卷的这种安排非常类似于《纽约民法典草案》，在座的有没有看我主编的由大百科全书出版社出版的《纽约民法典草案》？还是有一些同学看了。在《纽约民法典草案》中有没

有关于权利能力和行为能力的规定？我们觉得一个民法典里没有权利能力和行为能力是不可思议的。《纽约民法典草案》是纽约五部法典中的一部，有另外一个法典是《政治法典》，主体制度在《政治法典》里规定了。顺便指出，《政治法典》在大陆法系国家是宪法的代名词，所以俄罗斯的逻辑按照《纽约民法典草案》的类比非常好理解。

这是沙俄的民法调整对象不包括人格法的第一个原因。第二个原因是什么？把人格法看作公法性的。我再强调一下人格制度的法律性质。我们注意到两个定义，一个是萨维尼谈法律的调整对象定义，萨维尼是这样讲的，法律调整人和法律关系，法律关系又可以分为物权关系、债权关系、亲属关系、继承关系。除了人之外，其他的关系被具体化为四个部分，这是萨维尼给法律调整对象下的定义。另一个是温德沙伊德，他对私法的调整对象的定义这样说：所有的私法，要做的事情有两个对象，一是财产关系，二是亲属关系。大家可以比较一下，温德沙伊德为什么不讲民法调整人格关系呢？萨维尼为什么讲法律调整人格关系呢？我们比较一下很清楚。萨维尼的定义包括公法和私法，所以公法的人格关系也可以纳入它的定义，他说法律调整人，就是对人格的确定。温德沙伊德讲的是私法定义，所以他必须把这个排除出去。《俄国法律汇编》的第十编这种安排跟这种理论是有关的。

这是我们对沙皇时期的情况的考察。下面我们从十月革命后的苏联的情况进行考察。苏联产生过三个民法调整对象定义，第一个定义是不对称平行线说，大家注意，我用的术语一般民法研究者都没有用过，所以要习惯我的用语。我在前面讲盖尤斯的平行线说，把人身关系和财产关系看作同等重要的两个民法构成部分，严格说来它的平行线说是人前物后的平行线说。请大家注意，这两条线是同样长的。不对称平行线说是什么？一条线长一条线短，这两条线是不对称的。我们看一下这个理论在苏联的产生过程，首先要说明1922年《苏俄民法典》没有这个问题，因为它没有积极地规定民法对象问题，但是它以否定的方式规定了这个问题，因为《苏俄民法典》有三个排除，土地关系民法不调整、家庭关系民法不调整、雇佣劳动关系民法不调整。也就是说，其他的都归民法调整。家庭关系不调整的后果大家很快可看到。在盖尤斯的理论中，人法分为两部分，一个是主体法，另一个是亲属法。人法包括了两个部分，两条平行线是对称的。在《苏俄民法典》中已经把民法中的亲属法去掉了，所以这两条平行线自然是不对称的。

在学术上一直到1950年，苏联才开始真正讨论民法调整对象问题。他们的定义由两本比较领先的民法教材加以呈现。一个是布拉都西主编的《苏维埃民法》，里面讲到苏俄民法调整社会主义社会中一定范围的财产关系和与此相关的人身非财产关系。和盖尤斯的平行线说比较起来，这个定义首先把人身关系和财产关系调了个个，财产关系优先了，人身关系劣后了，这是第一个变化。第二个变化：不是所有的人身关系都归民法调整，只是与财产关系相关的人身财产关系归民法调整，也就是说把家庭关系去掉了，人格关系也去掉了。在这一教材中，人身非财产关系是特定的用语，实际是两个人格权关系：第一个是普通人格权，包括姓名权、名誉权、肖像权等，这个问题是盖尤斯不关注的，苏联民法关注了这个问题，是一个进步。第二个人格权关系是作者的人格权，创造人的人格权。尽管他讲人身非财产关系，但是他这个人身非财产关系和盖尤斯的人法是完全不一样的。所以它是一个对罗马法的实质性的改造：人法的分量缩小了，内容完全被置换了，只是名称还有点相似。

现在我讲上述定义中的“一定范围”的定语。我作为一个研究民法调整对象理论问题的专家，刚才讲到了在中国存在对民法调整的人身关系和财产关系的“平等主体”的新定语。民法调整对象的定义就是民法的定义，回答民法是什么的问题。有“一定范围”就不符合下定义要求的被定义对象外延确定的目标，所以，“一定范围”意味着定义者在糊弄我们，没有给我们确定性。一些喜欢逻辑学的人认为把“一定范围”去掉是我们的贡献，可是布拉图西的《苏维埃民法》在讲完“一定范围”后过几行就讲到民法调整的特点是具有平等性的，所以“一定范围”和“平等主体”都是苏联人讲的。我个人认为“一定范围”的表达很高明，因为现在民法调整的财产关系有纵向的、横向的，“一定范围”避免了表达上的局限。这是对布拉图西民法调整对象定义的说明。接下来我们看看坚金的更加极端的定义，他把“人身关系”的小尾巴去掉了，干脆说《苏维埃民法》的调整对象是社会主义社会的财产关系。在定义之外说民法也调整某些人身的非财产的关系。两个定义并无实质性的区别，但是后者更倾向于财产法中心的民法观。苏联民法调整对象的定义有两个特点，第一个是物前人后，完成了对盖尤斯排序的调换；第二个是把财产人身关系小化和转化。“小化”是去掉人格法和身份法，家庭法不包括了，人格法是什么？是主体法，我们知道《苏俄民法典》规定了权利能力制度和行为能力制度，所以这种描述和立法事实是不一致的，这是上述两个定义的很大的缺陷。它们理解的人身关系只包括了人格权和创作者的精神权利。“转化”是什么？是把“人身关系”改为“与财产关系有关的人身非财产关系”。改名以后，人身关系只包括如上所述的两个人格权关系，所以被小化了。苏联通过这些举措完成了对于盖尤斯创立的平行线说的本土化改造，把它变成了不对称平行线说。请注意我国《民法通则》第 2 条从属于这个话语系统。

第二个定义是商品经济说，1961 年《苏联民事立法纲要》第 1 条规定：苏维埃民事立法调整在共产主义建设中由于利用商品货币形式而引起的财产关系，以及与财产关系有关的人身非财产关系。这个定义实际没有什么改变，只不过加了一个新前提——利用商品货币形式。这个定义非常费解，因为到了共产主义社会必然要消灭商品货币。这个定义产生在赫鲁晓夫统治时期，我记得在勃列日涅夫时期，苏联宣布自己进入了共产主义社会的初级阶段，已经进入早期的共产主义。按照我们受到的教育，共产主义是没有商品货币的，怎么可能有商品货币形式呢？而且在计划经济中也排除商品货币，这个定义可能反映了赫鲁晓夫对极端的计划经济体制进行了一定的改革，对商品经济有一定的容忍，所以是很矛盾的定义。共产主义的口号不能放弃，但实际上搞的是商品经济。我有两个困惑要给大家提出来，第一个困惑就是这样，我们都知道苏联是计划经济的标本，怎么它的民法理论跟资本主义挺接近的，苏联到底是不是真心搞计划经济，这是一个问题。而且它对于计划经济民法关系的看法跟我们不一样，它对共产主义社会与商品经济的关系的看法也可能跟我们不一样，我现在也没有理解它这句话。这个定义可以作为第一个定义的变种，同样属于不对称平行线说。

这个定义对我们中国产生了巨大影响，在改革开放初期，当时民法面临灭顶之灾，因为经济法调整的关系是纵横交错的，有纵的关系有横的关系，横的关系包括合同关系。合同一拿掉，民法等于被“腰斩”，所以民法面临经济法的“入侵”，在这种情况下必须有一个旗帜，有一个理论对抗这种潮流，我们民法研究会的第一任会长佟柔教授创立了民法调整商品经济理论，在当时起了极为积极的作用，使民法队伍团结起来，跟经济法积极论战，取得了成功。这套理论长期支配我国，但它不是对民法的完全确切的描述。

第三个定义是十字架说。这是我对《俄罗斯联邦民法典》第 2 条第 1 款的解释成果。现在我发现俄国的说明和我的理论有不一致的地方，但是我为自己的理论做了一个辩护，我觉得俄国人对这个条文的理解不见得比我高明。什么是十字架说呢？就是相对于人身关系和财产关系的二分式结构说明民法调整对象的做法，改采用纵向关系和横向关系的二分式结构说明民法调整对象的学说。过去，人身关系和财产关系是从私法的角度观察两条平行线的内容，现在是从公私混合法的角度观察民法的内容，纵向的关系由民法确定，横向的关系由民法调整。这个学说体现在《俄罗斯联邦民法典》第 2 条第 1 款和第 3 款中。第 1 款规定：民事立法确定民法流转的参加者的法律地位，也就是主体的法律地位。主体的法律地位是什么？在现代民法典中就是权利能力和行为能力。然后规定：民事立法确定所有权和其他物以及因智力活动产生的专有权利的发生根据和实现的程序。第二句话中，“财产权发生的根据”指物权法定主义和知识产权法定主义。“实现的程序”如遗嘱处分。所以它把民法调整对象领域所用的动词由过去的“调整”改成了“确定”和“调整”。“调整”是描述民法作用其对象方式的第二个动词，它讲调整合同和其他的债，以及其他财产关系和跟财产有关的人身非财产关系。我们看，“调整”基本上涉及的都是横向关系，但是也不全然。我们多少年习惯了这样的说法，债是商品交换的工具，这句话简直是胡说八道。因为债分为约定之债和法定之债，把约定之债说成是商品交换的工具勉强可以，但是也不全然。我订立一个合同，要你晚上不要弹钢琴，以免干扰我睡觉，这跟商品经济有什么关系？不作为之债，跟商品经济没有关系。法定之债是什么？法定债是国家作为一个主权者，对失序的社会关系进行矫正实现再有序的活动。你侵犯了人家的财产、人身，我让你恢复原状，当事人实际是两方，一个是国家，另一个是侵权人，这跟刑法是一样的。在《刑法》中当事人是谁？是国家和犯罪人。受害者不过是一个关系人而已，不是严格意义上的法律关系的当事人。这是对侵权行为而言。有一段时期，侵权行为和犯罪的界限是模糊的，把我们现在看来是犯罪的抢劫和盗窃看作是侵权行为，我们想通了它们与刑事责任的关联就会马上明白这个道理。不当得利，也是对失序的社会关系国家出面进行干预的活动，旨在不让人侵犯他人的利益，让失序的社会关系进行还原，表现的是一种矫正的关系。所以，债有私的根据，也有公的根据。在这个意义来讲，《俄罗斯联邦民法典》的起草者可能没有理解到法定之债是一种纵向关系，我们说债的概念本身就是纵横交错的，有横向债和纵向债，除了纵向的债，债调整的关系基本是横向的。最后这个定义说“这些关系以其参加者的平等意思自治和财产自治为基础”。这是所谓的平等主体式的表述，相当于我国《民法通则》第 2 条里的“平等主体”的限制语。请大家注意，这个限制语不涉及“确定”的事项，只涉及“调整”的事项，我们看到，如果对债的纵横交错理解是正确的，那这个限制语就是不对的。正因为是不对的，这个条文的模仿者就将限定去掉。相当于我主张把《民法通则》第 2 条里面的“平等主体”去掉，这个后面会讲到。

这个定义中第三个讲到的是：人的不可转让的权利和自由以及其他非物质性利益，除非从这些非物质利益的实质中得出不同结论，均受民事立法的保护。“不可转让的权利和自由”就是我们讲的人格权，请大家注意，在过去的苏联民法调整对象理论中间，人格权受民法调整有一个条件，要和财产关系有关，这里实际是把一些与财产关系没有关系的人身关系也进行调整，所以壮大了人身关系的队伍。

我们可以对如上定义作一个简单的分析，按照苏联的术语，它把民法调整对象理论细化为确定和调整对象理论，确定是什么？按照俄罗斯人的说法就是静态的民法事项，就是主体和客体的地位以及权利实现的程序。调整适用于民法的动态事项，涉及合同关系和其他的相对权关系，这是该定义的理论推进。此外，它把确定主体的法律地位作为民法首要的工作任务。在《苏俄民法典》里存在权利能力制度，过去民法对象定义中不反映这个，现在反映了，这是一个进步，而且把这个“确定”放在财产关系之间讲，可以理解成向人文主义的靠拢，这是过去的不对称平行线说不管的内容。第3款对于与财产关系没有关系的财产关系也进行调整，在一定程度上改变了苏联民法调整对象定义中物大人小、物前人后的局面，把物与人的关系进行了调位。尽管如此还是不对称的，为什么？因为俄罗斯遵循苏联的传统。把家庭法典单立，民法典不包括亲属法。所以，这个定义尽管有创新，但还是有缺陷。缺陷就是平等主体式的限制语，因为债不见得全部是横向的，责任之债和法定之债表示了一种纵向关系。

这里产生了一个问题，在1990年苏联制定了第二个民事立法纲要，因为1964年的纲要已经过时了，但它的民法调整对象的定义跟1964年纲要的定义差不多。1994年颁布了《俄罗斯联邦民法典》第一部分，我们上面介绍的新的民法调整对象定义就在第一部分。它与1990年纲要中的民法对象定义南辕北辙，为什么有这么大的转弯？后面我会讲我认为的原因。在这里我们看俄罗斯民法专家鄢一美教授怎么讲？她说在“确定”的系列中，就涉及所有权的部分而言，表达了起草者对土地在新时期的俄罗斯已经作为商品，人们从而认为土地关系应回归民法的认识，这些被纳入的部分具有公法性。1922年《苏俄民法典》以消极的方式规定民法调整对象问题，实行三个排除，土地关系、婚姻家庭关系、劳动关系不在其内。不在其内的原因很简单，土地在当时的苏俄属于国有，不能作为私人交易的客体，是属于行政法的问题，土地是划拨的。俄罗斯在东欧剧变以后搞市场经济，土地已经成为可以流通的商品，这样把土地反映进民法典，而对土地的地位的属性确定属于公法的内容。这是她的说法。但我认为，这一定义更可能受萨维尼的影响。首先我们可以看到，萨维尼的法律定义与温德沙伊德关于私法的定义不同。我们把萨维尼关于法律调整的对象定义剖析一下，他说法律确定人，调整法律关系，而法律关系一分为四。我认为，在这个定义中，"确定"的是纵向的关系，"调整"的是横向关系，所以，这个理论法律的对象理论是纵横交错的。

受萨维尼的影响，《魁北克民法典》的预备性规定这样谈到民法的调整对象：《魁北克民法典》根据人权和自由权宪章，调整人之间的关系和财产。这个定义跟萨维尼的法律调整对象定义何其相似乃尔！不过多了一个内容，萨维尼说法律调整人，魁北克立法者把这个换成法律确定人并调整法律关系，他们对萨维尼的定义只有一个改变，除了对于人的确定之外，还增加了对客体的确定。人之间的关系可以按照萨维尼的方式展开，包括物权、债权、亲属继承关系等，甚至现在还可以加上知识产权关系。如果我们充分地把各种杂质排除掉，《俄罗斯联邦民法典》第2条第1款的内容和《魁北克民法典》预备性规定是一样的，两者的基本结构是一样的。但是《魁北克民法典》作出的规定实际上抛弃了民法对私法性的追求，把法律的调整对象定义当成了民法的调整对象定义。这个定义从属于一个很长的理论传统，所以，对《俄罗斯联邦民法典》第2条的解释不仅在俄罗斯范围进行，必须在德国法或其他受它影响的国家的法律理论中去寻找原因。在《俄罗斯联邦民法典》的起草过程中有很多外国专家参与这个工作，其中包括了魁北克的专家，应该说受到了《魁北克民法典》的影响。在3年时间民法的对象定义发生了这么大的改变，俄国人自己没有理解这个定义。《俄罗斯联邦民法典》主要作者莫斯科大学的教授苏哈诺夫对立法的含义应该是最清楚的，他在 2004 年出版的民法教材里对第 2 条第 1 款进行评注，他的解释就是《俄罗斯联邦民法典》尽管规定不一样，内容跟 1964 年纲要的定义是一样的，我觉得这是不可思议的。

对于上面所讲的现在做一个小结：苏俄民法调整对象定义经历了从重物轻人到人物并重，从仅承认调整横向关系到承认兼调整纵向关系和横向关系的过程，它认为民法不光调整横向关系，也调整纵向关系，“确定”的都是纵向关系，“调整”的大部分是横向关系。两种转化都体现了俄国人对民法认识的进步。由此可以得出一个结论，把民法看成不完全的私法，看成混合法，这是一个逻辑的结论。在俄罗斯立法中所讲的人身关系尽管仍不包括家庭关系，但是不能像苏联时期那样只包括两个人格权关系，现在的主体资格意义上的人格关系又开始包括了，在这个意义上说，苏联民法调整对象的话语体系已经跟西方的话语体系比较接近。

这就是我对于俄罗斯贡献的三个民法调整对象定义的分析，这个定义对苏联密切联系国影响是很大的，有的是强制要接受它的观点。所以它是苏联意识形态的一部分，向外输出。

三、“苏联密切联系国”在东欧剧变前后关于民法调整对象的规定

1989 年东欧剧变，1991 年 12 月苏联解体，分裂为 15 个

独立主权国家。1991 年华沙条约组织解散，过去的成员国保加利亚、波兰、罗马尼亚等加入欧盟北约，有的甚至加入了《申根条约》，其人民自由地到西方国家旅行。这些国家获得了自由，但是他们在运用自由的时候，难以避免地要利用苏联的遗产来建构有关理论，多数国家只能在三种民法调整对象理论中选择一种，这是我们所面临的很不幸的状况。我个人认为我们国家的民法调整对象理论比这些国家先进多了，对这个问题的研究比他们要深入。只有少数国家做了另外的选择，像乌克兰、捷克。我按照这些国家采用的十字架说、平行线说、商品经济说的情况做一个介绍。

第一，我们看一下继受十字架说并加改造的国家。因为十字架说有一些缺陷，其中的平等是不真实的，而且是自相矛盾的，既然它的前提是民法为公私混合法，谈它的主体平等有什么意义呢？尽管如此，十字架说是苏俄民法的最新成果，受到很多密切联系国的模仿。首先，它被 1994 年《独联体国家示范民法典》的第 1 条采用，包括乌克兰、白俄罗斯在内的独联体国家基本上都把《俄罗斯联邦民法典》第 2 条转化为了自己民法典的第 1 条。导致在独联体的范围内法律规定差别非常小。我们下面会看到很多苏联加盟共和国，小加修改，采用了《俄罗斯联邦民法典》第 2 条第 1 款的规定。

1994 年新《蒙古民法典》第 1 条第 1 款规定，民法典确定民事活动参加者的法律地位，并根据平等、意思与财产的自治原则，调整他们之间的财产关系和与之有关的人身非财产关系。我们可以发现，这个规定跟《俄罗斯联邦民法典》第 2 条第 1 款的定义非常类似，而且具有同样的毛病，他对于调整的关系的属性不必要地加了一个平等。

越南在东欧剧变后颁布了两个民法典，2005 年民法典与 1995 年民法典相比，条文的更改达到 40%，差不多是两个民法典。我们看一下 1995 年版的民法典的相关规定：民法典规定个人、法人和其他主体的法律地位（这不过是把关于主体的法律地位的规定细化），规定财产关系中各主体的权利义务，规定民事往来中的人身关系，为参加民事关系的主体确立行为的法律标准。请大家注意，这个定义的基本话语来自《俄罗斯联邦民法典》的相应条文，但是它去掉了母本中这些关系以其参加者的平等、意思自治和财产自治为基础的规定。但对母本做了一定的修正。在 10 年的反思后，越南 2005 年版民法典规定：民法典规定个人、法人及其他主体之民事行为的法律地位和法律准则，规定各民事主体在民事、婚姻家庭、经营、商业贸易以及劳动关系中的人身和财产方面的权利和义务。这个定义继续去掉了母本中关于平等的规定，同时对人身和财产关系的位置做了调换，人身在前，财产在后。这样的“调位”不排除受到中国的理论影响。

吉尔吉斯斯坦 1997 年的民法典第 1 条第 1 款基本复制了《俄罗斯联邦民法典》第 2 条第 1 款的规定，因为吉尔吉斯斯坦是独联体示范民法典的成员国，但去掉了关于平等的规定。

白俄罗斯、乌兹别克斯坦、土库曼斯坦、阿塞拜疆的情况同上，不过去掉了母本中的“以及因智力活动产生的专有权利”，因为这些国家的民法典不规定知识产权，所以把知识产权划出去了。《俄罗斯联邦民法典》和《越南民法典》都是专编规定知识产权的。摩尔多瓦同上。

我们再看塞尔维亚，通过塞尔维亚朋友的帮助，得到了两个民法调整对象定义，第一个是 2004 年的定义：民法规范调整自然人和法人的法律地位（这来自《俄罗斯联邦民法典》第 2 条第 1 款，是关于人格关系的规定）并调整财产关系和人身非财产关系。这个规定也来自《俄罗斯联邦民法典》第 2 条第 1 款。不过老派的塞尔维亚民法起草者下的定义说民法调整商品关系，这是得到的第二个定义，跟中国的佟柔的定义是一样的。可以说塞尔维亚现在要加入北约、加入欧盟，在这个意义上它要跟苏联在政治上保持一定距离，但是在民法学说上还是相当依赖苏联。

罗马尼亚的定义同上。尽管罗马尼亚排俄到了很过分的程度，不准俄罗斯人参加学术会议，但是在意识形态方面还是受苏联的影响。

第二，我们讲一下维持并修正不对称平行线说的国家。第一个国家是中国，1986 年《民法通则》第 2 条规定民法调整平等主体的公民之间、法人之间、公民和法人之间的财产关系和人身关系。这个定义只不过列举了民事法律关系的参与者的类型，加了“平等主体”的限制语。如前所述，这个“平等主体”的限制语受到很多国家的放弃。这个定义人前物后，人小物大，所以属于不对称平行线说。

古巴 1987 年《民法典》第 1 条规定：民法典调整平等的人之间的财产关系和与财产关系相关的非财产关系，目的在于满足人的物质和精神需要。这个定义是苏联民法定义的翻版，但有一些创新，如讲财产关系是不光满足物质需要，而且还满足精神需要。

下面看一下朝鲜，大家可能难得看到它的资料，撕破这个帷幕是通过留学日本的周江洪提供的帮助，我找到了朝鲜民法典。1990 年朝鲜颁布了民法典，其第 2 条规定了民法的调整对象：朝鲜民法平等主体间的财产关系，国家保障当事人的独立地位。这个定义讲民法调整财产关系，但不是完全没有人的因素。国家保障的独立的地位就是对于主体资格的确定，保障的就是权利能力。

《亚美尼亚民法典》第 1 条第 3 款规定民事立法和其他立法文件调整从事或参与企业活动的人之间的关系（这是商法性的规定），第 4 款规定家庭和劳动关系，因使用自然资源发生的关系，因保护环境发生的关系。第 5 款规定与人不可转让的自由权和其他非物质价值的行使和保护有关的关系。这些规定的特点有二：一是把苏联式定义的财产关系改写为人之间的关系，但是又通过参与企业活动还原成财产关系；二是明确了对人格权的保护，这个跟《俄罗斯联邦民法典》第 2 条第 3 款的意义相同，但是还是不包括亲属法。

2000 年新《立陶宛民法典》第 1 条第 1 款规定：民法调整财产关系和与财产关系有关的人身非财产关系，以及家庭关系，在法律有规定的情形，其他人身非财产关系也由本法典调整。这个定义基本上是 20 世纪 50 年代苏联的民法对象定义翻版，但也有一些改进，如增加了对家庭关系的调整，也增加了对与财产没有关系的人身关系的调整。所以，在苏联密切联系国里有一个普遍的趋势，它们虽然在体制上受苏联的奴役很大，但是有一个小小的反抗，那就是把亲属法回归民法。波兰是这样的，罗马尼亚也是这样的。

《格鲁吉亚民法典》第 1 条规定：民法基于人之间的平等调整私法性的财产、家庭和人格关系。这个规定与《魁北克民法典》的预备性规定类似，讲民法调整人格关系、财产关系、家庭关系，但是采用物前人后的格局，在精神上跟魁北克不同。

罗马尼亚旧民法典是在资产阶级革命时期，1964 年由国王制定的，在社会主义时期没有废除，在后社会主义时期东欧剧变后还在用，有的人对此津津乐道。但是全世界在隆重纪念《法国民法典》200 周年的时候，法国的总统讲一个法典这么长寿是法国的不幸，就像一个人活到 200 岁也是这个家庭的不幸。孔子说老而不死，本身也是一种罪。罗马尼亚友人跟我私下里有很多交谈，他讲，他不好意思这么讲这是我们国家的不幸，但是他委婉地告诉我们这是一个懒惰的表现，不值得过分张扬。请大家注意，罗马尼亚当局正在向全世界招标，制定一个新民法典取代它，大家到网上可以查一下，可以看到英文的招标，我发现我还符合这个条件，不过我的外语可能不过关。我们看到罗马尼亚强烈反苏，但是仍然使用苏式民法对调整对象的定义：民法调整财产关系和人身非财产关系。

波兰是俄国强烈的敌对国家，在精神和肉体上都受俄国的控制。我前不久去了波兰，发现波俄关系是一个解不开的疙瘩，波兰人对德国不仇恨，但是仇恨俄罗斯。华沙有一个中部大屠杀纪念碑，造型是一架大挂车从一条很陡的铁路冲下来，每节铁轨上都刻着两个地方的名字，那都是俄国人曾经大规模屠杀波兰人的地方。其中著名的在卡廷森林发生的大屠杀，不仅杀波兰被俘的军人，还杀了很多知识分子、文化精英。在现在的民族关系格局下很难理解两国的关系，应该回到历史。我去波兰成了半个波兰学的专家，知道他们很多历史。波兰曾经比俄国强大，但是很奇怪，波兰的民法调整对象理论仍然是苏联式的。1964 年民法典的情况就不讲了，我们看看东欧剧变以后的情况。波兰现在是欧盟成员国，北大西洋公约组织的成员国，申根条约成员国。现在的波兰人认为：民法调整民事主体之间基于平等地位的财产权（如所有权、永久用益权和有限所有权）和其他权利（包括家庭法和知识产权法）。这个定义基本上是苏联式的，唯一不那么苏式的是包括了家庭法，所以说波兰还是受到影响的。

匈牙利 1959 年民法典中的情况就不讲了，1998 年决定制定一部新的民法典，2013 年完成了这一工作，新民法典下的民法对象定义让我非常失望，匈牙利人应该为此感到惭愧，其辞曰：本法根据独立原则和平等原则调整人之间的财产关系和人身关系。这个定义中物前人后的格局还是苏联式的。

第三，颠覆了不对称平行线说的国家。什么是颠覆呢？苏联用不对称平行线说把人身关系和财产关系的位置调了个个，现在调回来，把人身关系置于优先地位。

这样做的第一个国家是捷克，2001 年修订的《捷克民法典》第 1 条第 1 款规定：民事法律关系的调整应有助于实现民事权利和自由，尤其是保护人格和所有权的不可侵犯。这个定义充满了人道主义精神和人文精神。第 2 款规定：民法典调整个人间和法人间的财产关系，以及由于保护人产生的关系，这些关系由特别法调整的除外。这款又回到了苏联模式。第 1 款是对苏联模式的反拨，除了强调民法财产关系的调整，还有保护人格的功能，保护个人的自由的功能。2007 年 12 月《捷克民法典草案》第 9 条规定：民法典调整自然人和法人的人法身份。我觉得这是一个改写，这是对《俄罗斯联邦民法典》第 2 条第 1 款的关于人的身份的确定的改写，改写比原本更加好理解。民法调整自然人和法人的法定身份，我们能说这个东西是横向的吗？为了说明这个问题我举个例子。基于自然人人人平等的观念，《德国民法典》的制定者没有勇气说明人生来不平等，故虚伪地维持人人平等的命题，我是说《德国民法典》的制定者不敢说，不是他们不知道，为什么说他们知道呢？因为他们的祖师是萨维尼、温德沙伊德。举个例子，萨维尼的《当代罗马法体系》第一卷有一个标题：人的自然的权利能力及其限定；《法国民法典》第二章的标题就是所有权及其限制，也是用的这个词，这部分我最近重新研读，我发现他讲自然的权利能力只是很少的一部分，大部分的内容是讲如何限定。萨维尼讲到权利能力人人平等，也就是说生下来之后不因你的出身、种族、政治观点有所不同，但是你出生以后有不良表现，受到处罚就不平等了。所以他大讲罗马法里的人格减等制度，人格减等是什么？你受到刑事犯罪处罚就剥夺你的权利能力。由于你的名誉身份受到国家的消极评价，剥夺你一定的权利能力。《德国民法典》的作者没有勇气把这个真相说出来，因为说出来要得罪很多人，因为他们都是弱者，喜欢平等的口号，离开了平等就睡不好觉，尽管这种平等是假的，他们也要这么说。但《德国民法典》对法人就不客气了，《德国民法典》第 43 条规定，如果法人追求章程规定以外目的的，政府机关可以剥夺它的权利能力。民法典调整自然人和法人的人法身份。调整是两种方式：一是授予；二是剥夺。在中国只有我研究丧权问题，就是剥夺能力，在中国实务中存在这个制度，但是很少有人把它上升为理论，我最近（2008 年）在高等教育出版社出版的《民法总论》（2007 年版）里对此有介绍，大家感兴趣可以看一看。所以我的《民法总论》是对 100 多年前产生的自由主义民法理论不符合科学现实和社会现实的清理。

我们再看乌克兰，2003 年新《乌克兰民法典》第 1 条规定：民事立法调整基于其参与人的法律上的平等、意思自治和财产独立的人身非财产关系和财产关系。前面的限定语我认为是不对的，但是它和苏联相比，把人身关系前置于财产关系了，所以是颠倒论。颠倒是怎么发生的？我们看一下 1996 年 8 月的《乌克兰民法典草案》对同一问题的规定，民事关系是基于其参与人的法律上的平等、意思自治和财产独立的财产关系和人身非财产关系，包括在企业领域确立的关系。我认为这个规定还是按照苏联的模式物前人后，过了几年以后正式颁布为什么变成人前物后呢？我个人认为可能有中国的影响，我个人对此有经验。在 2000 年 10 月，我参加了在海参崴召开的第八届中东欧国家和意大利罗马法学者研讨会上，乌克兰学者也参加了会议，我在会议上提交了《中南政法学院民法典草案的基本结构与盖尤斯法学阶梯》的论文，在会上引起了热烈的讨论。这个问题在苏联故地讲出来，特别具有挑战性，因为他们是物文主义的民法理论，我是人文主义的民法理论，当时乌克兰的学者跟我有很多交流，在会后为我寄送了 1999 年《乌克兰民法典草案》，我个人认为也许他把我的观点介绍给了他的国人，并且让他们接受。

第四，维持并修正商品经济说的国家。只有《哈萨克斯坦民法典》是这样的。它这样规定：民事立法调整以参与人的平等为基础的商品货币关系，以及其他与财产关系有关的人身非财产关系……与财产关系无关的人身非财产关系，在立法文件未作相反规定的范围内，或不能从此等人身非财产关系的实质产生出相反规定的范围内，由民事立法调整。这个规定把1961年《苏俄民事立法纲要》中利用商品货币的表达由形容词转化为宾语名词，这是一个退步，因为限制了民法的调整对象，但是又增加了对与财产无关的人身非财产关系的调整，这是一个进步。哈萨克斯坦提出这个定义，跟它制定这个民法典没有反思的时间有关，在东欧剧变不久它就制定了民法典。

第五，用外延列举法谈民法调整对象的国家。调整对象的问题就是民法干什么的问题。对这个问题的解释两种方式，第一种是内涵解释，民法调整人身关系和财产关系。第二种是外延解释，说明民法包括哪些内容？如总则、亲属、继承、知识产权等。外延列举法也是可以采用的方式。拉脱维亚是苏联的加盟共和国，制定了1937年《拉脱维亚民法典》，在苏联吞并它之前没有一部民法典，在东欧剧变后它没有制定新的，直接拿过来旧的用。其辞曰：本法适用于文本和解释涉及的所有法律问题。这个定义没有讲民法调整什么。民法有哪些法律问题？家庭、继承、物权、债权，这显然是民法典的调整对象。我想跟大家介绍一个新的术语叫折扇骨说，我挑了几个术语来谈论民法调整对象问题，一个是十字架说，另一个是平行线说，还有一个是折扇骨说。折扇骨说的祖先应该追溯到萨维尼，萨维尼讲法律调整对象时这样说：法律确定人并调整法律关系，法律关系有什么？物权关系、家庭关系、亲属关系、继承关系。这四个部分像折扇骨的扇骨，可以说外延列举法实际是用折扇骨的方式说明民法的内容。我个人非常喜欢这种方式，在《民法总论》教材里面我就采用了这个方式。为什么要这么做？说来话长。盖尤斯的平行线说怎么能成立？他把所有民法的内容简化为民法和物法，但是物法是很大的，物法包括了继承法、债法、物权法。他把三者整合起来的工具是无体物概念。而我们现在的物法实际是有体物法，所以我们要把兼包有体物和无体物的物法缩减为只包括有体物的物法，不抛弃无体物的概念做不到。如果承认无体物的概念，物权和债权就没有区分了。可以做出的推论是：债权本质上是债权人的物权，这是逻辑上的循环。潘德克顿体系产生最主要的贡献就是打破无体物的概念，去掉笼罩在主物权、从物权、债权和继承权四个权利之上的无体物概念，它们成为本身自足的权利，不从属于任何一种其他权利。我们看到，潘德克顿体系的形成是把盖尤斯体系中的物法的上位层次去掉，把第二个层次位置提高，再加上一个总则马上就行了。盖尤斯的物法包括所有权法、他物权法、债法和继承法，把物法去掉，所有权法和他物权法合并，把债法独立，把继承法独立，加上总则就成为潘德克顿体系。

所谓的盖尤斯体系，是不科学的，是一个被淘汰的体系，依据它就会产生债权到底是物权还是债权本身的不必要的争论。所以，潘德克顿体系的产生必定要摧毁民法调整人身关系和财产关系的理论，萨维尼做了这一工作，他讲到法律确定人对调整法律关系，法律关系的类型则一字排开，我认为萨维尼的理论就是折扇骨说，在我看来，《拉脱维亚民法典》的民法调整对象理论是用结构的方式表述的，也是折扇骨说。

爱沙尼亚 2002 年《民法典总则法》第 1 条规定：民法的一般原则适用于物权法、家庭法、继承法、债法等，还有商法典，这也是用外延列举法说明民法的对象。

第六，根本不谈民法调整对象问题的国家。这个国家是阿尔巴尼亚，它有一个特殊情况，它的民法典是邀请了意大利的教授起草的，故不受苏联集团国家的传统约束，所以不谈这个问题。《意大利民法典》也不谈这个问题，开头就规定权利能力。

东德已经亡国了，现在是作为一个“历史遗物”来谈论它。东德的民法典非常具有意味，1976 年《东德民法典》是非常有创意的立法，在苏联密切联系国之间鹤立鸡群。它规定：民法调整公民与企业之间及公民相互之间为满足物质文化需要而发生的关系，保护社会主义财产，保护公民的人身权利和个人财产。这个定义在保护社会主义财产的前提下调整人身财产关系。在公民个人层次上是先调整人身关系后调整财产关系，在苏联的集团间它是难得的人文主义的国家。请大家注意，它没有“平等主体间”的定语。在 20 世纪 70 年代有两个国家认为民法不调整平等主体间的关系，第一个是东德，格里巴洛夫的《苏维埃民法》讲到这一点，这个说对了。第二个说错了，格里巴洛夫说的是捷克。我仔细查了一下捷克的《民法典》，它明确地讲有民法调整平等主体间的关系，可能是他搞错了。上述定义是我见到的社会主义法系的民法调整对象定义中最优的，还有对人文主义的承认，不完全承认民法的私法性。东德 1990 年合并于西德，采用德国式的民法调整对象理论。德国的民法调整对象理论就是民法调整财产关系和身份关系的理论。

第七，不详其规定的国家。我的本研究是一个国内外协作的结果，很多国内的人帮我翻译资料，国外的朋友，像南斯拉夫的、波兰的、罗马尼亚的朋友也帮我找资料，但有两个国家的资料通过多方查证还是没有找到，它们是斯洛伐克和保加利亚。

由此我完成了对于社会主义国家民法调整对象理论的全面的扫描。我考察的范围越大，得出的结论越有说服力。我们得出结论的目的何在？就是为了我们国家制定民法典的时候、起草条文的时候提供一个参考。

四、结论

苏联和俄罗斯作为一个文化连续体贡献了 3 个民法调整对象理论，不对称平行线说、商品经济说和十字架说，前两个理论是证成商品经济与民法的关联。不对称平行线说是以 1922 年《苏俄民法典》为基础的，它是为了实行新经济政策而制定的，所以跟商品经济有关联。商品经济说是以 1991 年制定的《民事立法纲要》为基础的，说民法调整以商品货币为形式的财产关系和人身关系，涉及商品货币形式即涉及价值规律。这个定义显得与多数时期都实行高度集中的计划经济的苏联经济是矛盾的。这就产生了一个问题，民法和计划经济体制的关系到底如何？苏联是真的搞计划经济吗？搞计划经济还要民法吗？我个人认为苏联没有搞真正的计划经济。3个理论都对苏联密切联系国产生了影响。我做了一个统计，在本文考察的27个密切联系国中有10个国家继承了十字架说，占总数的36%。有9个维持并修正了不对称平行线说，占总数的33%，其中有中国。这个不小的比例说明苏联的解体并不意味着其意识形态同时解体，尽管作为一个政治实体的苏联已不存在，但其意识形态还影响着不少的国家，包括一些仇恨它的国家。有两个国家推翻了不对称平行线说，它们是捷克和乌克兰。有一个国家维持了商品经济说，它是哈萨克斯坦。有两个国家的民法典不谈这个问题。有两个国家的这方面情况不详。

这些说明了在民法典中规定民法对象问题的必要与规定方式的多样性。在我们国家，对于民法调整对象要不要规定有争议？多数人没有思考过这个问题，我们在民法典起草过程中有3个民法典草案，一是王利明老师主持的，二是梁慧星教授主持的，三是我主持的。三个草案都规定了民法调整对象的定义。还有人大法工委的草案也涉及这个问题。厦门大学民法教研室的一些老师对这些草案进行分析，为将来的立法出点子。他们得出的结论是：属于教科书的归教科书，属于立法的归立法。他们认为民法调整对象问题属于教科书的问题，可以不规定。从本文考察的这些例子可以看出来，不规定论可以休矣！民法调整对象立法者必然要面对的，我要干什么？我怎么干？我国两次关于民法对象的大讨论都跟起草民法典有关，但是规定的方式是多样的，可以采用外延列举法，也可以采用内涵揭示法，不规定的很少。阿尔巴尼亚的《民法典》不能说没有规定，它的体系就表明了它规定什么。由于我们现在所谓的去法典化，民法的规范不见得在民法典中。内涵揭示法的规定比外延列举法要好，因为按照外延列举法不仅要看在民法典的规定，还有特别法，这是很困难的工作。按照内涵揭示法就会知道，有些法律虽然不在民法典中但是也是民法，这样我们很容易把握形式上的民法和实质民法的关联，所以，规定比不规定好。

我国的应如何选择？尽管不对称平行线说采用国仍然有9个，我国是其中之一，但是考虑到模式输出国已经放弃了这个学说，以及两个不详其规定的国家很可能放弃了这一学说，我们可以说不对称平行线说是夕阳理论，十字架说是朝阳理论，很不幸我们采用的是夕阳理论。我的理论是颠覆论，影响很大，大部分民法教材都讲是民法调整人身关系和财产关系，所以说颠覆论在中国已经成为一种主流理论。但学术上跟立法上不一样，立法是很滞后的，学术上已经解决了这个事情，立法要等一阵才能解决。我来北京参加中国民法典制定重大攻关项目的评审会，我们看王利明的著作《中国民法典体系研究》，它就这个问题的表达不一，因为写的人不一样，有的人说民法调整人身关系财产关系，有的说法相反，但是大部分人都说民法调整人身关系和财产关系，而且有论证。在立法理由里讲到了物前人后的规定是一种毛病，所以他们采用了我的学说。颠覆论的路线正确，可以指望对立法的影响会不断增多。我国《民法通则》遵循的是夕阳理论，我们应该放弃它。

我的选择是采用折扇骨说，因为盖尤斯的平行线说已经被否定了，在现在的民法典中没有哪一个国家采用盖尤斯意义上的无体物概念，可以说平行线说已经是无源之水、无本之木。而且，财产关系的表达太笼统，不能把非主体关系的丰富性表现出来，比如财产关系不能包括服务关系。我把民法调整对象定义为民法确定人、财产，并调整人与人之间的关系。大家注意我这个表达是抄来的。是抄《俄罗斯联邦民法典》的规定，抄萨维尼的法律的调整对象定义。这个定义中的“人之间的关系”可以用折扇骨的方式揭示出来，它们是亲属关系、继承关系、物权关系、知识产权关系、债权关系。采用折扇骨说，可以保持民法调整对象理论的开放性，有新的可以加进来，所以更加好，就是定义长一点，但是我们可以采用它的简体版。

最后一个问题是对《俄罗斯联邦民法典》第2条第1款的理解。我在《寻找丢失的人格》这篇文章里分析这个条文，说它发现了人格。该文发表文章后没有人提出批判。我认为我对《俄罗斯联邦民法典》第2条第1款的理解是本国的第一人，对它的理解不能仅仅站在俄罗斯，而是要放到更大的国际背景下。我追溯到萨维尼的学说，实际我还越过了一个阶段，就是阿根廷的民法调整对象定义，阿根廷采用了纵横交错的理念。很不幸的是俄罗斯来源的文献都持不同的看法，我介绍给大家，首先是对《俄罗斯联邦民法典》第2条第1款的评注，它是这样说的，民法的调整对象为财产关系和与财产关系有关的人身非财产关系。打死我都不相信有这么糊涂的人！既然有这样的立法表达，还做苏联时期的解释干什么？其次，我们看《俄罗斯联邦民法典》主要的起草人苏哈诺夫主编的2003年出版的《民法》，认为民法调整财产关系和与财产关系有关或无关的人身非财产关系。也是把苏联的陈酒装进法典的新瓶子。

最后，我国的俄罗斯法专家鄢一美教授认为《俄罗斯联邦民法典》的起草者一直力图背离列宁开创的民法公法说，用自己手里的立法作品打造出纯粹的私法。按这个逻辑，和公私混合法的意见是行不通的，以上三个方面的反证严重挑战本文的基础，我也提出三个反证来自我辩护。

第一，解释者有可能比作者更好地解释文本。把《俄罗斯联邦民法典》第 2 条第 1 款的民法调整对象表述，与 1961 年《民事立法纲要》第 1 条的相应表述画等号是不可思议的，该条说到民法确定主体的地位，确定知识产权的发生依据和之间的程序。按照俄罗斯现在的说法，确定的对象是静态关系，调整的对象是动态关系。但是静态关系难道不就是纵向关系吗？我可以举很多例子，国家对于主体的资格是可以剥夺的，可以给你也可以剥夺，如果你表现不好可以剥夺。这样解释，我认为解释者可能没有理解自己的立法规定。我认为 1832 年《俄国法律汇编》第十卷的作者们理解了，他们不规定属于静态确定性质的人格关系以维持该卷的私法性质。我们对这个问题的考察不应该完全在俄罗斯范围内进行，应该放大考察范围，把确定事项与调整事项分开是萨维尼开创、《魁北克民法典》传承的理论传统，在大的国际背景下根本解释不出《俄罗斯联邦民法典》第 2 条第 1 款的私法取向。十字架说的多数追随者对《俄罗斯联邦民法典》第 2 条第 1 款中包含的这些关系以其参加者的平等、意思自治和财产自治为基础的定语的删除，难道能够作为他们把民法理解为私法的依据吗？删除的话就是否定民法的私法性质，我们如果把民法第 2 条里面的平等主体的定语删掉了，是有利于说民法是公私混合法，还是有利于说民法是单纯的私法？我相信一个没有平等主体定语的定义，更容易导致民法被说成公私混合法，而不是相反。

第二，是历史传统。在苏联密切联系国的民法思想史上，早就有《德意志民主共和国民法典》不把民事法律关系看作平等主体之间的关系，我前面讲到东德民法典的那一条是非常好的。捷克斯洛伐克可以不管，是格里巴洛夫讲错了。因此《俄罗斯联邦民法典》第2条第1款很可能是对在苏联集团内早就存在的一种观点的展开，民主德国人较早持有这样的观点，俄罗斯对民主德国人的立场并非不知道，70年代苏联民法教科书的作者就知道这个信息。

第三，从我的俄国罗马法同事列昂尼德·科凡诺夫的学术活动来看，俄国存在一种否定公私法的明确区分的思潮。我举两个例子，第一个例子，在2007年5月他在厦大发表的《罗马公法和现代俄罗斯法中的国家承包合同》讲座中，他否定了合同是一种私人自治的工具的观点，提出了公法合同的可能性问题。在罗马法里有两个概念，一个是mancipatio，另一个是nexum，它们的性质是一样的，但是内容不一样，mancipatio是设立物权的，nexum是转移现金、借贷或设立其他的债权。这是传统的解释，但是科凡诺夫对mancipatio和nexum做了一个反传统的解释，我认为他是革命者，他强烈否认，他说这种观念是很多西方人的主张，后来我看到他的文章和参考文献确实有很多。他认为mancipatio是私法合同，nexum是公法合同，在罗马有国家财产，交给私人承包，还是有相当的说服力的。第二个例子，去年我在保加利亚跟他共同参加了第五届罗马法与现代性国际研讨会，会上他提交了分析莫特斯丁被收录在 D. 44，7，52 中的主张公法是引起债发生的依据之一的片段的论文。我们习惯的罗马法债的根据理论是什么？是两分法或四分法，要么就是合同，要么就是私犯。四分法是什么？合同、准合同、私犯、准私犯。在这个问题上把债的发生根据理解成单纯的私法性的，是不对的，我认为这包括带有公法性的根据，它们是对被扭曲的社会关系的矫正措施，莫特斯丁在上述法言中提出，法律本身也是债的发生根据，这实际上不是四分制而是多分制，法律本身就是债的发生根据，这个观点符合罗马法的现实。我跟一个荷兰的教授谈，他说盖尤斯的债的发生根据理论是错误的，因为不能反映罗马法的现实。所以莫特斯丁定的文本是正确的。我在这个会议上学习到了对于债的深入分析，我说债不是单纯的横向关系，而是纵横交错的。我们可以把合同关系说成单纯的横向关系，但是对于法定债绝对不行。这个观点从何而来，从莫特斯丁那儿来。研究莫特斯丁理论的是科凡诺夫，在他的文章里我们了解到这个信息。所以他的文章服务的目的就是论证自古以来公私法没有明确区分，这两个作品都力图破坏民法为纯粹公私的传统信念，认为民法从一开始就是公私混合法，大家看我的《民法总论》可以看到展开的说明。所以我相信科凡诺夫的观点是《俄罗斯联邦民法典》第 2 条第 1 款的理论基础。

时间：2008 年 4 月 19 日

地点：中财大厦二层模拟法庭

第五讲

人身关系的三维透视

一、社会主义国家关于人身关系问题的学说史

谢谢大家到来！今天我要在这里完成的是一个非常艰巨的任务。因为我要把 21,000 字的内容给大家作个介绍。另外今天准备了一天，又增加了 1500 字，所以时间很紧张。而且我要讲的是一个我觉得非常有意义、学界也辩不清楚的问题。今天上午通过把这些旧书翻出来看，我才知道这个问题在学界是一个什么样的研究程度，应该说是了解得非常不深入。

这里呢，我分为三个方面来讲，第一个方面讲一下社会主义国家关于人身关系问题的学说史。我们讨论这个问题的背景是什么呢？就是要制定我国民法典。在制定我国民

法典的过程中有一个核心的问题，就是财产关系和人身关系到底哪个为先哪个为后，就此梁慧星教授与我有很大的分歧。我们看到他的意见已贯彻到《民法总则草案》第3条中了。大家在网上可以查到，梁慧星教授主持的中华人民共和国民法典的总则编的草案。第3条的规定是中华人民共和国民法调整财产关系和人身关系。我是主张民法应该调整人身关系和财产关系的。也就是说，与梁教授的看法相反。梁教授认为我的观点是按照重要性排顺序，对于民法这两大块的材料——人法和物法即人身关系法和财产关系法，我认为是人身关系法重要，所以要排在前面。梁教授认为他的观点是按照逻辑性排顺序，财产关系在逻辑上为先，应该排在前面。这个问题在网上也正在进行讨论，大家可以上一下法律思想网，那里面专门有个论坛——民法典论坛。在那里面我有两个名字参加，一个是叫徐国栋，另一个名字是叫Andrea，我在里面发表的帖子有50～60个呐！引起了很多讨论，发起了网上投票，到今天为止有21票支持我的观点，6票支持梁老师的观点。（大笑）但是顺便告诉大家，我投了两票，（自笑，全场笑）因为我用徐国栋的名字投了一票，用Andrea的名字又投了一票。（全场笑）因为发现可以这样投，尽管经过反复的思想斗争，还是投了两票。（全场笑）实际上，要刨掉一票。我们的观点是要相信这个选举结果是20票对6票，梁老师的观点只赢得了6票，我认为我已大胜了，像希拉克一样大胜了。（自笑）

但是我们在谈论人身关系和财产关系的重要性和逻辑性的时候，有一个前提，应该搞清楚什么是人身关系。说老实话，从今天早上开始我就做这个工作，看看我们这个学界对人身关系搞清楚得怎么样呐。这个结果叫我非常非常的失望，我这个讲稿是上个月在北大《大清民律草案百年纪念会》上的一个讲稿，其中，我把国外关于这个问题的学说脉络都理清楚了，回过头来理国内的，清理的结果让我大失所望。到1994年，我们中国民法学界才取得比较接近事实的关于民法调整对象的比较正确的理解。到现在为止还没有产生一个跟国际接轨的、跟它本来含义、历史脉络含义接轨的民法调整对象的定义。而且我惊奇地发现，我在这个方面还算是比较明白的一个人，就是说我的著作表现了这种明白。现在，我将社会主义国家关于这个问题的学说史作一个介绍。

首先，我们应该说明我国的研究现状。我们打开两部民法学研究综述，一部是社会科学院《法学研究》编辑部编辑的，另一部是刘心稳教授编的，翻开这两部民法研究综述查找关于人身关系研究的各种观点，结果是没有。也就是说，民法调整对象问题尽管在我国一直是一个热门话题，在我们新中国成立以来进行了若干次讨论，我记得是三次大讨论。然而，这些讨论者的所有精力都集中到财产关系中了。我们民法学界为搞清楚什么是财产关系已经累得筋疲力尽了，没有力气来研究什么是人身关系呀？所以我们面临的就是这样一种贫瘠的情况，我们关于人身关系的说明是在一些教材里面，而无一篇像样的论文专门谈这个问题。所以，这一问题在学术史上无话可记，在两部综述里面也没有记载。这是第一个问题。

第二个问题，我们关于民法调整对象的理论来自苏联，我们看一看，苏联的民法调整对象理论如何。我们看，1961年的《苏联民事立法纲要》是这样规定的：苏维埃民法调整与财产关系有关的人身非财产关系。用这个表达来指称我们现在所说的人身关系。这个表达非常难懂。大家看一下，与财产关系有关的人身非财产关系有这样一个隐含的预设，即隐含人身财产关系和人身非财产关系的区分。这是一个很难懂的表达，它认为有两种社会关系，一种是人身财产关系，另一种是人身非财产关系，民法只调整人身非财产关系。那么马上产生了一个问题，什么叫作人身非财产关系。这是一个非常糟糕的表达。我们知道这是一种排除式下定义的方式，譬如说，在《智利民法典》里面，“除了不动产以外的物都是动产”。把一个东西说清楚了以后，不对另一个东西作出说明，除了这个东西以外的其他东西都是那个东西。这种定义的方法必须建立在一个前提之上，也就是说，这个世界上所有有关的事物非此即彼。如果有一种亦此亦彼的事物，它就无法涵盖了。它在这里所谈到的是人身非财产关系，与这种人身非财产关系相对应的就是人身财产关系，也就是说，在这里隐含着一种人身财产关系。那么这个人身财产关系是什么呢？如果我们大家对康德的《权利的科学》比较了解，就会知道人身财产关系实际上就是家庭关系。那么1961年的《苏联民事立法纲要》用一个非常奇怪的、我们一般人看不懂的表达把家庭关系排除在外了。苏维埃民法不调整家庭关系，这与它的立法实践是一致的，它另立了一个《婚姻家庭监护法典》。这是与人身非财产关系相对立的人身财产关系的概念。

另外，人身非财产关系中还可二分：第一种是与财产关系有关的人身非财产关系，第二种是某些与财产关系完全无关的人身非财产关系。换言之，人身非财产关系包括两种：一种是与财产关系有关的，另一种是与财产关系无关的。让我们看看苏联学者格里巴诺夫的说法，他说与财产关系有关的人身非财产关系是指知识产权中的身份关系，也就是说，由著作权人、专利权人、发明权人等身份产生的关系，另外还包括法人就其商号形成的关系。这里必须说明一点：这是一个在民法学说史中完全的苏联式的表达，也是苏联学者的一个创造。为什么？因为在《苏俄民法典》以前的民法典都没有把知识产权规定进来，《苏俄民法典》第一次规定了知识产权，为了涵盖知识产权，它又把知识产权现象反映到了民法调整对象的定义之中；同时它也把法人的人格权放到了民法调整对象当中。那么，什么是与财产完全无关的人身非财产关系呢？是因名誉、尊严、肖像、通信自由等人格利益发生的人身关系，也就是我们讲到的具体的人格利益，就这些具体的人格利益所发生的人身关系是与财产关系完全无关的人身非财产关系。《苏联民事立法纲要》认为自己不调整它，经过学者的抢救性解释，它才勉强被包括在苏联民法调整的人身关系的范围内。现在，对于苏联的民法调整对象理论，我觉得可以作这样一个概括：这种民法调整对象理论完全排除了权利能力问题。另外完全排除了亲属法归民法调整，说老实话，这个不容易看出来，这要对康德的哲学体系比较了解才能看出来，我也是最近才看出来，我们过去讲它把亲属法排除是不讲道理的，其实它是讲道理的，只是我们没看出来，实际上它把人身关系理解为知识产权拥有者的身份关系以及具体人格权关系，也就是说，由于姓名、名誉、肖像等具体人格利益产生的法律关系。它讲的人身关系是知识产权所产生的身份关系和具体人格权关系。

这是讲苏联，下面我们讲一下我国。

首先应该说明，我国学者似乎不能理解人身非财产关系的表达，这个人身非财产关系概念完全是康德《权利的科学》的产物，是与人身财产关系相对应的一个概念，人身财产关系讲的就是家庭关系。所以我们对苏联调整对象的定义作了一个改造，是这样定义的：人身关系是没有财产内容而具有人身属性的社会关系。也就是说，把人身非财产关系改成一种说法，让读者比较好理解的一种说法，就是没有财产内容而具有人身属性的社会关系。具体来讲，这种人身关系的内容就被描述为包括了生命、健康、姓名、荣誉等权利，人身关系是维护这些具体人格利益的一种关系，另外还包括了著作权、发现权、发明权等与人的姓名、荣誉直接联系、不可转让的权利。我们看到，这个定义基本上还是来自苏联，是在苏联民法调整对象理论定义基础上进行发挥的结果。它说人身关系虽然没有财产内容，但是可以成为财产关系的前提，这是苏联人不讲的。这个我觉得完全是一种误读所造成的结果。上述定义的作者佟柔教授举例子，譬如说，知识产权拥有者可以获得报酬。这是一种中国的发挥。另外，我们看到江平教授的民法教材又在苏联民法理论基础上增加了人身关系的一个属性：与人身不可分离。这是江平和张佩霖的电大教材所作的一个添加。另外，安徽大学的王溶教授把人身关系基本说成是知识产权拥有者的身份关系，只有姓名权除外。我认为王教授出于这么一个前提：人身关系与财产关系有关但又没有财产内容，这到底是什么？他就不能理解这种关系到底是什么意思，他就只好讲，你看看，只有知识产权中的人身关系才能够与财产有关又没有财产内容，所以他把人身关系中身份关系全部理解为知识产权中的身份关系，只有姓名权是一个例外，因为姓名权是发生知识产权的身份关系的一个前提。无论如何，中国人对苏联的民法调整对象定义进行了一些改造，我国在民法调整对象理论还是在进步的。你看 1987 年出版的吉林大学的民法教材就开始把人身关系分解为人格关系和身份关系。请大家注意，苏联理论没有把“人”和“身”区分开来，而在中国就开始区分人格和身份了。人格被作为与民事主体资格有关的社会关系，这里又回到了一个正确的理解，就是把人格理解为民事主体资格。论者正确地提出了这个命题，但他对这个命题的论证是错误的。他认为这些人格的具体表现是生命权、姓名权、肖像、名誉、婚姻自主权等，这是错误的。这是因为以民法调整对象的立法文本为依据作文章，导致错误，因为具体的人格权与人格不是一回事。人格是主体资格，具体人格权是很晚产生的事情。吉大的教材把身份关系解释为知识产权中的身份关系，只有一个例外，也就是它讲到了非知识产权的身份关系，即监护关系。这是我们看到的一个缓慢的变化。

但是后面有人接着跟进。身份关系获得独立后，逐渐获得了正确的解释。你看，西北政法学院的民法教材就把身份关系解释为血缘、婚姻、亲属关系以及知识产权中的身份关系。请大家注意，这个教材是西北政法学院科研处在 20 世纪 80 年代初出版的，它把身份关系理解为血缘、婚姻、亲属关系，这就回到了对身份关系的传统理解。这意味着被《苏俄民法典》驱逐出境的家庭法又被说成是民法的一个内容，这是一个巨大的变化。但是到目前为止，我们还没有看到一种叫作人格的关系出现。大家在阐述民法调整对象的时候都把人格理解为人格权。

那么，人格的概念是什么时候出现的呢？我今天没有查到文字的证据，我记得好像最早是江平教授提出来的，这里，民法的基本理论跟它的运用理论间有一个脱节。因为在民法调整对象理论里面讲的人格关系就是具体人格权，但是你在谈论公司法问题的时候很难避免要用人格的概念。谈到股东与公司的关系的时候必须讲股东的人格不同于公司的人格，这是公司有限责任的前提条件，这里的人格就是主体资格。我记得好像是江平老师最早这么谈。我们听他上课时得到这一印象，但是我今天查他的《公司法概论》又没有查到这一说法。随着人身权研究的发展，人格的概念逐渐凸显。最早对人格作出正确理解的可能是王利明教授。他在 1994 年主编的《人格权新论》（吉林人民出版社出版）中对人格作三种理解：第一种是具有独立法律地位的权利主体；第二种是主体的权利能力；第三种是受法律保护的某些利益，也就是说姓名、人格、肖像等具体人格利益。我个人认为王教授所讲到的第一种是不成立的，把它叫作人格不合适。具有独立地位的人格主体，我觉得是不对的，因为人格是主体的一种属性而不是主体本身。第一种不对，第三种同此，我认为第二种完全是对的。但我认为这是王教授第一次讲清楚这一问题了。梁慧星教授在他的《民法总论》里也讲清楚了这个问题，但是他是引用王利明教授的上述话讲清的。

我们感到很泄气的是，什么是人格的问题到 1994 年才沉积在我们的文献里面，才作了主体的权利能力的正确理解。尽管这样，民法教材并没有跟上王利明教授的步子。我又把一些新的教材看了一下，1994 年我参编的民法教材还这样写：“人身关系指与人身密切相联而不可分割的社会关系。”还是苏联式的陈词滥调。人格呢，我是这样说的：“人格指人格权，身份指身份权。”但我能清算自己的错误。于是，该教材 1999 年的修订本就改成了这样：“人身关系，是就人格和身份发生的社会关系。人格，指生物学意义上的人被承认为法律意义上的人的状态。”就是两种人的重合，也就是法律上的人与生物人重合的状态。这就回到了正确的理解。我个人也是到 1999 年才把这个认识问题解决。所以，你看，现在才两年多的时间，也算是觉醒不久。说老实话，对我们这个学界，我个人感到非常的失望。人格这个非常基本的概念都还没有搞得非常清楚，或搞清楚不到几年的时间，我们就匆匆忙忙地制定民法典了，我们是边干边学呀！尽管这样，我参编的教材还是比较先进的呀，但是其他的教材的有些观点还是没有跟上来。譬如说，梁慧星教授的《民法总论》是比较先进的，它采纳了王利明教授的上述见解。但是最新的江平主编的教材，它还是没有跟上。最新的江平主编的教材陷入一种矛盾之中，一方面，它承认人格是主体资格的意思，相当于权利能力。但另一方面，又认为“人格关系中包含的人格权指人作为自然之存在的社会的主体，其自身包含的，并且在现代之社会生活条件下受法律保护的各种自然的和社会的因素”。讲得非常拗口，其实也就是讲到了各种具体的人格权，姓名、名誉、肖像、身体等这些人格利益。你看看很矛盾，他认为人格是权利能力的意思，但他又逃脱不了《民法通则》立法文本的约束，因为作为一部教材它要解释法律文本，但法律文本就这么告诉我们的，人格权就指这么一些东西。这就陷入了矛盾，欲进又退。

作为一个小结我们可以这么说，我国的多数民法教材对于人身关系的认识水平没有达到应有的高度。基于这么一个认识基础，人们无法给人身关系正确定位。你谈论它的重要，与财产关系相对哪一个重要，有一个前提，你了解了这个东西是什么，如果你没有正确的认识，那么你谈这个是无的放矢，所以我们是任重道远。这是我讲的第一个部分，涉及我们学界令人不高兴的一种状态。

二、人身关系Ⅰ：概念在西方的演变史

第二个大问题，我讲一下人身关系概念在西方的演变史。这就是上次我在北大讲的内容。第一个问题我们讲一下罗马法的规定。

罗马法，我们首先看一下《民法通则》第2条的英译："The Civil Law of the People's Republic of China shall adjust property relationships and personal relationships between civil subjects with equal status, that is, between citizens, between legal persons and between citizens and legal persons。"这个定义告诉我们：人身关系的西文表达是personal relationships，这就产生了一个问题，一个长期困扰我的问题，"身"字在哪里？我们刚才已讲到我国的民法理论已完成了一个进步，也就是把人身关系区分为人格关系和身份关系。在这里你看看，personal是拉丁文persona的形容词，指人格关系，身份关系在

哪里啊？在这个表达中间没有身份关系啊！这就产生了一个巨大的问题，如果我们承认这个翻译是正确的，那么身份关系在哪里？也就是说，这个身份关系是不是我们后人妄加的？如果不是妄加的，确实有这种身份关系，那么这个关系与人格关系的关系如何呢？这是我们面临的第一个问题，罗马法给我们作了一个回答。

首先，我们应知道，罗马法是谈民法调整对象问题的。我到厦大来的第一个讲座，就是讲民法调整对象理论。我们过去讲罗马法不谈民法调整对象理论，是因为我们对罗马法理解得不够。我们知道，罗马法把整个的市民法分为人法和物法两个部分。人法就是我们讲的人身关系法，物法就是我们讲的财产关系法，罗马法通过人法和物法的划分谈到了民法的调整对象。

第二个问题就是我们看一下罗马人法的内容是什么。把盖尤斯的《法学阶梯》的目录看一下就知道了。人法主要包括以下的内容，简单来讲，第一个内容就是三种身份，第一种身份是自由人的身份，通过这种身份把奴隶与自由人区分开来；第二种身份是城邦的身份，通过这种身份把罗马市民与外邦人区分开来，只赋予罗马市民以权利能力；第三种身份是家族的身份，通过这种身份把家父与家子区分开来，然后只赋予家父以权利能力。第二个内容是对第三种身份进行展开，也就是对家族的身份具体地说明。其主要内容是包括：收养、夫权、他权人、解放、监护、保佐、人格减等。后面所讲到的内容是家父权行使的方式，或者是替代的一种行使方式，如果家父自己不能行使家父权，由监护人或保佐人来代替他来行使，等等。

由此我们可以看得出来，人法的内容分为两个部分：第一部分是关于三种身份的规定；第二部分是以家父为轴心做出的关于家庭法的规定。

第三个问题讲一下人法的作用。人法两部分内容的共同作用造成这样一种局面：阶级分明，这是对奴隶与主人的进行划分的结果；长幼有序，这是对家父和他权人的进行划分的结果；内外有别，也就是对外邦人与市民进行划分的结果；幼弱有所恃，幼是指小孩，弱是指女子，家父的保护功能做到这一点；幼弱有所养，监护和保佐达到这么一点。这是一幅非常和谐的社会图景。这幅图景是怎么做到的呢？是通过人法做到的。尽管我们的价值观念要排斥里面的奴隶制啊，或者是家父的权力过大啊，但是当时的统治者认为这是一个理想的社会秩序。我们看到整个人法是统治者完成它所认为的理想社会秩序的一个手段。它是通过对人进行分类把人分为不同的等级，赋予他们不同的权利、不同的义务，然后使这个社会秩序化，达到这么一个效果的。因此，通过上面的观察我们可以说，人法是组织一个社会的工具。这是一个很重要的结论，就是人法是一个社会的组织法，而这个被组织的社会就叫作什么？就叫作市民社会，民法最早就是为了完成对整个社会的组织而建立起来的，这个被组织的就是市民社会。

第四个问题就是物法的地位。除了人法之外，还有物法呀！因为一个被组织起来的社会也要通过消耗资源来维持生存。物法的地位在罗马法中怎么样呢？我们可以这么说，首先，物法在罗马法中并不处在头等重要的地位。听过我讲《罗马法史》的同学都知道，在罗马7个王所立的王法里面，绝大部分规范是关于社会组织的，即关于人法的。你看，把人分为元老、贵族、长官，把家庭成员分为自权人、他权人等。一直到第六个王图留斯，才颁布关于合同和私犯的法律 50 条，这是罗马法史上最早的物法。第六个王才制定了物法，在此之前的王制定的法律都是人法。这种状况的原因何在呢？在市民法产生初期对物法的忽视有这样的原因，第一个就是说在早期的罗马社会，实行公有制，大部分财产都实行公有制，所以私有权并不发达，我们知道发达的物法是私有制的产物。这是主要原因。第二个原因就是当时人们建立起罗马城，他们并不是为了大家共同创造多少财富，而是寻找一个可以对抗外来侵略的堡垒。我在人大是这样讲到的，"我能抢到别人，别人抢不到我"，是要达到这个目标。人法主要是对社会进行组织，而不是对财富进行生产或分配。

第五个问题是人格与身份的关系如何？实际上这个问题我已讲到了，人格与身份的关系是怎么样的？我们回到《民法通则》第 2 条，它是用 personal relationships 来表示人身关系的，但是在这里面没有"身"，没有"身"的词素。人格关系与身份关系的关系如何呢？《民法通则》并没有告诉我们这个问题的答案，但是罗马人告诉了我们这个问题的答案。在优士丁尼《法学阶梯》第 1 卷第 16 题的头段它是这样讲的："人格减等就是改变先前的身份。"这个话我现在是明白了，它非常好地讲清楚了人格和身份的关系，它的表达是这样的：Est autem capitis deminutio prioris status commutatio。capitis 是 caput 的所有格，deminutio 即减少，就是减少先前的身份。status，这个词大家都比较熟悉，就是指身份，这句话直译就是：改变先前的身份就是人格的减少。实际上，在罗马法中它是这样告诉我们人格与身份的关系的，身份是构成人格的要素，我跟大家前面已讲到了，一个完全的罗马市民必须同时具有三种身份，自由人的身份、市民的身份以及家族的身份，如果他三种身份中的一种或全部丧失就会导致他的人格的一种变更，我们可以这么说，同时丧失三种身份就导致人格的大变更，或者翻译为人格的大减等，大减等就变成了奴隶，自由人和市民身份的丧失就导致人格的大变更，市民身份的丧失就导致了人格的中变更，一个人丧失了市民的身份，他就不是罗马人了，而是外邦人了，尽管他住在罗马城内，但是他已被当作外邦人了。然后家族身份的丧失就会导致由一个完全权利能力者变成了无能力者或者是相反，譬如说，一个家父被他人收养，过去他是老大，现在就变成了他人的马仔，可不是这样的吗？他就受到了人格的小变更，他就丧失了他的权利能力了，那么他的权利能力由谁代为行使啊？由收养他的家父代为行使。所以罗马法非常好地告诉了我们人格和身份的关系：身份是构成人格的要素，所有的人格都是由身份所构成的，身份的减少导致人格的减少。这就是一个非常好的解答，这样的话，我就解开了长期困惑我的一个谜，就是人身关系和身份关系的谜，过去我一直在 personal relationships 中寻找一个身份的词素，为什么找不到？因为在某些法律传统中，身份根本不是一个与人格并列的存在，而是人格的一个内在因子，所以它是隐含在人格关系里面的，所以那个 personal relationships 的译法是对的，没有必要把身份表达出来。我之所以产生这么一个疑惑——为什么人身关系中找不到身份关系的疑惑，是因为我不能把身份与人格联系起来，也就是我在考虑罗马法问题的时候，总是想到的我们身份关系的概念是亲属关系，我没想到罗马人的身份概念与我们的不同，包括了市民的身份和自由人的身份，所以思维联结不上。一旦身份概念改成罗马人的理解，我马上就理解了身份关系与人格关系的这种关系。由此可以得出一个结论，“身”是“人”的一个要素，并不是一种独立的存在，这是我们对人格关系和身份关系的一个考察。

我们来看一看现代的学说如何？这也是个国际性的讨论问题。意大利法学家保罗·埃米略·奔萨（Paolo Emilio Bensa）完全继承了优士丁尼《法学阶梯》中的观点，把身份定义为“决定人的各种权能之集合的条件”，也就是说身份是人格的要素。这是现代人的第一种学说，叫作身份是人格的要素说，认为人格内在地包含身份。

第二种观点是身份与人格同一说。认为人格与身份是一回事。我们首先看一个外国法学家的观点，一个法国著名法学家叫作扎恰利亚（C. S. Zachariä），在其于 1846 年出版的《法国民法教程》中给身份下了这样的定义：“身份是未受民事死亡的人享有的权利能力”。我们知道，权利能力就是人格的意思，在这里，他就是说身份就是人格，他把人格与身份等同起来。我国学者张俊浩教授持同样的见解，他的民法教材把身份当作人格的同义词，有这样的话：“身份平等，即法律资格平等。”所以他讲到的身份就是我们所理解的人格。这是第二种观点，人格与身份同一说。

第三种观点也主张身份的独立性，认为身份是独立于人格的一种法律现象。意大利法学家圭多·阿尔巴（Guido Alpa）

这样说："身份只是人格本身受到限制的领域。"这是什么意思呢？说来话长，简单讲，他认为身份是人格受到贬损的状态，我们刚才在考察人格与身份的关系的时候都是从积极的方面来考察的。譬如说家父有家父的身份，有自由人的身份，有城邦的身份，他就变成一个有完全权利能力的主体。但是与家父相对立的是什么？家子。反过来看，家子的身份意味着什么？恰恰因为这种身份，他的人格就不完整了，他这种身份就是他的人格受到贬损的状态。这是从反面来看同样一个问题，就有负身份的存在，在这里是一个长篇大论的问题了。身份总是对偶的，譬如奴隶的身份总是与奴隶主的身份相对立，有的人从一种身份获利，有的人从一种身份受损。我们把带来利益的身份叫作正身份，带来不利的身份叫作负身份。阿尔巴从负面的角度来看身份，把身份理解为人格受贬损的状态，我觉得他也没有错，但是他不全面。

到现在为止，我们基本上把人格与身份的关系理清楚了。人格与身份的关系是包含关系，身份是人格的一种要素。

接下来我们讲一下法国的理论。有一个非常重要的法学家叫作让·多马（1625～1696年），他是法国人文主义学派的代表人物，他与鲍蒂埃一起奠定了《法国民法典》的基础。据说这个法典2/3的内容都来自这两位作者。

在身份问题上，多马作了非常重要的工作，我们刚才讲罗马法的时候已经把身份分成两类了，第一类是自由的身份、城邦的身份，它们在我们现在看来是公法的身份；第二类是家族的身份，我们现代人所理解的身份就是这种身份，完全是一种家庭关系。多马首先将这两种身份区分开来，他把身份分为自然的和民事的两种，自然的身份，他用另一个词来表达就是quality，叫作资格，这个词也是身份的意思；用 status 来表达人为的身份。什么叫作自然的身份呢？性别、出生、年龄、家父或家子的地位、婚生子女和非婚生子女的地位等，这些以家庭为轴心所发生的身份都是。由于性别，男女两性结合产生了家庭，生了孩子，生了孩子以后呢，有一个服从与支配的问题，有了家父与家子的区分，现在男的还要管女的，（笑）有的同志作风不好还产生了非婚生子女，（大笑）等等，这些法律都要调整。多马的这一观点有很多的创新，他在罗马的身份理论基础上发现了一些新的身份，性别这种身份，过去有吗？没有。也就是说，男女这种身份在罗马法中是隐含的，因为家母从属于家父，家父权包括了夫权，媳妇视为家女，这些规定都隐含着男女两性之分，现在被隐含的男女身份凸显出来了。出生是什么？出生就是连接已经出生的人和在肚子中的人——胎儿的一种身份，多马在这里在过去罗马法的身份之外提出了胎儿这个新的身份。还有年龄，年龄是什么？是联结成年人和未成年人的身份。还有家父、家子的地位，婚生子女、非婚生子女的地位，等等。这些身份是在罗马法中是没有的。在罗马法中没有，但在罗马法中有规定，多马把它概括出来，上升到身份的高度，这是对罗马身份法的发展。

第二种身份用 status 来表示，民事的身份，民事在这里是什么意思啊？民事是表示人为的一个词，自然是表示不假人为的一个词。即使没有建立政治社会，人们也要生孩子。但是一旦建立起了市民社会以后，人就分为三六九等，所以西塞罗说nemo 是“分”的意思，分的结果就是有的人是自由的，有的人是奴隶；有的人是主人，有的人是臣民；有的人是内国人，有的人是外国人。到这里，多马完全考虑的是罗马法的问题，考虑了罗马法中所描述的第一种身份，那种具有公法意义的身份，他把家庭身份保留在民法里面，把公法上的身份看作公法的问题，他把它叫作人为的身份或者武断的身份，认为它与公法有关。这样的技术选择把涉及人为的身份的规范从只调整自然的身份的私法中排除出去，由此完成了身份概念的私法化。在多马的时代，政治国家与私人领域已经区分得比较开了，因此他就把属于公法的规范排除出民法，由此完成了身份概念的私法化，严格说来这种身份的概念要用 quality 来表示，所以这是一个非常大的进步啊！在北大讲的时候，我还没有看到多马的这个过渡，我看到《奥地利民法典》突然作了与罗马法不同的规定，很突然，看了多马的著作以后，就发现了他有这么一个过渡的作用，多马是在其《自然秩序中的民法》中完成这一过渡的。

现在我们讲一下《奥地利民法典》。多马的法国的理论完成以后，很快就转化为奥地利的实践。

首先讲一下身份的被遮蔽状态。在 1811 年《奥地利民法典》之前，在民法调整对象的描述中间，都只讲人格关系，不讲身份关系，也就是说，身份一直处于被遮蔽的状态，一直到这一部民法典才正式确立了人身关系。用了一个德文的表达，叫作 persönliche Eigenschaft，persönliche 是“人的”，Eigenschaft 是“身份”，在德文中间也有 Status 这个词，表示公法上的身份，Eigenschaft 就相当于英语里的 Quality，表示私法上的身份，它第一次在《奥地利民法典》中出现，由此，在民法调整对象理论中，“身份”这个词素终于出现了。

再让我们看一看在《奥地利民法典》第一章的标题，是“关于人的身份和关系的法”，这一章的内容怎么样，我们给大家展示一下就清楚了：从第 16 条开始。该条完全按康德的权利体系理论规定了天赋的权利：“每个生物学意义上的人都享有与生俱来因而被看作法律意义上的人的权利。奴隶制、奴役以及以奴隶制和奴役为依据的权力行使，禁止之。”这条规定的天赋的权利与下面第 18 条规定的获得的权利完全是康德的概念。起草者蔡勒完全是康德的信徒，基本上是把康德《权利的科学》一书的内容搬进了民法典。这里出现了很难翻译的词，德语叫 Mensch，相当于英语里面的 Human，指自然意义上的人或生物学意义上的人。Person 的原义是面具，后来被赋予法律主体的意思，指法律意义上的人。所以我们不得不用很烦琐的表达：从生物学意义上的人变为法律意义上的人，这一条就是罗马法自由人身份的一个伤疤治愈以后所留下的疤痕。《奥地利民法典》第 16 条实际上是古罗马自由人身份的一个伤疤，它比《法国民法典》第 8 条要明确得多，《法国民法典》第 8 条规定：所有的法国人都享有民事权利。它没有从反面来规定禁止奴隶制。第 16 条的意思是呢？我们可以从历史背景下翻译这句话：古罗马的自由人身份，本法典一概废除。废除的结果是什么？这是一个关于权利能力的规定，它再进一步抽象化就到了《德国民法典》的规定：所有人都享有同等的权利能力。自由人身份的废除就导致了权利能力的平等。过去这么一个充满歧视性的条文就变成了现在的关于权利能力平等的规定。我们看一下第 18 条，该条规定了获得的权利：任何人都可根据法律规定的条件获得权利。这一条在我看来是对罗马法的一个发展。因为在罗马法中没有明确的行为能力的概念，这里实际上讲到了行为能力的概念。第 18 条是关于行为能力的规定，从第 18 条以下规定限制行为能力的各个要素。因为在当时的人们看来，权利能力是不能限制的，如果要限制，那就是奴隶制了，但是行为能力可以限制，但是有哪些因素限制人的行为能力呢？由多马挖掘出的新身份限制，故第 21 条规定，由于未成年、心神耗弱或其他原因不能适当照管自己事务的人享有法律的特别保护。属于这类人的有："不到 7 岁的儿童、不满 14 岁的人"，"不到 7 岁的儿童"就是幼童了，"不满 14 岁的人"按罗马法术语就是未适婚人，然后是"不满 21 岁的人"，就是未成年人，"完全被剥夺理性或至少不能理解其行为后果的精神病人、精神错乱人和低能儿，被判处为浪费人并被禁止再管理其财产的人，以及失踪人和市团体"。这都是一些在多马理论基础上发展起来的罗马法中没有的身份。由于这些身份，一个人的行为能力受到限制。另外，我们看到市团体这种法人也被认为身份的拥有者，《奥地利民法典》在民法史上第一次提出了团体的身份。第 22 条完全是按照多马的教义，规定了多马谈到的出生的身份："胎儿从其受孕开始受法律保护。在其对个人权利而不涉及第三人权利的范围内他们被视为已经出生，但死产儿在就其如果出生就会享有的权利的范围内被视为从未受孕。"实际上就是说，胎儿在继承事项上，他的权利能力从受孕时开始产生，这实际上是在特殊情况下权利能力开始的受孕说，是对胎儿的一种保护。第 33 条规定了外国人的权利，给予外国人以互惠为条件的国民待遇。如果外国人所属的国家赋予奥地利公民以与自己公民同样的待遇，那么奥地利也给予他同样的待遇。第 33 条实际上是罗马法中外邦人身份的残留，这里外邦人的身份比罗马法有了很大的改善，从过去的歧视变成了通过交换获得的平等身份。第 39 条规定了一种新的身份，在这种身份至少在《法学阶梯》中没有出现过，但在优士丁尼的《法典》中出现过。它规定了基于宗教关系的 Personenrechte（对人权），强调除非有法律的特别规定，宗教的差异不影响私权。这里讲到了基督徒与异教徒之间的关系。在晚期的罗马法中，在帝国时期的罗马法中，异教徒是一种很不好的身份。异教徒不能把自己的遗产留给自己的孩子，只能为国家没收。但是我们在这里看到的是一种身份的平等，不歧视异教徒。第 40 条规定了血亲和姻亲。这相当于罗马法中家族的身份。这么一种人身关系的规定完全来自罗马法，又发展了罗马法，与罗马法从来没有脱离关系，3 种身份全都有回应。市民身份、自由人的身份以及城邦的身份全都有回应，但作了现代性的平等化的处理。这两种身份的对比最明显表现了古代法与现代法的区别。它们涉及同样的主题，却有不同的处理。完全表现出两种不同的面貌。通过这一分析我们可看到，罗马法的身份除了家族身份外，都是留下了一个疤痕。一些过去在罗马法中也曾存在但不彰显的身份被凸显出来了，也就是性别的身份，因为出生发生的身份，因为宗教所造成的身份等，但都得到了一种公平的对待。这就是《奥地利民法典》的规定。

对于《奥地利民法典》的规定，我们可以作一个小结：在《奥地利民法典》的时代，我们可以看到：与罗马法时代一样，身份仍然是人格的要素。这是我们的第一点认识。但是它的人格已经和过去的人格不同了。现在的人格是一个新的概念，是在罗马法中没有的概念，就是权利能力。权利能力被假定为在自然人之间是普遍平等的。在《奥地利民法典》中，身份仍然是人格的要素，尽管身份在表述上已凸显出来，身份的词素显然可见。我们看到第16条是关于所有人权利能力平等的规定，与《法国民法典》著名的第8条如出一辙，与《德国民法典》第1条如出一辙，反映了当时的自然法观念：人人生而平等，这是启蒙精神的产物，它在那个时代表现在这3个条文中间：《法国民法典》第8条、《奥地利民法典》第16条、《德国民法典》第1条。第18条是关于行为能力普遍性的规定。第21条以下是对行为能力限制因素的规定，说明只有未成年、精神病状况可限制人的行为能力的原因。

把《奥地利民法典》规定的身份与罗马法的规定进行比较，我们可以看到，在古罗马，身份是从生物学意义上的人迈进到法律意义上的人的障碍，它涉及的是主体的权利能力的减等，横亘在这两种人间的身份障碍是意志性的、是人为的，就像多马非常漂亮地用Civil这个词来表达的。所以，在这里我们可以看到，古罗马人法的价值取向在歧视，乐于在两种“人”之间建立起屏障。而《奥地利民法典》的人法价值取向在于追求平等，在于拆除这两种“人”之间的屏障，它规定的自然的身份只是从有权利能力的人过渡到有行为能力的人之间的障碍，这样的障碍很少，而且它们是自然的、无可选择的。有些因素如年龄，这个东西是谁也无法左右的，未达到一定年龄就意味着你不具备处理某些事务的能力。另外还有精神病状态的意义也是如此。这是我们对这两种身份所作的第一个比较。

第二个比较就是我们看到身份的目的改变了，《奥地利民法典》中的身份制度相较于罗马法中的身份制度，后者用来保护强者，保护社会资源先占者的利益，使强者更强，而《奥地利民法典》中的身份，像未成年人的身份、精神病人的身份，其目的是保护弱者，这种身份是一种弱者的身份，在各国的民法典中都使这种身份的享有者处于“不倒翁”的地位，交易对他们有利则有效，交易对他们不利则无效。总之，《奥地利民法典》中的身份是保护弱者的工具。

第三个比较要说明的就是在《奥地利民法典》中出现了新的身份，即法人的身份，由于法人的出现，它成了一种身份的载体。在它的第 16 条里提到了法人的身份——“市团体”。

有意思的是在《奥地利民法典》中，我们也可看到人格权的崛起。请大家注意，人格与人格权完全是两回事。就像人与人权完全是两码事。人是人权的享有者，人权是人具有的一种属性，这两个东西怎么会一样呢？具有讽刺意味的是《奥地利民法典》在规定“关于人的身份和人的关系的法”的第一编第一章的最后一条，也就是说第 43 条，规定了姓名的保护，它既不在“人的身份”的标题之下，也不在“人的关系”的标题之下，而是自成标题，当时它大概是法律史上的新生事物。我们可以这么说，比《奥地利民法典》早了 7 年的《法国民法典》没有规定任何种类的人格权。因此，姓名这个新生事物不能被归入传统的概念框架之中，因此只能在一个尴尬的地方自立门户，不伦不类。它完全是游离于人格关系、身份关系规定的一个东西。但是有谁会想到在不久的将来，它会膨胀为人格权类目，以至于遮蔽了比它早得多、传统得多的人格呢？我们刚才介绍的苏联人身关系理论，还有我国比较早的人身关系理论，就是只知人格权不知人格的。这是一个非常有意思的现象。按照一个讲西班牙语的人在一篇文章《关于在拉丁美洲法系里建立统一人法和财产法草案》里讲的：术语意义上的人格权。换言之，被理解为人作为人的自由实现的人格权是19世纪的成果，最早产生于德国。这句话的意思是，人格权是一个非常晚近的现象，现在我已查明，它是由萨维尼的弟子普赫塔（Puchta）最早在19世纪提出，后来通过布瓦斯泰尔（Boistel）传入法国的，而人格是非常古老的现象，我们看到在罗马法里面，在公元前就有了，但是像姓名、名誉这样的人格权上升到法律的高度来保护，这是在19世纪从德国开始的现象，相当的晚近呀！所以人格和人格权千万不能混淆。两者不是一回事，不是一个层次的事情。

到这里我要概括一下。通过分析《奥地利民法典》，我们应该找到了人身关系的语源。我个人就是研究这个问题的，我一直在困惑，personal relationships 为什么没有包括这个“身”啊？但是在《奥地利民法典》中我们终于看到了相当于英文的 personal quality 这么一个表达，这就是人身关系术语的西文来源，可能是因为俄国的或中国的不知名的前辈在我们不知的时间把《奥地利民法典》式的关于人的身份和人的关系的法的表达概括成了民法调整的人身关系。这样的话，终于在术语方面我们看到了“人”和“身”兼备的概念，叫作“人身关系”。也许把人身关系处理成人格和身份的人过去一直觉得自己是干了一件没有根据的事情，怀疑自己所做的正当性，现在我们终于在这里为他们造就的分离找到了一个依据。

我们必须注意到《奥地利民法典》所规定的这些身份在我国的民法里通通都有，我们一一地说过来：外邦人的身份有没有？自由人的身份有没有？《民法通则》第12条不就是关于外邦人的吗？关于国际私法的第八章，全部是关于外邦人的嘛！《民法通则》第10条规定“公民的民事权利能力一律平等”，那不是关于自由权的规定吗？是自由人身份规定的一个残留嘛！如果我们不经过历史研究，我们发现不了这是关于自由身份的规定。关于未成年人身份的有没有？关于精神病人的有没有？关于胎儿的有没有？都有吧！但是我们除了把家族中的身份，老子和儿子、丈夫和妻子这些身份叫作身份以外，我们有哪一个把未成年人、精神病人等，把《奥地利民法典》中、在其他国家的民法中间被称作身份的东西称作身份呢？通过这一番比较，我们参照罗马法就发现了巨大的遗漏啊！这些难道不是身份吗？过去我们受我国台湾地区的影响，把身份单纯理解为家庭关系。现在我们至少应该承认，身份有两个类型，第一个是家庭内的身份，第二个是家庭外的身份，有一种非常扎眼的家庭外的身份在我们这个时代非常活跃，那就是消费者的身份。《意大利民法典》专门规定了消费合同。受欧盟指令的约束专门规定了消费合同，插入在民法典里面。

现在要以我们这种历史研究为支点重新认识人身关系。人身关系包括哪些呢？第一个是人格关系。人格关系的正确理解是什么？就是主体资格。person 就是主体的意思。person 是与

human 相对立的概念。human 是生物学意义上的人，person 是法律意义上的人，主体资格又被引申为权利能力。主体与主体资格还不一样哦！请大家注意。王利明教授把人格的第一个意思说成是主体，是吧？我就不赞成。主体资格是主体的一个属性而不是主体本身。这是对人格关系的一个说明。第二个是身份关系。什么是身份关系？要给它下定义太啰唆了。有机会我跟大家专门讲一下什么是身份。身份关系至少我们可以把它概括一下，它分为亲属法上的身份关系和亲属法外的身份关系。如果说消费者身份还是一个新生的事物，那么未成年人、精神病人的身份是一个很老的东西了。由于这种身份给他带来利益，所以罗马法里面，如果一个未成年人做了一个让他吃亏的交易，他有撤销权，在现代民法中也是这样的。

现在我们讲一下人身关系的功能。实际上，我们通过分析《奥地利民法典》的有关条文，我们看到了人身关系的功能。人身关系有什么功能呢？人身关系的功能就是组织一个社会。我们看到未成年人、精神病人、外国人等身份是影响权利能力的身份，这种身份表现了现代法保护弱者的立场，这种身份也是对人进行的一种分类，把人分为内国人、外国人，内国人里面不是按照过去的尺度——他的权利大小进行分类，而是按照他需要保护的程度，他意思能力的大小进行分类，分为成年人、未成年人，健全人、有残障的人等，对他们进行不同的保护，如此，与古代罗马法一样把一个社会组织起来。我们知道要把一个社会组织起来首先要把人进行分类。举个例，要把一个部队组织起来，首先要把部队的参加人进行分类，有的要当连长，有的要当排长，有的人要当师长，有的人要服从另外一些人，才能成为一个有机体，才能按照某种目的进行活动，所以进行分类是组织的第一个条件。

在结束人身关系Ⅰ之前，要对人身关系和财产关系的重要性进行比较。我们回到我们开头讲的问题。过去我们在比较人身关系和财产关系的顺位的时候，我们是基于一种对人身关系不怎么了解的状况进行的，这个大家承认吧！我现在是穷尽了所有的资料，我作为民法教师一直关注这一方面问题，1994年才有一个比较接近正确答案的人身关系的表达。许多权威的民法学者对这个问题都是不甚了了，就在妄谈人身关系和财产关系哪个重要，这样谈起来太没有根据了。现在我的这种解释，也许是我出于对人身关系的一种狂爱，欺骗了你们，我欢迎你们揭露我的欺骗；但也许我跟你们讲的是一种真理。如果你们相信我讲的是一个真理，会不会觉得人身关系要比我们过去想象的重要得多，是不是？也就是说，它首先涉及整个主体法，如果把我们民法的材料分为主体法和客体法两个部分，它涉及整个的主体法。主体的权利能力和行为能力问题。按这样的标准，民法总则的大部分内容都是人法，除了前面的关于调整对象、基本原则以及法律行为代理的规定，关于主体的规定，诸如自然人、法人、监护、保佐、宣告失踪、宣告死亡等都是人法的内容。过去之所以认为人法很次要，是因为理解的它的内容很窄，当然很次要了，苏联民法里面人法包括哪些内容啊？包括：第一种是知识产权中的身份关系。第二种是名誉、荣誉，我们天天要与财产打交道，可是我们作为一个普通的老百姓可能一辈子都没有什么荣誉，名誉是有的，荣誉如得什么勋章，是没有的。而且我们文化不高，一辈子也写不了什么大部头的书，故一辈子也不与知识产权打交道是完全可能的，当然财产关系重要得多了。按照这么一种理解来比较财产关系和人身关系的重要性，当然人身关系在苏联民法里面变成了小小的“尾巴”、一个“阑尾”，一个想割割不掉弄得人痛得咬牙切齿的“阑尾”。现在我们看到的人身关系是什么？完全是一个新的面目，在这样一个新的认识基础上，我们再来考察它的重要性，不说它要比财产关系重要，我们至少要说它的地位要大为提高。

从逻辑的角度来看上述问题。梁老师经常说我按重要性排序，而不是按照逻辑性排序民法的两大块内容，我并没有在同一场合讲逻辑性，并不意味着我就否认它的逻辑性，而且重要性和逻辑性往往是一致的，越重要的东西在逻辑上也是越前置的。现在我们不妨从逻辑性的角度看看人身关系和财产关系的应然顺序。基本上关于主体的规定都是人身关系的内容，主体在确定自己地位以后才进行活动，所以在逻辑序列上人身关系还是应该在财产关系前面。基于这么一种认识，我们可以得到一个全新的人身关系视野。这是我要跟大家讲的第一个类型的人身关系。

通过上述讲授，我们就可以理解 3 个拉丁法族的民法调整对象的定义了。

第一个定义是：“所有可以在民法的名号下包括的东西，包括以下方面：首先是更直接地关系到主体的存在的规则；其次是上述主体参与享用和利用经济资源的一般规则。”这是意大利一本权威的民法教科书所下的民法调整对象的定义。我们把它翻译一下：民法的调整对象首先是人身关系，其次才是财产关系。人身关系，它表述为“更直接地关系到主体的存在的规则”，或者是组织社会的一个规则；我们所说的财产关系，它表述为“上述主体参与享用和利用经济资源的一般规则”。我觉得这个定义是符合历史的，是建立在一种对人身关系正确的理解的基础上的。

第二个定义是意大利一本法学词典提供的：“民法是调整主体际关系的法，这些主体既可以是个人，也可以是私人团体，甚至在实现单个的规范时，这些关系也并不托付给公共机构的照料，而是留诸个人的主动性。因此，这一法的部门包括所有关系到主体的存在、其能力的规范，以及上述主体参与对经济资源的享有和利用的各个方面的规则。它尤其包括对物权和债的关系的规制。最后，它还包括在其遭受法律——财产领域的偶然或现实的侵害时保护主体的规范。”“主体际”也就是主体间的关系，我们把这句话翻译一下，民法是组织社会的工具，主体际关系的总和就构成了市民社会。那么“这些主体可以是个人，也可以是私人团体，甚至在实现单个的规范时，这些关系也并不托付给公共机构的照料，而是留诸个人的主动性”。这里讲到的是主体际关系不仅包括了自然人之间的关系，而且包括了法人之间的关系，而且这种关系是建立在意思自治原则的基础上的。不是靠国家的支持，而是靠私人的积极性来运作的，“因此，这一法的部门包括所有关系到主体的存在、其能力的规范，以及上述主体参与对经济资源的享有和利用的各个方面的规则。它尤其包括对物权和债的关系的规制。最后，它还包括在其遭受法律—财产领域的偶然或现实的侵害时保护主体的规范”。从“因此”开始就是讲民法的调整对象了，“这一法的部门包括所有关系到主体的存在、其能力的规范”，这里讲到的是人身关系，它有个体的存在和在家庭里的存在两种形式。“以及上述主体参与对经济资源的享有和利用的各个方面的规则”，等等，讲的是财产关系，最后一点讲到的是侵权行为关系。

第三个定义是一本阿根廷很权威的教科书所下的定义：民法是“不考虑其业务和职业地调整在其自身关系和与国家的关系中的人，而这些关系以满足人性的需要为目的”。这是说民法是调整人与人之间关系的法，人与人之间的关系有一种目的：就是进行经济资源的占有和分配。这一定义也是把人身关系看得比较重要。我觉得我不跟大家讲清楚人身关系，大家无法理解这 3 个定义。按照我们过去知识产权关系性质上的人身关系，我们怎能理解这个定义呀？能跟知识产权打交道的人很少啊！下面的这个定义对我国有相当大的影响。这个定义梁老师是津津乐道，经常张口就来，“民法是调整财产关系和身份关系的法”。这个定义有很大的缺陷：人的关系没有啦！除非我们这么理解它，把身份关系理解为人格关系，采用人格和身份等同说，而梁老师又不是这样的。他理解的身份关系就是家庭关系。德国法就是这样理解身份关系的，我们长期以来把身份关系理解为家庭关系就是从德国法来的。

三、人身关系Ⅱ：债的关系

第二类型的人身关系，我非常简单地跟大家讲一下。因为我这个题目是三维透视，要是光讲了这一个就不讲下面的了，不行吧！为了要把人身关系讲清楚，我要把所有西方文献中涉及人身关系的现象都跟大家讲一讲，这样的话才无懈可击。所以我将人身关系分为三种：第一种是人身关系Ⅰ；第二种是人身关系Ⅱ；第三种是人身关系Ⅲ。下面我们进入第三个大问题人身关系Ⅱ。

人身关系Ⅱ实际上是债的关系。我们首先看以下几个例子。在有些我们认为不应该出现人身关系语汇的地方，出现了许多关于人身关系的表达，我们应该怎么理解？第一个例子，康德在《法的形而上学原理——权利的科学》第88页中，有这样的标题“对人权的原则”“对人权（或人身权）的性质和取得”，什么是对人权呢？写成英文就是personal right，如果我们没有上下文的话，我们就把它理解为人身权了。什么是这样的“人身权”呢？“占有另一人积极的自由意志，即通过我的意志，去规定另一个人的自由意志去做某种行为的力量。”这不是罗马法中的债的定义吗？债是法锁，它约束我们依国法为一定的给付。康德在这里把债的关系描述为人身关系。第二个例子，我们看一看1871年《阿根廷民法典》的作者达尔马修·萨尔斯菲尔德（Dalmacio Sarsfield）在《阿根廷民法典》第497条中规定：“所有的对人权都与对人的义务相对应。没有与物权相对应的债。”这个定义里讲到的对人权，西班牙文是Derecho personale，换成英文是personal right。“所有的对人权都与对人的义务相对应”讲的是相对权中总是有一个义务人，对物权实际上是一种绝对权，没有一个明确的义务人，所有的人都是他的义务人。所以《阿根廷民法典》还是用了对人权这个概念，受康德的影响，把人身关系等同于这种债的关系。第三个例子，1998年12月18日阿根廷完成的《阿根廷共和国整合了商法典的民法典草案》——它的民商合一的民法典草案，一个非常晚近的东西，去年还有一个修订本，我们还是引用1998年的版本好。它的第4编为人身法（De los Derechos personales），第5编就是物权法，考察其内容，第4编其实上就是债法，这3个例子都是把债法说成人身关系。

现在让我讲一下人身关系Ⅱ的来源。在我的阅读范围内，最早从这个角度阐述的作者是康德。他把权利分为天赋的和获得的两类。我们看到这种分类已反映到《奥地利民法典》当中，获得的权利分为三种：第一种是物权；第二种是对人权；第三种是物权性的对人权。以前我们之所以没有理解苏联民法调整对象里面的人身非财产关系，就是没有学习康德的著作。这个没有搞懂不怪大家，我也是刚刚搞懂，因为搞民法的学者一般不会去看康德的书的。在康德的这3种权利中，物权毫无疑问是我们所理解的物权。对人权就是指债权，把它翻译成英文的话就是人身权。物权性的对人权就是亲属权，即家庭法中的权利。德文是persönlichen Sachrechten，英文翻译为personal rights in property，即人身财产权，我们通过学说史了解到德国对俄罗斯的影响太大了，俄国人对德国法律文化有很好的修养。所以他们用了一个德国的概念：人身财产关系，就是家庭关系。他们说民法调整人身非财产关系，所表达的意思是民法不调整家庭关系。所以我个人认为这个东西是一直没有人读懂。康德这种奇怪的权利分类影响到了《奥地利民法典》，也影响了《阿根廷民法典》，造成两者用一些跟我们的理解不一样的概念。

最后我讲一下人身非财产关系的含义。这个我前面已讲过了。人身非财产关系是与人身财产关系相对应的一个概念。

人身关系Ⅱ后来受到了黑格尔的痛驳。黑格尔在其《法哲学原理》中间批驳了这种观念。这个我就不讲了，请大家看一下黑格尔的《法哲学原理》。由于黑格尔的批判非常有力，所以后来大家都不用这个概念了，除了阿根廷《民商合一的民法典草案》在1998年还在用。

四、人身关系Ⅲ：人的法则法

最后我讲一下人身关系Ⅲ。这是伊斯兰国家的一个概念。伊斯兰国家的民法典一般分为两个部分。第一部分是民法典，通常是完全的财产法典，我们最近把《阿尔及利亚民法典》翻译出版了，在书店里面还没有，但是这个书已印出来了，《阿尔及利亚民法典》就是一个完全的财产关系法典。与财产关系法典相配套的另一部分是人身关系法典。我们通常把这个人身关系法典翻译成个人身份法，事实上根据我的研究应该翻译成人身关系法，或者是对人的法则法，才符合它的本来含义。伊斯兰国家的民法典之所以都有两个部分，因为他们都想通过制定民法典使国家现代化，他们认为财产关系方面是可以国际化的，可以受西方影响的，但是人身关系法是他们民族文化传统的表现，是伊斯兰文明集中浓缩的一个地方，是不能受西方文明影响的。所以他们的法律系统也是双轨制。伊斯兰法的教义叫“沙里亚”，就是“道路”的意思，他们有一个专门适用沙里亚法的法院，还有一种专门适用西方式民法典的法院。所以他们的法院都是双轨制，与这种双轨制相对应，他们的民法典也是双轨制。也就是说，财产关系法可以与西方接轨，而人身关系法要保持伊斯兰的原则。他们的人身关系法也与我国、西方国家的人身关系法不同。西方国家的人身关系法包括两个内容：第一个是关于主体的资格；第二个是关于家庭的规则。伊斯兰国家的人身关系法除了这两个要素之外，还包括继承法。继承是人身关系与财产关系的一种交错，但在西方传统中，继承法是完全的财产法。很奇怪的是，在伊斯兰国家继承法中涉及很多的教义，"瓦克夫"就是遗赠，在继承法中间有很浓烈的宗教色彩。譬如作为一个伊斯兰教徒，在他死的时候，像中世纪的西方人，要把1/4的财产或相当的财产留给教会，这叫死手财产。由于有很多宗教的干预，没有实现完全的世俗化，所以他们的人身关系法与西方的不一样。

现在举例。让我们看一下《伊朗民法典》第6条的规定，"关于人身的事项"，请大家注意在这个表达里面有人的词素和身份的词素，personal status，这与我们不一样，有身份这个词素在里面，诸如结婚、离婚、能力和继承的法律，伊朗臣民必须遵守，即使居住于国外也不例外。从国际私法的角度来讲，人身关系法是什么？它是属人法，财产关系法是属地法，简单来讲就是这样。下面我作结论的时候，会对人身关系作一个非常广泛的界定。第7条规定："居住在伊朗领土内的外国国民，在条约规定的范围内，受他们臣属的政府就其人身事项和能力颁布的法律以及就继承权的类似事项颁布的法律的约束。"第7条讲到了人身关系法的属人原则以及继承法属于属人法。把继承法纳入人身关系法，是具有伊斯兰特色的规定。

接下来我们看一下索马里的《人身关系法典》，它的表达是这样的“关于人的法则的法律”，它一共分为4编，我给大家介绍一下它的内容。第一编是结婚和离婚，就是婚姻法。第二编是子女和扶养。第三编是监护、保佐和代理，这在《伊朗民法典》中没有明示，这应该是人法的内容，因为它是对家父权的一种替代，在罗马法就有这个内容。监护、保佐是人法的内容。除标题所示内容外，还规定了收养问题，收养问题就应该属于人法，因为在罗马法中，它是亲属关系成立的依据。第四编是遗产继承。伊斯兰国家的人身关系法与我国的人身关系法有什么不同？一个基本的不同在于没有主体权利能力的规定，少了一个这个，多了一个继承，继承涉及很多的宗教因素。

五、结论

下面让我作一个总的结论。在我考察的诸立法例和学说的范围内，我可以这么说：人身关系Ⅰ是主体法的规制对象；人身关系Ⅱ是债法的规制对象，人身关系Ⅲ是家庭法和继承法规制的对象。这是我的基本结论，这是3种类型的大家都承认的人身关系。所有的文献、所有涉及这3个词的地方，我们都研究了，就是这3个类型。由此对于这3种人身关系我们可以作一个什么样的总结论呢？

第一，人身关系是什么？现在我们可以这么说，首先，在基本的意义上，它表示不通过物形成的人与人之间的关系，我们把人与人之间的关系分为两个类型，第一个是主体际的关系。换言之，不通过物的媒介发生的人与人之间的关系，叫作人身关系。与通过物发生的人与人之间的关系形成对立，所谓通过物发生的人与人之间的关系就是财产关系。其次，人身关系涉及民族的文化宗教传统较多，表示一个民族的生活中较多个性的部分，如果我们跳出民法范围来看待人身关系，到冲突法、国际法的视野来看它，甚至回到罗马法的万民法与市民法的背景来看它，可以这么说，罗马法的市民法基本上就是人身关系法，狭义的市民法只包括 14 条规则。所谓的万民法就是它的财产关系法。万民法是大家共享的法，市民法是罗马市民具有自己特色的法，有特色的法往往都是关于人的身份的。所以人身关系往往是具有个性的东西，财产关系往往是具有共性的东西。因此，一个国家的市民法或者说是财产法直接从外国引进或者由外国人起草都是可以容忍的，但是人身关系法就不能这么做，因为它表明了一个民族的文化传统，所以，《大清民律草案》中的人身法是由中国人起草的，但是其财产法借鉴外国的东西比较多，由日本人起草。因此在交往的环境中，人身关系法往往是固有法，财产关系法尤其是里面的债法往往是继受法。与上一点相联系，人身关系是一个民族需要适用属人法的那一部分社会关系，人身关系法往往是属人法；而财产关系可以听任属地法之适用，财产关系法是可以适用属地法的法。我们可以用《欧洲民法典》来印证我们这个结论。欧盟现在越来越趋向于统一，要制定一部统一的民法典，这个工作正在进行之中，那么这部欧盟民法典是一部小民法典，也就是说它是一部财产关系法典，主要是一部债的法典，因为物权法也是相当具有民族性的，人身关系法都是由欧盟的成员国自己来制定的，欧盟民法典不可能是好几千条，而是一部小民法典。欧盟民法典也证明了我的这一区分。这是我们对人身关系的基本认识。

第二，谈一谈人身关系和人格关系的关系。这可是一个烦人的问题，要正本清源就要弄清这个问题。可以这么说，人身关系可以分解为人格关系和身份关系这两个部分，人格关系是关于主体的规定，尤其是关于主体的权利能力的规定，身份关系是关于家庭的规定以及家庭之外的身份关系的规定，请大家注意啊，千万不要把家庭之外的身份关系漏掉了，工会会员这种身份，合作社社员这种身份，都是家庭之外的身份，都是现代民法调整的对象，尤其是消费者这种身份。

那么，人格关系和人格权的关系如何？在我考察的范围之内，人格关系中的人格从来不是，到现在也不应是人格权的意思，人格是主体资格，人格权是对于某一些人身利益的保护，如姓名、名誉、肖像等。人格应该是人格权的基础，基础和建立在基础之上的事物不可混同，所幸的是，近年来我国有越来越多的学者看到了人格和人格权这种不同的关系，抛弃了多年来关于人格的谬见，你看王利明教授、梁慧星教授都搞清楚了这一点。从 1994 年开始，过去的观念在变。这是关于人格和人格权关系的一个说明，打个比方，主体与主体资格不是一回事，跟人格和人格权不是一回事是一样的。在身份问题上我们犯的错误更多，我们已经把它缩减成亲属关系，因为过去自由人的身份、市民的身份已经萎缩成了一个疤痕，所以我们只看到了一个残留的身份——家庭身份。通过上面的研究，我们可以看出，在现代民法中，亲属关系仍不失为一种身份，但更重要的是在它的身边存在另一类身份：未成年人、精神病人、外国人等影响能力的身份，外国人身份难道不影响他在内国的权利能力吗？外国人身份到现在为止仍然是限制人的能力的因素，尽管没有像罗马法那样厉害。另外，在消费者运动的冲击之下，还出现了消费者这一身份，所有这些身份都是代表弱势群体的一个符号。法律也基于这一事实，给这些身份的拥有者以特殊的保护。遗憾的是这样的现象在立法和司法中都没有得到充分的反映。身份关系仍只被理解为亲属关系。在这里我们应该指出梁老师的一个矛盾，梁老师在《从近代民法到现代民法》一文里讲到了一个非常重要的关系到时代主旋律的问题，就是从抽象人格到具体人格。什么叫作抽象人格，《法国民法典》第8条、《奥地利民法典》第16条、《德国民法典》第1条规定的就是抽象人格，他假定所有人都是平等的，而这种平等是虚幻的，是一条地平线，在实际生活中人们总是不平等的，法律给了你平等的允诺，只能安慰你于一时，而不能解决你的问题于长久，所以为了给每一个人以平等的实惠，法律制造了各种各样的身份，每一种身份的制造都是一种正负的对比啊！身份总是对偶存在的，法律只能制造一对身份，不可能制造一种身份，譬如他制造了消费者的身份，与消费者的身份相对应的就是生产者的身份，其中消费者的身份是得利的，叫作正身份；生产者的身份是吃亏的，叫作负身份，那么现代民法就通过这种身份的制造实现从形式上的不平等达到实质上的平等。如果梁老师把这种先进的观点一以贯之，那么得到一个什么结果呢？第一，身份关系不以家庭关系为限。第二，在现代社会中，在21世纪这个时代，相比《法国民法典》的时代、

《奥地利民法典》的时代，身份关系更加重要，因为它是打破虚假的平等的谎言实现实质平等的一个工具啊！这就是“从契约到身份”的命题的含义吧！由此，按梁老师的《从近代民法到现代民法》一文表达的观点，什么才叫现代民法？现代民法就是以形式不平等达到实质上平等的一个东西。所以在这里我们要顺便提到一个非常有意思的现象，在民法总则的第3条的草案中把“平等主体”的表达去掉了，我就此询问了这个条文的起草者，他说这个条文他没管，他是接受我的观点的，人身关系应该在前面，这是梁老师搞的，后来他给了我一个解释，他说：平等在平等原则里面已经规定了，就不必重复。这是一种说法。但是我在网上与网友们进行讨论，有一个网友我觉得水平很高，他就讲到我们过去给民法下的“民法调整平等主体之间的人身关系和财产关系”这个定义是自相矛盾的，因为这个平等主体是多余的，既然你承认了人身关系包括人格关系和身份关系，身份关系就是一种不平等的关系，对这种不平等是为了制造一种形式上的不平等达到实质上的平等暂且不论，所以“平等主体”的限制语必定与身份关系的这种性质相矛盾。你们看刘心稳教授的民法综述，他也是批判平等主体的，他讲得有道理，我认为这个“平等主体”的表达不好，大家可以去看一看。我觉得这些问题真很有意思。如果我们把梁老师的观点一以贯之，他应该是很强调身份关系的，我估计梁老师还没有把它贯通吧！

最后要解决一个非常困惑的问题，知识产权中的人身关系怎么办？这是我的致命短板，我在研究时都没有考虑这个问题。今天在准备这个讲座的时候，发现这个问题不能回避啊！

因为我们是从苏联的调整对象理论开始的，苏联的调整对象理论主要把人身关系界定为知识产权拥有者的那一种关系。也就是说，从《苏俄民法典》开始把知识产权整合到民法典中来，形成了这么一种民法调整对象理论，现在我们从最古典的民法调整对象理论源头一直清理到现代民法，那么我们怎样处理知识产权这一关系，民法调整的人身关系是否还包括作者这样的身份，发明人、专利人这样的身份？我觉得回答这个问题非常困难，因为我对这个问题没有什么研究，坦率地讲，也是今天才感到要研究。我认为回答这一问题的关键是怎么理解身份，当我们说某件东西是不是属于一个范畴的时候，我们首先要界定这个范畴是什么。在我看来，我对身份是做过很细致的研究的，可惜没有发表，身份就是组织社会的工具，如果按照这个意思来理解身份，那么我就觉得作者的身份不是身份，因为它一点组织意义也没有。这是一种不负责的表达，我不对它承担责任，因为我对它还没有想清楚，我保留否认今天晚上讲过的这句话的权利，我个人宁愿把它看作姓名权的延伸。在我们所讲的身份里面没有包括人格权，人格权是一个另外的东西，这已被很多作者看到了，他们认为人格权不能跟人法规定在一起。

有什么问题希望大家提出来。谢谢大家！（鼓掌）

时间：2002 年 5 月 12 日

地点：厦门大学法学院模拟法庭

记录及整理：杨垠红

第六讲

寻找丢失的人格

如下讲座为 2004 年 1 月在哈尔滨召开的《俄罗斯法制与法学》国际研讨会急就，后来不断地得到补充和完善，一个月后在福建省法学会首讲，当时参听的政法单位的众多和多元、听众渴慕知识的表情给我留下深刻印象，但这里呈现的是在厦大讲授这个题目的记录稿。

一、学说综述

今天我想讲一个我不断思考的题目，可能过去讲过其中部分内容，但现在有些看法有所调整、有所改变。没想到来这么多人，看来大家对学问还是很感兴趣的。这个题目挺难懂的，它应该是“寻找丢失的人格”，不是“寻找失去的人格”，可能操办这个事的老师对这个题目没有很好地了解；星期三我到福州给法学会的人也讲这个题目，他们把它改成了“寻找丢失的人格权”，他们可能理解这个题目比较困难，所以我有点感受。我的题目是“认真地寻找丢失的人格”，为了与过去发表的系列文章配套而加了“认真”二字。从罗马、德国、拉丁法族国家、苏联、俄罗斯到中国，一路找过来，从罗马开始找，寻寻觅觅、凄凄惨惨戚戚，一直找到我们中华民族大地，终于找到啦！这是对题目的说明。

现在我讲第一个问题：中国关于人格学说的现状。人格就是法律主体资格，它是民法调整对象中的一个问题，所以要先讲一下中国关于民法调整对象的三个观点。

第一个观点是张徐说。张是谁呢？就是张俊浩。徐是谁呢？就是我。张老师在《民法学原理》里面讲，我在各种各样的场合大讲特讲，民法调整人身关系和财产关系。我把自己的观点称为人文主义民法观，它的一个体现就是人前物后，把人身关系作了一个前置于财产关系的安排。

第二个观点是梁慧星教授的观点。严格来说这不是他的观点，他的观点是从潘得克顿学派那里来的，不过中国只有他一个人讲，所以就算是他的观点。梁老师的观点是“民法所调整的社会关系分为两大类，即经济生活关系和家庭生活关系。与此相应，民法规范也分为两大类，即财产法和身份法”，这个表达转换一下就是民法调整财产关系和身份关系，因为在潘得克顿学派以来的民法理论之中，身份法是与家庭法相等同的。

这个定义与张徐的定义有何不同呢？少了一个“人”字。在张徐的定义中，人身关系作二解，“人”指人格关系，“身”指身份关系。人格关系又可作二解。请大家注意，在中国民法术语中间有三处提到人格，第一处是指作为权利义务主体意义上的人格；第二处是指具体人格权中的人格，如姓名、荣誉、肖像、私生活等这些权利；第三处讲到人格的是知识产权中的那种精神权利。我讲的人格包括两个东西：第一个是作为权利义务主体资格的人格，很合乎我们的立法实践吧！第二个是指民法调整的具体人格权，如姓名权、肖像权等，这些权利我们还是要保护的。我们不管知识产权领域的那个人格关系或者说身份关系。根据我后面做出的结论，知识产权中的“人”不是人格，这是我个人的观点。总之，梁老师与我们的观点很重要的区别在于他的民法调整对象的说明中间没有一个“人”。

第三个观点体现在《民法通则》第2条：“中华人民共和国民法调整平等主体的公民之间、法人之间、公民和法人之间的财产关系和人身关系。”这个定义有几个需要说明的：第一，它也是物文的，把财产关系凌驾在人身关系的前面。与我的观点不同，我的观点是人文主义的，我把人身关系摆在财产关系前面。第二，是对“人身”的解释不同。《民法通则》第2条没有一个立法定义，但是学者不断地对它进行解释，财产关系是什么我就不讲了，人身关系按照我写的教材里面对这个条文的解释是这样的：“人”指保护主体性要素意义上的人格权，姓名、名誉、肖像等，外加知识产权法中的著作权人、发明权人、商标权人、专利权人等的那种人身权。我们看到，在法律术语里有三个“人”，我的理论是调整前两个“人”；而《民法通则》第2条的观点是只调整后两个“人”。

三种观点一字排开，我相信没有委屈谁吧？还是符合事实的吧？大家都这么说过，说过就要认账，包括我说过一些错话，也要认账。在这里作这个研究的意义是什么呢？意义在于：我们看到后两种定义都丢掉了权利义务主体意义上的“人格”。这个丢失是非常不合理的。什么是定义？定义是对于定义对象的一个描述。《民法通则》第2条就是对民法的定义，我们看到定义对象中有很多关于主体权利能力和行为能力的规定，但是这个定义中没有反映，所以它是个不恰当的定义。

这是一个丢失，我们研究的第一个任务是搞清在民法思想史上它是如何被丢掉的，又是如何及怎样把它找回来的。第二个任务就是另外附带研究人格权是如何取代人格成为民法调整对象的。

二、罗马法公私混杂的身份——人格

首先我给大家提供一个基本的前提：罗马法中身份与人格的关系。身份是构成人格的要素。罗马法中有三种身份，第一种是自由人的身份，第二种是市民的身份，第三种是家族的身份。完全具有这三种身份者即具有完全的权利义务主体资格，减掉三种身份之一者，主体资格就要减掉1/3，以次类推直到全部的减完，这个削减的过程叫作人格减等。罗马法再好不过地表现了人格与身份的关系。我们可以通俗地讲，人格像个枕头，身份就像枕头里面的芦花，枕头本来是一个空壳，芦花把枕头填充起来，把里面的芦花拿掉一点，枕头就瘪下去一点，一直到完全变成一个纯粹的形式。这就是罗马法中身份与人格的关系。这是讲的第一个小问题。

第二个小问题讲一下两种身份。我们提到的自由人、市民和家族的身份可以分成两类，自由人、市民的身份是公法上的身份，为什么它们是公法上的呢？因为它们是国家也就是罗马共同体赋予的。由于一个奴隶为国家作了某种贡献，国家可以给予自由，使他解放成为自由人，这种特殊情况表明了人格的国家赋予性。你生下来之所以能成为自由人，因为你有自由人的父母。但你能成为自由人，也是由于国家设置了这个前提。

市民身份尤其如此，我们稍微了解一下罗马史就知道，在罗马共和国的历史上有一场大规模的战争，就是同盟者战争，它是为争夺罗马市民权而发生的。罗马人以台伯河入海口的小根据地为原点往外辐射，离他们最近的部族叫作拉丁人，他们经常与罗马人共同作战，建立了拉丁同盟，打仗时要他们出力，分利益时就没有他们了。利益是什么，罗马人征服敌人土地后就没收他 1/3 的土地作为罗马的公地。作为罗马市民是有资格参加分配的，作为拉丁人的同盟者是没有的。看到没有，身份和一个人的利益是密切相关的。所以就爆发了同盟者战争，这是罗马完成对内整合后遭遇的第一次大的战争。后来经过折冲平息了同盟者的反抗，但是同盟者也获得了一个回报，他们获得了罗马市民权。假设一个人的父母是罗马市民，他生下来就是罗马市民，这不足以表现市民资格的国家赋予性，那么在同盟者通过战争逼迫当局授予他们市民资格的问题上，很典型地表明了市民资格的国家授予性，这完全是一个公法问题。市民资格是通过先定或者后定的政治行为获得的。

家父身份是怎么得到的？家父是通过自己成家立业、找老婆、生孩子产生的，当然国家要承认，如果国家说所有家属一律平等，也不会有家父身份。但是在家父身份中自然的因素多一点，这个自然的因素就是娶妻生子。所以我很明显地感到这两种身份是不同的。按现在的标准来看，市民和自由人的身份是公法上的身份，所以现代民法想把它们开除出去，但没有完全开除出去啊，《民法通则》第 8 条第 2 款讲的就是外国人的身份，外国人的身份仍然是现代民法中不重要的身份。奴隶的身份基本上被开除了，但社会上还有一些变相的奴隶，就是一些受歧视的人。亲属的身份由于它与其他两种身份不同，具有一定的私法性，所以得以保留在民法中。

第三个小问题讲一下这两种身份的功能是什么，我认为都是完成社会的组织。前两种身份承担完成社会的宏观组织的功能，确定罗马的规模有多大，哪些人可以进来，进来的目的是什么？是想参与我们对社会稀缺资源的分配，即对公地还有其他一些利益的分配还是具有其他目的？好多人为了取得罗马市民资格选择被罗马人收养成养子，没有利益是不会这么做的。后一种身份是完成社会的微观组织的，由此完成人类的种的延续，因为家庭是社会的细胞。由此，这两种身份在罗马社会形成了政治国家和市民社会对立的格局。前两种身份是属于政治国家的，后一种身份是属于市民社会的。罗马有一个法谚“国家权力在家的门槛前止步”，在家的范围内，家父对子女有生杀予夺权，国家不得干预，可见家父权的强大。彭梵得对罗马法研究的最卓越的贡献，就是他得出的结论：罗马的家具有政治性，家父是小小的主权者。由于国中之国的过多存在，罗马公权力不发达，不是现代意义的国家，相当于一个同盟。国家一直想把它的手伸到家里面，借助于监察官制度这么做。监察官可以监督家父过分虐待家子的行为、婚丧嫁娶、朋友往来的行为，这实际上是政治国家对市民社会的一种渗透，渗透的结果就是瓦解了家父的权力。过去家父是一个霸王，现在至少是与家子平等的主体，所以这一制度才得以在民法上保留下来。

第四个小问题讲对两种身份区分的发现。第一个是公私不分。由于古代人的意识形态与我们不同，他们是公私不分的。我们说他们公私不分，是按照我们的标准来说的。但是他们是有公私划分的，是按他们的标准。第二个是诸法合体。其实他们也不是诸法合体，这讲起来是一个更长的故事，他们的法律分为神法和市民法。我们把神法排除出去，在市民法中作更细的划分。按照我们的标准看他们是诸法合体的，就是说民刑不分、诉讼法与实体法不分等。在这种意识形态背景下，三种身份共同撑起一个人格，大家认为是很正常的。但是近代以后人们的意识形态发生了变化，我们的公法与私法的标准与他们不同，法律部门区分标准也与他们不同。我们认为他们这一套不对，于是对它进行改造、重新整理。到了 17 世纪由法国法学家多马发现这两种身份是不一样的，前者属于公法上的身份，用 Status 来表示；后一种身份是基于自然行为产生的，用 Quality 来表达。这样就完成了身份的二分。

结论是罗马法中的人格是公私法因素的混合物。三种性质不同的身份决定了一个人格。这证明了罗马人公私不分、诸法合体的意识形态。

上面所言涉及非常大的问题，也就是接下来要讲的第五个问题。我们知道公法私法的区分是从罗马人开始的，但又凭什么说罗马人公私不分呢？我们首先要确定我们对公法的理解是什么，对私法的理解是什么。然后我们再来看罗马人对公法的理解是什么，对私法的理解是什么，这样才能搞清楚我们与他们观念的区别。

我们对公私法划分有许多学说。第一种是利益说。根据保护利益的不同来确定公私法的范围，保护公共利益的法叫作公法，保护私人利益的法叫作私法。第二种是应用说。在行使权利过程中允许抛弃自己权利的法叫作私法，不允许抛弃自己权利的法叫作公法。在中国选举权是可以抛弃的，在外国是不能抛弃的，要不去投票的话就罚你款。澳大利亚是这样的，这次我去阿根廷，阿根廷也是这样的，意大利也是这样的。不去投票他把你列入黑名单，将来你找工作很困难，因为他们有一个很简单的理念：公法上的权利是不能抛弃的。第三种学说是主体说。凡是调整公主体之间、公主体与私主体之间关系的法律叫作公法。调整私主体之间关系的法律叫作私法。我们要做点牺牲才能概括它。大致地说，调整纵向关系的法叫作公法，调整横向关系的法叫作私法。按照主体说，市民身份、自由人的身份是公法的，家族的身份是私法的。这是对公私法划分的三种最通常的理解，我认为第三种用得比较多，还有利益说用得比较多。

罗马人对公私法的划分是怎么理解的呢？D. 1，1，1，2说："这一研究的对象有两个：公法和私法。公法是有关罗马国家状况的法律；私法是涉及个人利益的法律，公法见之于宗教事务、宗教机构和长官的设立。"这一定义对公法采取列举式说明，采用排除法，没有列举的就属于私法。简单地讲，公法包括礼拜、祭司、设立长官。长官的设立严格说来是行政法中的职官法，公法中的其他内容可以理解为宗教行政法。从《法学阶梯》的内容来看，意大利学者彭梵得认为是私法，但你看，人的身份和能力是在讲私法中的市民法时讲到的。《法学阶梯》是私法的教科书，里面有些是自然法的规则，有些是万民法的规则，有些是市民法的规则。我们现在被认为是公法问题的解放奴隶问题，还有我们认为是公法问题的市民权问题，是在一个私法教科书中看到的。所以很有可能的是我们理解为公法的东西他们认为是私法，我们理解的公法与他们的不一样。这是我的观点的第一个理由。

第二个理由是我们现在认为有些是公法的内容他们认为是私法的。如刑法中的盗窃和抢劫，我们认为是公法事项，在当时却是私法事项。诉讼法我们认为是公法，他们认为是私法，至少民事诉讼法如此。这些例子都强烈支持着我的假设。当时的罗马人有他们的逻辑，有他们的意识形态，采取一种叫作 topic 的技术，把相同的内容放在相同的地方。基于我们对公私法不同的理解，罗马人把三种性质不同的身份放在一起，共同确定一个人格。大家可以分析，我这个不是一个结论，只是个开始。

第六个小问题是公私合璧的人格观，也就是人格既是进行公法行为的资格，又是进行私法行为的资格，这对我们现在有没有影响呢？我认为有。自然法学派学者埃利希就认为权利能力包括四种，其中第一种是享有和行使各种政治权利的能力，我认为这是一种返祖现象，把现代力图被私法化的权利能力回归它古代公法的含义。

第七个小问题是身份的目的是什么？身份与人格是密不可分的概念，身份是人格的填充物，讲身份的意义也就讲到人格的意义。罗马依身份的区别分配利益和不利益，这主要是基于资源的稀缺性。假设罗马的公地无限多，整个地球都是它的公地，它需要把人分为外邦人和市民，决定谁能够分到土地，谁不能分到吗？罗马人只有 100 万，而整个地球都属于它，在这个意义上，土地就变成了自由财货。在北美，我看土地在很大程度上属于自由财货，土地是那么多，半天找不到一个人。在中国就不行了，一出去就是人，上海要将人数降到每平方公里2.7万，吓我一跳，原来它现在是4.4万。

还有一个例子，公地的分配是吸引人获得罗马市民权的刺激物。意大利是一个多山的半岛，罗马当时土地是很稀缺的。罗马人出去打战，是为没收土地变成公地，解决罗马人土地不足的问题，建立起殖民地。就像我们一样，如果厦大的饭很多，则所有的厦大学生都可以去吃；饭少，只有研究生才能吃，本科生不能吃；饭再少，只有博士生才能吃；博士生再不够吃的话，只有老师才能吃；还不够的话，只有处级以上老师才能吃。之所以设置身份是为了分配稀缺的资源，它的基本出发点在于在资源不能充分供应一切人情况下，立法者利用身份工具保证自己认为有用的人能得到分配。身份就是表征那些受优先分配的人的符号，牺牲那些被认为无用的人受分配的机会。请大家注意我在这里讲的人格就是古代的权利能力，这些功能现在权利能力全都没有了，可见类似的法律制度古今功能有极大的不同。

第八个小问题讲罗马法中身份关系的纵向性。罗马法中三种身份都是纵向的，关于自由权、市民权的纵向性，我已讲过了，不再重复。家父权，现代人叫亲权，理解为横向的关系。但不是用 right 而是 parental authority，是一个不公不私、不纵不横的很含糊的东西。我们已经说过，罗马家庭是一个政治组织，家父像一个大型土围子的领导人，对下面的人像国家元首一样进行统治，可以生杀予夺。

第九个小问题，我们讲一下环境的改变。随着社会的发展，民族国家兴起，开始了法典编纂运动，人们接受了公私法分立、诸法分离的观念。现代公私法区分的学说与罗马法公私法区分的学说不一样，罗马法公法带有很浓烈的宗教色彩。现代已实现了世俗化，世俗法旁边诞生了教会法。另外一个是法典编纂运动，实际上就是部门法运动，但是我的理论在全国范围内有很多人看不懂，就是因为我关于部门法运动的作品没有发表。另外一个改变是经过改造的家族身份不再是纵向的而是横向的。家父权蜕变为现代意义上的权利义务一致的亲权。从男性的权利转向父母共享的权利，亲是双亲的意思，既有父权又有母权。过去是纵向的，现在是横向的。在新的意识形态背景下，人们的心灵发生了很大改变，如何处理古代的制度？这种处理的结果是极力地把自由和市民的身份排除出民法，改造家族的身份使它平等化。但这种排除是不完整、不干净的，市民的身份还是保留下来了，国民的身份在民法中一直存在。

三、德国法——人格因为其公法性被忽略

关于民法典的调整对象，《德国民法典》的起草者之一温得沙伊得这样说："所有的私法，要做的事情，有两个对象：财产关系；家庭关系。因此，私法的主要划分是财产法与家庭法的划分。"这个定义就是梁老师的定义，梁老师把人身关系放在后面，典型的物文主义，遭到我的多次批判。下面讲个日本的定义，日本平凡社《世界大百科词典》里的民法词条是这样定义民法的："民法调整身份关系和财产关系。"日本人受潘得克顿学派的影响很大，它只不过把财产关系和身份关系调了个，来源是很清楚的，我们一下找到了，梁老师的定义是

从这里得来的。

第二个说法来自萨维尼，他说：“民法包括三个大的部门：亲属法、物权法和债权法。”这个定义与第一个有个不同，不过把财产关系拆分为物权关系和债权关系，同样把人格开除了。

第三个说法也来自萨维尼，这里就出看点啦！“法律调整人本身和法律关系，后者包括物权关系、债的关系、继承关系和家庭关系。”这里突然冒出个“人”啦，而且这一定义有两个要注意的地方：第一，调整人本身，而不是调整什么关系，其他财产关系、人身关系都是被调整的一种关系，“人”从来不是一种关系，就是人本身，很有意思啊，这是一个国际通行的表达，下面还要讲到的阿根廷的定义也是这样的。把这三个铁的事实摆出来，不用我解释，大家就可以看出人格是什么时候丢的，因为什么丢的。萨维尼第三句话讲的是法的调整对象，第二句话讲的是民法的调整对象，把法的调整对象减掉公法的调整对象之差等于民法的调整对象，这是个隐含的推理吧！之所以萨维尼讲法的调整对象时提到人本身，在讲民法的调整对象时不提人本身，说明萨维尼把“人本身”当作公法上的关系。不讲罗马法能弄清楚这点吗？不了解现代人对公私观念的变迁、对法律分类理论的变迁，我们能理解萨维尼的这个区别吗？因此我们可以设想温得沙伊得在别的地方也给法律下过定义，我们在这里恰恰不幸地看到了他的民法的定义，或许他也在其他地方谈过法律调整人的问题。请大家注意，这是个德国的东西啊。对德国最感兴趣的学者只懂得后德国学说，对潘得克顿学派前的学说以及早期的潘得克顿学说都不了解。

稍微往前面追溯一点，大家就不知道了，所以就产生了许多很可怕的错误。

我再重复一下，人格之所以被丢掉，是因为现代人把它理解为公法问题，罗马人并不把它理解为公法问题，至少很可能不把它理解为公法问题。这是第一个前提条件，公私法的观念发生了变化，很可能我们认为是公法问题的市民、自由问题，罗马人认为是私法问题，所以古代的材料在纳入我们体系的时候，我们要按我们的公私法标准修理它。

第二个前提条件是六法的观念。六法是哪六法呀？民法、民事诉讼法、刑法、刑事诉讼法、宪法、商法。宪法作为部门法，在罗马法里是没有的。2003 年 10 月我去阿根廷开会，他们讲到了民法与宪法的关系；我到波多黎各他们也谈为什么在民法中要规定宪法问题。人格问题就是民法与宪法的结合处，世界许多国家的民法典，特别是现在比较新的民法典，例如《越南民法典》都大量规定各种人权，就是对这个问题的回响。现代人反过来一思维也会产生罗马人的问题，《越南民法典》为什么要规定公法性的迁徙自由啊？人身自由为什么要规定？因为最有能力限制人身自由的是国家，有些罪是别人犯不了的，只有国家能犯，例如一些非法拘禁。这是个非常有意思的现象，我觉得我不需要太多的说明，因为时间很有限。由此我们就能理解梅迪库斯为何在《德国民法总论》中要承认德国民法中的人法是很薄弱的，他没有讲原因，我想我是可以提供这个原因的。这是我们要说的一些基本背景，为了证明这个问题我还要讲两个小问题：

第一，民法到底是不是私法。人格到了潘得克顿学派演化为权利能力，如果这个问题是公法问题，民法还是私法吗？按照哪个学派说民法是私法呀？为了证明，让我们看看温得沙伊得在《潘得克顿法》中讲到的这样一句话，“以客观法为对象的基本原则即法律建于其上的原则为公法，在对私法的完全阐述中也谈到它们不失为妥当”，我们把它翻译为现代的语言是，温得沙伊得认为民法基本原则问题是个公法问题，在谈论民法时我们可以谈它，不谈它也是可以的；这表明他已经意识到民法的内容既有公的又有私的。显然，他对民法调整对象问题作了一个相反的处理，既然人格问题是个公法问题，我在这里就没有必要谈它了；民法基本原则也是个公法问题，出于个人的偏好，我还是说说它吧。他承认民法里面有公私两种要素的现象，承认采取这种便宜处置的可能性。

第二，需要说明的问题是萨维尼的“调整人本身”的表达。为什么不用“关系”？为什么他对家庭关系、债权关系和物权关系都说是“调整关系”，而对“人”却不舍得用“关系”这个词，就要用调整“人本身”？下面我们还会看到很多人也用这个表达，我认为是因为要用这种表达来表示人格问题的纵向性，人格是国家确定的，不是一种关系，关系往往容易被理解为一种横向关系，而纵向是一种命令与服从的东西。

最后讲我的上述心得得到的验证。2004 年 1 月我在哈尔滨开《俄罗斯法制与法学》研讨会的时候，得到非常好的这方面的交流机会。感谢黑龙江大学邀请了俄罗斯人和日本人，因为我不懂俄文，也不懂日文，谈论这两个国家的问题时总是心里发虚啊，不过可以当面请教这两个国家的专家。关于对下面要讲到的《俄罗斯联邦民法典》第 2 条之规定的理解，当面就有俄罗斯法专家回答我是对的，我很高兴。日本学者对这个问题比较陌生，他说：我们日本人对这个问题不感兴趣，你讲的人格是不是指那个始于出生、终于死亡的条文？这说明这个问题对他来说还是新问题。出于个人的原因也好，出于普遍的学术背景原因也好，这些国家对这个问题没有研究。温得沙伊得与萨维尼的悲剧在于他们很知道这个背景，他们是在知道的背景下作出来的自己的民法调整对象定义，但是后面的人在不知道这个背景的情况把它拿过来作了滥用，没有追溯这些问题的产生背景，造成灾难性的后果，产生了对民法的错误看法。

私法的刊物也好、网站也好，都把民法说成私法，我看了以后呵呵一笑，我不喜欢这种先验的结论，人云亦云。我喜欢用笨办法来达到真理，因为我看的民法典比较多，习惯通过解剖一部民法典来获得对民法性质的理解。如果一个民法典一定要兼涉公私法，这必然要体现在法条当中，我们可以把它的2000 个条文中的公法性的纳入一组，私法性的纳入另一组，最后做统计，如果公法性的条文多于私法性的条文，说民法是私法就玄乎了。所以，不要人云亦云，要用笨办法求知。我听说这样的故事，有两个儿子，父亲分别交给他们两屋子的花生，给他们一个晚上让他们告诉这个里面花生是什么样的。聪明的儿子分别挑选了 3 个有代表性的花生，胖的、瘦的和不胖不瘦的，笨的儿子就是把所有的花生都剥了，得出个结论：花生里面就是两个小房子，里面装着两个小胖子，穿着红袍子。我们嘲笑笨的儿子，但是有时候当当笨的儿子可以避免很多错误。聪明的儿子只挑选 3 个代表，他判断是建立在大数概率的基础上的，但是如果有例外，是很危险的。我最近吃到有4颗仁的花生，来自湖南，味道好极了！（笑）这不就把他的结论推翻了吗，所以科学怕就怕“认真”二字。

四、拉丁语系国家的法——守望纵向的人格

我们也从定义来看。首先应当说明意大利人对人格的公法性的认知是非常到位的，正因为这样，在1942年民法典的起草中，有些起草委员认为人格是一个公法问题，不应在民法典中包括它们。请大家注意，这是一个国际思潮，《德国民法典》中人法之所以薄弱与这个有关系。这个说法比德国的还激进，温得沙伊得还允许公法规范在民法内存在，意大利有些人不允许这种存在了，但这种提议没有取得成功，所以，1942年《意大利民法典》第1条就是关于自然人的权利能力的公法性规定。尽管如此，意大利学者也许由于意识到人格问题的公法性，在谈论民法调整对象的定义时避免采用“调整”的动词，而是采用如下的表达：“所有可以在民法的名号下包括的东西，包括以下方面：首先是更直接地关系到主体的存在的规则；其次是上述主体参与享用和利用经济资源的一般规则。”第一句话讲的人身关系。第二句话讲的财产关系。为避免“调整”的术语，采用了“关系到主体的存在的规则”的表达。

这样处理的原因是什么呢？在民法典的制定上，意大利人跟德国人有什么不同？德国人是经过了仔细地清理再采用罗马法的。对于意大利人，罗马法就是他屋子里面的东西，没有经

过什么清理，整个拉丁法族国家都是这样，由此就把罗马法的公私不分、诸法合体继承下来，这个定义与古代市民法的定义差不多。由于蒂堡和萨维尼的论战，《德国民法典》整整推迟了半个世纪才制定。德国人这种精神真的让人钦佩，关门作研究，先打扫房屋，然后再把罗马法经过仔细整理搬进去。人格的概念就是这样。前面所言意大利人对人格公法性的认识可能还是来自德国，因为有一段时间意大利的学说非常落后，意大利民法学的复兴的创始人夏洛雅留学德国，回来后带弟子，才把意大利法学的火焰重新燃烧起来。

下面我们再看一个阿根廷的定义，阿根廷学者香比雅斯是这么对民法下定义的："不考虑其业务和职业地调整在其自身关系和与国家的关系中的人，而这些关系以满足人性的需要为目的。"至少有一点马上进入我们的眼帘，它也说是调整"人"，避免用"关系"这个词，强调这个问题的公法性。它认为人身关系有两个维度，第一个是"在其自身关系中的人"，也就是人与人的关系；第二个是纵向关系，即在"与国家关系中的人"。这个定义比萨维尼的定义还有个改良，它承认了人身关系纵横交错的性质。不考虑人的业务和职业的背景，用普遍性的规则来调整它，确立了普通调整的规则，相当于我们的"平等主体"，即我国《民法通则》第 2 条用的那个定语——中华人民共和国调整平等主体之间的人身关系和财产关系。什么是横向的人的关系呢？香比雅斯是 20 世纪 50 年代的人，也是留学德国，因此他的定义与萨维尼的很类似，但他的背景与萨维尼又不一样，他生活在 20 世纪 50 年代，此时具体人格权已经蓬蓬勃勃地发展起来，而在萨维尼的时代具体人格权还不太发达。20 世纪 50 年代知识产权如火如荼，而在萨维尼的时代这还是非常清冷的领域。所以我认为他讲到的横向的人格关系可能包括家庭关系、人格权关系和知识产权中的精神权利。

五、权利能力取代人格：人格的私法化尝试与丢失

首先我们讲一下人格的分解。罗马法公私合璧的人格的概念不符合近代国家中诸法分离的现实。公的身份要么因为废除奴隶制而取消，也就是说，教皇国于 1179 年废除了针对基督徒的奴隶制，其他国家纷纷跟进，导致奴隶制逐步绝迹。要么就被纳入宪法或国籍法，人格的私法化是不可避免的问题，怎样寻找一个公私不分的人格的现代替代物？解决的方案就是创立了权利能力的概念，权利能力概念是个很难懂的问题，它的西方语言中表达为 Juridical capacity，直译是法律能力，在很长时间里我也是这样译，后来深入研究后才把它译成了权利能力。

在这里就产生了本节的第二小个问题，权利能力的概念是谁提出来的？根据意大利学者的研究最早提出权利能力的学者就是蒂堡，他在 1803 年出版的《潘得克顿法体系》一书中说："希望自然地被看作能拥有权利主体的人应当拥有理性和意志。"此语中的"能"字被认为是权利能力制度的萌芽。这个定义在我们看来更像一个行为能力的定义，这个定义也困惑着我，我想找出到底是谁创立了行为能力的概念，到现在为止还

是一个我未解决的问题，希望大家来研究[1]。古代的人格概念到现代就转化为权利能力的概念，但是行为能力的概念是怎么产生的？我翻了很多民法教材都没有找到结果。这意味着在行为能力产生之前，有过一段权利能力概念包含行为能力概念的时期，所以这个被称为权利能力的概念这么像行为能力的概念。为防止出错，我反复核对资料，就是这样的。而且我看到这个规定对《魁北克民法典》都有影响，《魁北克民法典》对权利能力的概念也是用一个“能”字表示。这里就发生了很大的转折，所以第三个小问题就是转折。

行为能力的概念是一个颇为现代的概念，它有哪些特性呢？过去人格问题是一个外在的问题，人格问题把主体的自由、国籍和家族地位联系起来，他是否能作为权利能力主体的资格取决他与其他人的关系。他是不是某个城邦的成员、是不是自由人、是不是家长，现在，行为能力的概念基于一个人的理性，在这里它变成了一个内在的概念。由于这种转变，权利能力制度就基本上结束了人格的社会组织功能，甚至于它的分配功能，过去人格承担许多功能，纵向组织、横向组织、分配资源，等等，现在这些功能没有了，除了处罚行为不端者的功能外，承担起确定法律关系主体的功能。基于这种理论成果，《德国民法典》最早把权利能力作为人格的替代物规定下来。这样的权利能力的概念至少是力图脱去它的公法色彩，正如日本学者林大和三田卓所说的，“权利能力是人在私法上作为权

[1] 后来，我在《人性论与市民法》（法律出版社 2006 年版）一书中，找出了行为能力概念的提出人是格老秀斯和普芬道夫。

利义务主体的地位和资格”，他们把它变成了一个完全的私法的概念，权利的承载者尤其被考虑为一个民法的主体，不再被考虑为一个公法的主体了，这是个极大的转变。离开了部门法运动、六法观念产生的背景，就无法理解人们为什么要这么改，由于整个意识形态、法制背景发生了很大的变化，因此就必须改过来。

六、权利能力概念的产生

权利能力概念的产生有哪些条件？下面我们对此作一个补充说明。第一个条件是主体概念的产生。克里斯琴·沃尔夫创造了主体的概念。沃尔夫也是潘得克顿学派活跃时期著名的哲学家、法学家。由此隐含着权利能力不再与某一国家市民身份挂钩的观念。主体是一个抽象的概念，主体可以是任何国家的人，甚至一只猫都可以力图成为一个主体。请大家注意，这就完成了一个很大的转折，有利于把市民的身份去除掉。

这个概念产生还有一个背景就是法律关系概念的提出。权利能力是充当法律关系主体的能力。这种区分有何意义呢？我们知道，在罗马法里人格的概念就是 Caput，是市民名册中的一章的意思，要承担一定的义务，包括纳税的义务、从军的义务等，人们之所以争相取得它，应当是利好大于负担，我想它应优先地被理解为权利的承载者的资格。法律关系主体的资格则是权利与义务两者的承担者的资格，在这里，我们可以比较不合适地说“人格概念的义务化”。这就完成了伟大的转折，你看我们的刊物叫《罗马法与现代民法》，最困扰我的问题是，罗马法是那样，而现代民法是这样，这个过渡是怎么完成的？这里至少搞清楚了一个制度的过渡的完成。下次我要讲登记制度对取得时效制度的影响，就是讲中世纪的诚信理论，希望搞清楚这方面的过渡，有机会跟大家讲讲。

尽管如此，我们看看它的效果如何呢？这是场深刻的改变，主体资格由一个外在的东西变成了一个内在的东西，一个完全表示权利的东西变成了一个也涉及义务的东西，一个与国民身份相联系的东西变成了稍微超越这种身份的东西。我认为把人格全部驱逐到公法上的尝试是不成功的，它没有完全变成宪法的内容，顶多只是把作为政治活动前提条件的那部分人格赶到宪法中去了，没有把作为私人活动前提条件的那部分人格驱逐出去。因此在现代民法中仍然顽固地存在权利能力的概念，它是过去的人格制度的残留，它到现在为止仍是纵向的。作为外来移民的寄住国可以让你取得成员资格，也可以让你不取得成员资格。美国在“二战”时期剥夺日本人的公民权，希特勒一个法律就剥夺了所有犹太人的德国人资格，墨索里尼在 1942 年《意大利民法典》中对犹太人作过同样的剥夺。这是对天赋人权说响亮的两记耳光。有时我在考虑这个问题的时候，想想自然法学说多么荒唐，还是国家实证主义是对的。上述例子证明了人格问题的纵向性；权利能力问题的纵向性和国家实证性。

所以权利能力仍然是国家赋予的，表现了国家与私主体之间的垂直关系。作为人格概念替代物的权利能力概念基本结束了人格的社会组织功能，但没有完全结束这个功能，因为不是任何人都能成为特定法域的主体，所以我们在写新教材的时候也感到权利能力有很大的功能：它把本国公民与外国公民区分开来。由于现代国家仍然面临资源稀缺的现实，所以不能让外国人得到与本国人同样的分配。这是每个国家合理的做法，例如，外国人不能任意地在本国就业，以免冲击本国市场，尤其在国外打工是非常受限制的，现在中国也这么做了。

另外我们通过下面的例子还可以进一步证明权利能力的国家赋予性。那就是失权制度，例如，我国《拍卖法》第 15 条第 2 款对违规的拍卖师的执业权利能力的有期剥夺，拍卖师进行过诈欺拍卖的，在相当时期内不能从事这个职业；再如，一个破产企业领导人在破产程序完结之后的 5 年之内不能担任企业的领导人；等等。失权制度表明，国家可以赋予权利能力，但主体行为不符合国家愿望的时候，国家也可拿走已经赋予的权利能力。

七、人格在苏联民法调整对象理论中的丢失

苏联民法调整对象的理论是“民法调整一定范围内的财产关系和与财产关系有关的人身非财产关系”。财产关系，我们就不讲了。“与财产关系有关的人身非财产关系”是什么东西呢？苏联把人身非财产关系分为与财产有关的和与财产无关的，与财产关系有关的人身非财产关系，按苏联民法教科书的作者格里巴诺夫的解释，指知识产权中的身份权和企业就其商号形成的关系。人身关系到《苏俄民法典》中就变成了人身非财产关系，这个人身非财产关系与过去的人格、身份关系毫不搭界。俄国人认为民法应该是完全的财产法，因为他们在民

法典外已经另立了《婚姻家庭监护法典》。他对人格关系只字不提，俄国人理解的人格指知识产权中的身份权和法人就其商号形成的权利，因为商号是法人进行活动的前提，作者的身份与版税的收入有关。不错，俄国人对人身关系理论作了巨大的改造，但我们看到了很大的谬误，《苏俄民法典》中有关于权利能力的规定，但却没有反映在民法调整对象的定义中间，至少没有反映在对这种定义的解释上。所以，这个民法调整对象定义是非常不合理的。

但首先要作个小小的肯定，这个定义有一定的新意，在过去的民法理论中间，从罗马到德国的民法理论都没有涉及知识产权持有人的身份问题，现在它涉及了，这是对时代精神的体现，我们不能抹杀它的功绩。苏联人的另一贡献是他们已把人格从自然人的领域扩大到法人的领域。但是它连最时髦的权利都没有规定——具体人格权，姓名、名誉、肖像权等。这是很丢人的！怎么办？通过解释填补法律的漏洞，为了洗刷苏联民法的这个耻辱，苏联学者作了一个勉强的解释，他们认为苏联民法还应当调整与财产关系完全无关的人身非财产关系，就是因名誉、自由、肖像和通信自由等人格利益发生的关系。所以总起来讲，在苏联时期，民法调整的人身关系包括知识产权持有人的人身关系和具体的人格权关系。我们所理解的权利能力意义上的人格在这里也被丢掉了。原因何在？

第一个原因，民法两大块彼此间的异质性。民法分为两大块：人身关系法和财产关系法，两者的逻辑并不完全一样。在人身关系法中往往要求人类利他，人们不光要考虑自己的权益还要照顾别人；而在财产关系法中贯彻经济人假说，人们可以比较放手地追求自己的利益，这是合法的。因此，要把两个差别这么大的东西弄在一起一直是困扰法学家的问题，把它们弄在一起必须有理由证明有共同的逻辑来支配它们。这个很难找到，到现在我们也不能说找到了，我找到了一个理由“市民社会”，这是个非常非常古老的理由。现代社会有了很大发展，所以在这种情况下为了追求合理的解释，将两者分立，这是一个国际性的思潮。不仅苏联这么干，意大利人也想这么干，但没有干成。伊斯兰国家也想这么干。应该说是民法两大块内容的异质性导致作出这么一个选择。

第二个原因，时代发展造成的新法律现象进入苏联民法调整对象理论中，也就是说对知识产权的反映，苏联民法体系中一直有单独的编规定知识产权。从 1964 年的《民事立法纲要》到 1990 年的《民事立法纲要》一直到现在的《俄罗斯联邦民法典》都有，这是很先进的。它把新时代所造就的知识产权现象纳入其中。把知识产权持有人的人格问题纳入进来。过去人格概念是用来表征权利义务主体的资格；德国学者哈腾鲍尔写的书告诉我们这一演变，后来人格概念不用了，用权利能力概念代替。人格的概念不用了，丢了很吃亏，就用它来指具体人格权，这是第二次变化；后来人们又觉得人格概念可以继续用，也许至少在中国是这样用的，用人格指知识产权中的人身权。我还没有研究好啊！我们知道在西文语言里面，物质权利与精神权利，知识产权中的身份权、维持作品完整权、修改权叫作精神权利，在西方语言里不叫人身权，所以我想叫人身权是不是中国人的一个改造，还希望各位研究。我认为人格概念就像一个民族走廊，居住过这个民族，居住过那个民族，我们不要以为最后居住在这里的民族原来就是居住在这里的，要从它的根上去搞清楚这个流变啊！

第三个原因，经过法国学者雨果·多诺的努力产生了术语意义上的人格权，这个人格权就是指以人自身为对象的权利，就是具体人格权，姓名、名誉、肖像等权利属此。德国人把传统的人格用权利能力来表达，为了不浪费资源，把人格术语用来表达建立在平等基础上的新兴权利。苏联民法学者通过解释把这部分人格权塞到民法调整对象理论里面去。注意！普赫塔发明的人格权与我们所说的人格有很大的不同！同名异质。我们所说的人格是纵向的关系，具体人格权是横向的，侵犯姓名、名誉、肖像等，国家可能侵犯，但主要是私人侵犯。这两个东西一纵一横很不同，但都用一样名称的表达。第二个不同，按康德的权利体系，人格是取得其他权利的前提的权利。权利能力是更加原始的权利，是天赋的权利。具体人格权是什么，是获得的权利。这两个术语都有人格的词素，但是是两个很不同的东西。

八、《俄罗斯联邦民法典》对于人格的发现

现在我们讲《俄罗斯联邦民法典》关于民法调整对象的定义："民事立法确定民事流转的参加者的法律地位；所有权和其他物权以及因智力活动产生的专有权利（智力财产）的发生根据和实现的程序；调整合同和其他的债以及其他财产关系和与财产有关的人身非财产关系，这些关系以其参加者的平等、意思自治和财产自治为基础。"这个新定义对苏联时期的

民法调整对象定义作出了很大改变。用两个动词来谈民法调整对象问题，第一个动词是“确定”；第二个动词是“调整”。确定的都是些绝对权，调整的都是些相对权。凡是对世权都是确定的，凡是对人权都是调整的。在学说史上，这是第一个用两个动词表示两种不同性质的民法调整对象的实例。

上述定义中的“民事立法确定民事流转的参加者的法律地位”一语，我认为其实是确定人格，只是没有用这种表达，这就是调整人格了，后面又加了一个“调整合同和其他的债以及其他财产关系和与财产有关的人身非财产关系”，其中“与财产有关的人身非财产关系”指两个东西：知识产权持有人的身份权、法人就其商号形成的权利和具体人格权。这里有两个人格，第一句话讲的是人格，“调整合同和其他的债以及其他财产关系和与财产有关的人身非财产关系”讲的是第二个和第三个人格。过去我搞不懂这个东西，我手头有俄语的该民法典的评注本，我不懂俄语，当时很痛苦。当时猜测是外行干预立法，后来通过对学说史的了解我觉得一下子就了解这个条文了，第一个讲的是主体资格意义上的人格，后面讲的是知识产权持有人的人格权和具体人格权。

3 个人格一股脑地全包进来了。这是一个极为大胆的假设，作为一个没有读过原始文献的人，我这样讲对吗？我很高兴地告诉大家，对！我在哈尔滨参加《俄罗斯法制与法学》研讨会时，遇到了《俄罗斯联邦民法典》的首席译者黄道秀老师，她是我国俄语最好的，也是中国政法大学俄罗斯法研究中心的主任，对俄罗斯法很有研究。她说小徐你讲得是很对的！我根据对学说史的了解就把它理解对了。俄罗斯人用这种表达，一个是确定，另一个是调整，是为了区分横向的关系和纵向的关系，我的理解得到了黄老师的证实。黄老师还给我俄罗斯学术上的另一种解释："确定"的对象是静态关系，"调整"的对象是动态关系。我一下子就觉得这次去哈尔滨太值啦，就把问题都解决了。把这个问题与德国的民法调整对象问题、罗马法的有关问题、意大利和阿根廷的有关问题，一下子都贯通了。

《俄罗斯联邦民法典》也把人格问题看作纵向的问题、公法问题，甚至我们可以说《俄罗斯联邦民法典》更加发展了纵向关系的范围，不仅仅把人格问题看作民法中的纵向因素，把所有绝对权也看作如此。这个观点和我的观点非常地相合，我认为民法里有许多公法的因素，除了合同、遗嘱是私法之外其他都是公法，总则、物权法定主义都是公法。主张民法是私法的人，我建议他去当那个傻儿子，把民法的每个条文都审判一遍，告诉我哪些条文是私法，哪些条文是公法，然后我们得出个公法和私法的比例，得到的结论可能是民法里的公法规定太多了，以致不便再把民法叫作私法，至少不便叫作纯粹的私法。不妨做个笨的工作，获得最确实的真理。

另外一个总结是《俄罗斯联邦民法典》第2条第1款有两个"人"，第一个是"纵向的人"，第二个是"横向的人"，但这个定义有一些缺陷，第一个缺陷是它把传统的身份关系排除在民法典外。但或许这也很难说是缺陷，它体现了一种努力，是追求民法两个成分同质性结合的一个证明，找不到同质性就分开。第二个缺陷是如果严格地根据格里巴诺夫关于《苏联民事立法纲要》第1条的解释抠字眼，"与财产有关的人身非财产关系”不包括具体人格权关系，也就是说它只调整知识产权持有人的身份权和法人就其商号形成的权利。而它的从第 150 条到第 152 条又规定了具体人格权，这就造成了理论声明与具体规定内容的不一致。

九、中国找回人格的一个尝试

现在讲讲我们的《绿色民法典草案》。第一个小问题讲我国民法理论对人格的丢失。我们看到梁慧星教授的民法调整对象理论就是温得沙伊得的理论，特点是对人格的丢失。梁老师是明丢，根本不提人格，《民法通则》第 2 条是暗丢，它承认“人”的词素的存在，但是这个“人”被理解为具体人格权、知识产权持有人的“人格”，但是没有作为主体资格的“人格”，所以明暗并举把人格丢了。中国也不是没有人在找，那就是我。对于梁老师、《民法通则》所采用的理论，我已经批评得够多了，所以这里不重复。介绍一下《绿色民法典草案》的相关条文对人格的发现，可以为未来的民法典的起草者提供另外的途径。

《绿色民法典草案》序编第 3 条下了这样一个民法调整对象定义：“调整主体之间的人身关系和财产关系。”这个定义很容易引起误解，纵横不分，3 个“人”都进去了。如果从字面解释，3 个“人”都在里面，但是 3 个“人”都该进去吗？该草案的第 4 条对人身关系作了界定，“人身关系包括人格关系、人格权关系和身份关系”。人格关系就是主体资格，人格权关系是以具体人格权为要素发生的关系，是一种横向的关系。身份关系很复杂，需要另外讲一次，这里就不讲了。我们对人格下了一个定义："人格是主权者赋予的主体资格，人格关系因而是纵向关系。人格权是保护主体的自身要素的法律手段，人格权关系是横向关系。"我们的身份定义与罗马法不同，罗马法的身份是塞进枕头的芦花，是人格的填充物；现代民法中，人格与身份尽管还有一定的联系，但已基本上分开了。经过反复地考虑，增加了在第四校中改的如下文字："身份是影响主体人格或其他权利的主权者处置，身份关系是纵横交错的关系。"你看，我们所说的亲属之间的身份关系是横向的，我们刚才讲到的破产企业的领导人、诈欺的拍卖师或会计师等自由职业者的失权是纵向的，他们品行不端，上头就剥夺他们的权利能力。

有些问题我要进一步澄清。人格关系是一个古老的概念，涉及的内容是权利能力。人格是纵向的关系，人格权是横向的关系。我们的《绿色民法典草案》规定的考虑是：一方面光复一个被丢失的人格。从潘得克顿学派后被丢失的人格理论在《苏俄民法典》以及中国包括日本的民法理论中都被丢失了，它在《俄罗斯联邦民法典》中被捡回了，但是有多少人能读懂呢？所以我们要光复这个概念，使民法的定义与它的实质内容一致。另一方面不要把早就进入民法的内容排除掉。人格像个民族走廊，曾经定居过主体资格这个居民，又定居过人格权这个居民，老的居民现在回来啦，不能因为它回来就把具体人格权赶走。

这就产生了个问题，我们有3个"人"，知识产权中的那个"人"要不要保留呢？知识产权中的那个人是非常可疑的一个“人”，到底是不是“人”？是中国人把它搞成一个“人”，还是从来就把它叫作“人”？是个问题。我们知道外国学说通常把它叫作精神权利，它到底是人格权还是身份权？在各种著作中的表达也是犹豫不定的。你看，我查了《意大利民法典》，作者的身份叫作 Quality，没有用“Status”这个词，我以为，对这个对象，人们有时候把它叫作人格，有时候叫作身份。如果是身份，必须符合既定的身份概念。什么是身份？身份具有对偶性、分配性，一个身份总是和另一种身份相伴随，一个叫作正身份，另一个叫作负身份，作者这种身份的特点在于好像没有负身份，如果有也太多了，全世界的人都是负身份的负载者。何况它也没有明显的分配性。所以，我认为它不是人格权，把它说成人格权，是有人搞错了，由于误会产生的。我觉得它也不是一种身份权。如果仔细地梳理理论发展的脉络，它是一个类似荣誉权的东西，谢怀栻老师早就对这个问题提出质疑，过去建造城墙工匠在上面打上自己的名字，那么一个工匠生产一个桌子打上名字是否也有创造者的身份权呢？当然桌子的生产与精神产品的生产有些不同。桌子能反复生产，一般人经过稍微训练就能生产出来；精神产品得有特殊的才能或者受过特殊的训练才创造出来，所以知识产权是类似荣誉权的一个东西，证明这个人比其他人更聪明。但是这个观点很不成熟，所以在《绿色民法典草案》的四校中，经过反复考虑，我把它从身份中删掉了，改为作者荣誉权，以贯彻理论一致性。对不对请大家讨论。

十、结论

下面想作几个结论：

第一个结论是民法中的人格问题是一个公法问题。民法中间有不少的公法因素，体现在总则、物权法、亲属法部分，习惯讲民法是私法的人最好琢磨一下什么是私法以后再出口，不要瞎讲。

第二个结论是人格民族走廊说。人格是个民族走廊，像巴勒斯坦这块土地，像内蒙古这块土地，很多民族在上面定居过，你去我来，很容易搞混。如果从上帝造地球的时候开始算，就能说清楚这个到底住了哪些民族，它们彼此之间的关系如何。

第三个结论是对梁老师的一个回应。梁老师在《私法》第 3 辑第 2 卷（这是庆祝梁老师 60 大寿的一期）中发表了 40 页的访谈。其中，多次提到了我，在我写文章回应之前，我想先在这里作个口头回应，梁老师说："徐国栋甚至说在民法的定义条文即民法调整什么关系的表述中把财产关系概念摆在了人身关系概念前面，就是所谓的物头人身，重物轻人，就是所谓的物文主义，实在有点好笑。"我不知道你们是否感到好笑？过去我们对人身关系与财产关系作轻重比较时，前提是对人身关系作了不包括人格的理解。假设是个 100 斤的比较对象，后来由于种种操作失误丢掉了其中 50 斤，再把它与另一个 100 斤的对象比较，然后说你太轻了才 50 斤，回去吃胖了再来，才能打擂台。后来通过研究发现这个人之所以被说成 50 斤乃是因为称出了问题。这个结论是不是要进行重新调整哪？才能决定能不能进行重量级比赛，两个人重量要达到100斤才能互相打！如果我们找回丢失的人格，那么无论是依据逻辑性来考虑人身关系与财产关系的轻重，还是依据重要性来判断两者的轻重，结论都要重新考虑，是不是这样？如果说不了解这个背景就觉得好笑，我想这个笑肯定是干笑。

第四个结论是梁老师在谈民法调整对象的时候援用了德国、日本的结论，没有进行分析，这是令人遗憾的，如果他像我这样搞清楚它的背景，可能会有另外的结论了。

今天就讲到这里。谢谢大家！

时间：2004年2月21日

地点：厦门大学法学院B137教室

记录及整理：杨垠红

第七讲

从身份到契约，从契约到身份——两种社会组织方式纵谈

这是我用得最多的一个演讲稿，也许因为口头发表的次数太多——达到18次，它从未得到书面发表，本次除外。

首先请允许我对华中理工大学的领导和同事表示衷心的感谢，他们使我有机会到这个崇高的讲台上来，我看过贵校编的两本人文讲座讲辞汇编，知道有许多名家在这个讲台上作过演讲，因此我感到这个讲台的崇高。

今天我讲的是大家都在普遍议论的问题："从身份到契约。"很多人都在不甚了了的情况下谈论这一命题。因此，尽管谈论的人很多，但问题的研究并不深入。我自己也在不甚了了的情况下谈论过这个问题。后来我有机会在国外收集了不少关于这一问题的资料，对这个命题作了比较系统的研究。今天我把自己的研究心得向大家作一个介绍。

一、国内外对梅因命题的研究状况

首先有必要谈一下国内学者对梅因的上

述命题的研究状况。因为我们研究问题都应当站在前沿，应当知道前人在同一个问题上作了哪些研究，然后再向前推进。

首先讲这个问题的提出。“从身份到契约”这个命题是梅因于1861年在其名著《古代法》中提出来的。在这本著作中，梅因这样说：“所有进步社会的运动，到目前为止，是一个从身份到契约的运动。”从1861年到现在（1999年），这个命题已产生130多年了。在这130多年里，这个命题得到了广泛的研究。它不仅是法学研究的课题，也是史学、社会学和哲学研究的课题。可以说是整个人文科学研究的课题。它涉及的范围是如此之广，如此持久地受到学人们的关注，欲占有所有已有的成果是不可能的。我只能对新近的中外研究状况作一个介绍。

首先谈一下中国学者对这一问题的研究状况。到目前为止，就我所知，谈论过这一命题的有以下几个人：第一个是梁治平；第二个是江山；第三个是傅静坤。傅静坤在她的《20世纪契约法》的博士论文中，不仅谈论过“从身份到契约”的命题，而且还谈论过“从契约到身份”的反命题。在中国的文献中，还可以找到外国研究者的成果，他们是阿尔多·贝特鲁奇、哈耶克。下面我把他们的观点简单地介绍一下。

梁治平于20世纪80年代在《读书》杂志上发表了一篇对梅因的《古代法》的书评，他抓住了梅因这本书中的“从契约到身份”这个命题。梁治平对梅因这个命题是这样理解的：从身份到契约，反映了从团体本位到个人本位的社会转变过程。“从团体本位到个人本位”是什么含义呢？我认为团体本位、个人本位是对社会构成最基本单位的价值选择问题。根据梁治平的观点，在古代社会，每个人不是作为他本人被看待，而是被作为团体的一个成员看待。所以个人的人格总是被团体的人格吸收。这些团体包括家族、城邦，等等。在古代社会，社会最小的原子是团体而不是个人。近现代以后，特别是在西方社会，由于人文主义的倡导和深入人心，个人权利日益得到彰显，社会进入个人本位的时代，社会最小的原子是个人。从古代重团体到现在重个人，就是“从身份到契约”的运动。梁治平对梅因命题的分析首先触及了一个基本的方法论问题：在梅因的用语中，身份一语并非采用它本身的含义，而是被作为“团体”的代名词。团体只是身份的一个外部要素，梅因却把它等同于身份之全体；同样，主体的个人性只是契约的诸要素之一，梅因却把它等同于契约之全体，这是一种借代的修辞手法。正是由于人们在借代的意义上使用“身份”和“契约”两个术语，造成了话语环境的复杂化，使从身份到契约的命题难以理解。在梁治平的分析中，身份所意味的团体性仍然是表象，其本质是“从属”，因为在一个团体中，只有头领享有意志自由，其他成员都必须服从其意志，因此，团体对于多数人来说，意味着从属或不自由。团体消解后，每个成员都成了独立的个人，只服从自己的意志，在这种情况下，契约的个人性的本质是自由。

下面谈谈江山对这个命题的观点。

江山在他的著作《自足与互助》和《法的自然精神导论》中都谈到身份法与契约法的区别。他认为身份法是保护群的法，契约法是保护个人权利的法。那么，从身份到契约的运动就是从保护群的立法到保护个人的立法的运动。江山从另一个不同的角度解释了“从身份到契约”的命题，是对的。群的立法也就是身份立法，因为群的属性表现在它的成员身上就是身份。身份还是法律对群的某种属性的确认结果，身份总是法律赋予的。那么，法律赋予某种身份的目的是什么呢？就是为了区别对待。法律优待某一个群，意味着一个人一旦成为它的成员，他就享有依这个群的身份所应该享有的权利。而契约本身具有个人性，我们很难说契约保护到一个阶级的利益。我跟张三订立一个合同，考虑的只是我个人的利益。我认为江山从不同的角度来解释梅因的命题也是对的。

另外，傅静坤在她的《20 世纪契约法》中简单谈到“从身份到契约”的问题。她认为从身份到契约的演变是一个财产分配方式的演变。身份的财产分配方式意味着在封建制度下，个人要根据自己在家族中的地位来分配财产。而在现代社会，每个人都根据自己的行为来取得财产。在古代社会，财产取得是采取身份方式，而在现代社会是采取契约方式。这方面的例子很好找，譬如在古罗马，家子没有独立的人格，他的人格被家父吸收。家父一个人享有所有财产权利。家子对家父来讲，只是后者取得财产的工具。所有的财产在名义上都是家父的。家子仅有管理权，或者叫用益权，这种解释也是对的。傅静坤比其他作者高明一点，因为她是第一个澄清了“从契约到身份”的人。她认为在现代关系论的契约下，契约使某些当事人具有一定的身份，这种身份可以分为以下类型：譬如在企业管理中，双方的经济实力是不相等的。就是说一个具有强者身份，一个具有弱者身份。在一些契约关系中，双方获得的情报是不一样的。在这种契约关系的背景下，从契约到身份的制度赋予人们这样一种权利：经济力量强大的一方要承担不利用自己经济上的优势地位去压迫另一方的义务。在契约关系中，一个掌握了更多情报的人就负有不垄断情报使自己获利的义务，他应当让交易对手分享这些情报。由此，通过订立契约获得了契约上的身份。举个例子，我跟火车站订立了一个契约，体现为一张火车票。通过订立这个契约我就取得了一种身份，我是乘客，或叫运输合同中的委托人，把我自己交运。火车站是承运人。在现代交通条件下，承运人的地位远远强于委托人的地位。那么他就得承担一个义务：不得欺负我。实际上，乘客经常受到欺负。火车说晚点就晚点，没有商量，也不打任何招呼，不道歉也不赔偿。把很多年轻人的美好之约全都耽误了。尤其若发生在盛大节日，非常讨厌！傅静坤实际上在告诫铁路运输部门：你们要讲一点良心，不要滥用自己的垄断地位为自己谋取不义之财，要为那些可怜的消费者想想。这是傅静坤的观点。

可以说，上面对“从身份到契约”的解释都是非民法的解释。下面从民法上来解释。

我要讲一下阿尔多·贝特鲁奇教授的观点，他是意大利比萨大学的教授。去年，我在写完这篇文章之后想看看洋人是怎么说的，于是指定他写一篇文章叫作《从身份到契约与古罗马的身份制度》。这篇文章的中译稿后来发表在华东政法学院的《法学》杂志上。他在这篇文章中表述了从身份到契约的最典型的民法上的意义。他认为，从身份到契约的运动意味着权利能力的不断普遍化的过程。我们知道，在古代社会，民法中的人法是十分复杂的。它将人区分为各种各样的类型，罗马法把人区别为自由人和非自由人，在非自由人中有奴隶。在自由人里又有很多区分，有家父、家子、家女。还有妇女与男子的区分；解放自由人与生来自由人的区分。还有外国人、无城邦人、市民的区分。区分不是游戏，区分的目的在于给这些不同的主体不同的法律地位。这种地位体现为民事能力的大小。古罗马的自由人并不都可以享有这种权利能力，只有家父享有这个特权。这种权利能力的占有现象是极为普遍的。我们假设某个时期的古罗马有200万人口，每5个人口构成一个家庭，有40万个家庭。那么实际上只有40万人是家父。换言之，200万人中只有40万人享有完全的权利能力，这是古代的情况。现代的人法，从《法国民法典》第8条开始表现得非常洗练，那些啰里啰嗦、不雅的区分不见了。《法国民法典》第8条规定：所有的法国人都享有民事权利。所以梁治平把《法国民法典》第8条叫作现代民法的第一条规定。我完全赞同这个说法。这条规定典型地反映了现代民法的特色：广泛地赋予所有的人以法定民事权利能力。这里没有男人和女人、家父与家子之区分。这种规定的方式一直为各国民法典继承，包括我国《民法通则》，大家都规定自然人从出生开始一直到死都有民事权利能力。从古今对比可看出，古代是身份时代，权利能力的享有者范围极为狭小，只是由少数人享有。而现在，原则上所有的人都享有民事权利能力，这是从“身份到契约”的演变。在现代社会中，所有的人都享有民事权利能力是一般的原则，但也有两个例外，一是基于年龄的限制，一个人可以享有权利能力，但不可以享有行为能力，因为他没有达到法定年龄。二是对于心智能力的限制，有的人已达到法定年龄，但他不了解自己行为的法律后果，这样的人也不能赋予他法律能力。这是一种典型的意大利人的观点，也是欧洲的观点。它把身份问题、契约问题理解为权利能力的普遍化。在我看来，贝特鲁奇的上述观点似乎混淆了权利能力和行为能力。年龄的限制和心智能力的限制应该针对行为能力而非权利能力。

还有哈耶克的观点。哈耶克在他的《自由秩序原理》中谈到“从身份到契约”的运动。他把身份理解为一种区分不同类主体的立法，它表现为法律缺乏普遍性的一种状态。相反，以所有的人为对象进行立法时，法律就具有普遍性了。法律为什么缺乏普遍性呢？我想这个道理大家都清楚，就是为了区分亲疏远近：是嫡出还是庶出，是近亲还是远房，都得有个分别，而分别都要在利益的享有和义务的负担上表现出来。以国家权威确认的这种分别就是法律。法国革命以前就是这种状态，那时候的法国有三个等级，每个等级都有自己的法律。这种按等级立法表明了立法者有所好恶，所以这种法律不会有公平。这是哈耶克对身份的理解。什么叫契约？哈耶克认为契约在现代社会是人们用于谋取自己的权利的工具。譬如我们要谋取某种权利，就需要通过契约的途径来得到。哈耶克认为契约是现代社会人们获得自己利益满足的法律工具，但不是唯一的工具。他认为身份概念与契约概念的位阶是不一样的，身份概念的位阶比契约概念的位阶要高，这两个东西不能混为一谈。哈耶克认为与身份概念对应的不是契约，而是法律，即一般性的、平等适用的法律之治，不考虑规则被适用的对象是谁来制定的法律。这样才能使立法者在制定法律前就能预测到规则的适用情况。一般性的法律才能保证法律的公正。毫无疑问，哈耶克是对的。

下面讲国外的研究。第一个介绍格雷弗森（R. H. Graveson）的观点。他写了一本书《普通法中的身份》（*Status in Common Law*），这本书于 1953 年在伦敦出版。格雷弗森的一个基本结论就是：在普通法中，身份是与主体所属的团体相联系的。主体的法律地位总是不以个人身份为考察对象，而是把团体身份作为考察对象。这是他对身份的第一个理解。第二个理解是：他认为身份不涉及正常情况，只涉及权利被减损的状态，这就意味着，若是某一个阶级的地位非常好，就没有与这个阶级相关的身份存在的必要了。也就是说，只有当一个阶级、团体在社会生活中与另一个阶级、团体发生联系时，身份才有存在的理由。所以身份总是与某种不利状况相联系。用格雷弗森的例子来讲，犹太人的身份就很难找到相反的概念，我们说犹太人历尽磨难，但并不意味着非犹太人都过得好，有的可能还不如犹太人。犹太人在欧洲历史上屡遭迫害、歧视，他们的标志是一个“J”，这是一种贬斥的身份。还有一种农奴的身份，这种身份有一个对应物，即领主，它是与农奴对立的身份。他还举了一个很好的例子，就是外国人的身份，通常情况下，外国人这种身份总是意味着蒙受不利处境。我认为格雷弗森对身份的分析是非常深刻的。

第二个我们要介绍的是沃尔夫冈·弗里德曼（Wolfgang Friedman）在其《变革社会中的法律》（*Law in Changing Society*）中对身份的说明。在此书中，他详细研究了身份问题，首先从语义角度和历史的角度分析了身份的各种含义，然后结合梅因时代的情况，分析了“身份”一词在《古代法》一书上下文中的含义。他认为，梅因是通过描述罗马的家族制度阐述从身份到契约的命题的，身份指人的状况被固定的情况；契约指人们以协商的方式或自愿的方式达成约束的情况，后一种情况取代了前一种情况，就是从身份到契约的运动。

但弗里德曼观察到：在梅因的同代人眼中，身份的含义与梅因所用的不同，甚至与之相反。在身份的概念和在从身份到契约的过渡中，不存在从较坏的社会状况向较好的社会状况的过渡。从社会的角度看，由于当代社会的流动性，对在这个社会中存在身份的抛弃，意味着抛弃了特权，这对个人表现为情势的恶化，但对集体来说，则是状况的改善，因为这个社会变得更加均衡了。从历史的角度看，在 19 世纪，把各种制度重新置于个人的意志下被理解为把它们重新置于自由下，但在大部分情况下，平等仅仅是形式的，而不是实质的。

弗里德曼认为：在一个复杂的社会里，如果不武断的话，身份是不可胜数，不能分类的。T. E. 荷兰德（Holland）在其《法理学》（Jurisprudence）中，武断地把身份分为 16 类，如：（1）性别；（2）未成年人；（3）家父权和夫权；（4）有夫之妇（Coverture）；（5）单身状态；（6）精神失常；（7）身体缺陷；（8）等级和种姓、官职；（9）种族和肤色；（10）奴隶状态；（11）职业；（12）民事死亡；（13）非婚生子女；（14）异教徒；（15）外国国籍；（16）敌对国国籍。A. 艾伦（Allen）在其《法律义务》（Legal Duties，1931 年）中又加上了罪犯、破产人。

弗里德曼认为：在现代社会里，还应考虑到雇员、土地所有人、消费者、工人的身份。

这样，越扩展身份的范围，就越减缓和消灭了身份概念的意义。因此，有些法学家如奥斯丁（Austin），就认为身份的概念无用。

弗里德曼认为：应以公私法相结合的眼光来透视身份。今天，身份的含义近于由法律课加的限制，它们为社会的理由被课加于自由选择的情势，通过这种限制，重新平衡各种当事人的地位，实现社会资源的均衡分配，以达到保护弱者的目的，这种身份与过去的保护强者的身份不同。因此，身份现在变成了一个简洁的表达，人们用以描述：一方面，在意志自由与流通自由间的一种动态的平衡，这主要是私法的问题；另一方面，用公法的术语表示的福利国家的社会目的。因此，身份是表达私人自由与国家调整间的相互关系的多面概念。因此，今天不能说一个人只有一个身份，也不能说他完全自由或完全受制约。

第三个作者是德国法社会学家雷宾德（M Rehbinder），他有一篇文章叫《身份、合同与福利国家》（Status，Contract and the Welfare State）。其中，雷宾德提出了现代社会的身份概念。他确定身份从个人身份与团体身份的结合产生。他用 Status 和 Strato 两个词分别表示两种身份。Status 指每一人类个体被他人授予的地位（Rango）；Strato（阶层）则指一个范畴的人在社会内部的地位。他宣称："属于某一身份或某一阶层，不是人的基本资格造成的，而是由一个社会的价值标准造成的。"由此鲜明地否定了身份的自然属性。

他认为，像古代的身份法一样，福利国家把人看作其社会背景内部的存在，并根据其在社会体系中的主体地位重新调整其法律关系。在福利国家的法律中，决定性因素并非公法性的法律依据，而是依社会地位所作的区分，这样，司法必定是考虑当事人的具体情势的。在这个意义上，现代的法与古代的身份法有了一定的相似之处，但这不是回到身份制度，国家的官僚化、法律向实质平等的进化，都阻碍了向身份的回归，而且，国家并未授予各种各样的协会——它们通常被作为现代身份社会的标志——以权力。但他赞成“从身份到身份”的提法，或“从既得的身份到赚得的身份”的观点，如果说前一种身份往往通过继承得来，则后一种身份是其持有者以自己的智力、运气、顽强、对机会的利用得来的。

至此，我们可以对国外的研究作一个归纳，我们可以这样说，国内学者对梅因的命题都是褒扬的，说梅因讲得好，只用4个词就概括了人类有史以来的社会变迁。而以上3个外国作者的共同取向，是否定了梅因命题的积极意义，认为“从身份到契约”是一种社会进步的说法是错误的，它不符合社会现实。我们有趣地看到：在梅因的故乡，梅因命题遇到了不好的命运。但是梅因的命题远销到国外以后，却很受欢迎。这种对比刺激了我的研究兴趣。下面我想谈谈我的观点。

我认为：对“从身份到契约、从契约到身份”的研究具有理论意义和现实意义。理论意义在于它是一个社会科学研究的问题。其实际意义我们可以首先从民法的角度来看。在我们中国的民事法律中仍然存留着身份立法。譬如在我国法人制度中，划分了全民所有制、集体所有制法人、私营企业法人，还有外资法人。在所有权方面，我们也区分国家所有权、集体所有权、个人所有权。这种区分的目的是什么？就是区别对待。

区别对待有两种结果，一种是赋予特权，给某一类人以好处；另一种是课以歧视待遇，即给某一类人以不利的待遇。在这个意义上，身份制度是组织社会的一种工具。我认为对法人应当按形式分类，对企业不应考虑所有制形式而应按责任的形式分类，分为有限公司、无限公司、两合公司，等等。按资本构成分类的有合资、独资。这种立法模式的转变正在进行之中。如果将来制定《物权法》，这些身份性的规定都应当淘汰掉。

回到梅因的命题上来，我认为梅因命题有广泛的解释空间，以上介绍的各种解释都是正确的，它们都没有超出梅因命题的可能文义。观察者观察的角度和视野不同，得出的结论就不同。正是由于这种情况，要想对这个问题进行确定性的研究，首先必须固定研究对象，把“身份”和“契约”这两个词严格界定下来，它到底指的是什么？然后在这个基础上讲“从身份到契约”的命题。下面，我用语义研究方法研究这两个词。

二、什么是身份

第二个问题讲什么是身份。“身份”（Status）是一个国际性的词，在很多西方语言中都有 Status。身份这个词源于动词 Stare，在拉丁语中有“站立”“置放”的意思，表示“站立”的英文词 Stand、Station 等都是从这个词转化而来。Status 是 Stare 的被动态过去分词。一个站起来的人总是要与他人发生空间上的关系，这种关系的总和叫形势，所以它就被引申为形势、状态，这些都是自然的概念。如果我们把它加上某种社会性因素，譬如把人放在一个社会环境中与其他人发生关系，这种关系就不能用形势或状态来形容，而应叫社会地位。至此，根据身份的拉丁语词源可以这样给它下一个定义：身份是一个人或团体相对于其他个人或团体被置放的有利或不利的状态。

对于这个定义，可以有以下解释：

首先看一下身份的主体是什么？可以是个人，也可以是一个团体，譬如在过去的法国，第三等级相对于第一等级就是一种集体身份。身份往往具有团体性，它是一个集合概念、一个类概念，身份包含了一类人，由此，身份与契约有很大的不同。一提到契约，我们总是想到我们身边的张三与李四签了一份租房合同，或者王老五与阮小七签了一份技术转让合同，很难想象两个阶级间签了什么合同。这种契约不是完全不可能，但很少发生。一个阶级与另一个阶级订立的契约，表现为宪法，这种情况要经过法定程序，并且通常不在契约的概念上去理解它。

第二个要说明的是：身份在多数情况下都不是独立存在的，一种身份的存在必然对应于另一种身份的存在。我们知道，身份的法律意义在于区分，区分的基础在于对象之间的比较，譬如城市人与农村人总是相比较而存在。第三个要强调的是身份是被放置的。它不是个人自由地为自己安排的，而是被他人安排的，所以我们可以说一个人的身份原则上不是他自己选择的。第四个要素可以这样说：身份的意义在于区分，区分的结果有两种，一种是有利的状态，我们把它叫作特权；另一种是不利状态，我们把它叫作受歧视。身份概念就包括这些要素。

为了说明身份概念，我们把身份作如下分类：贵族与平民、内国人与外国人。这是第一类身份。

贵族与平民的身份划分是一种最古老的身份划分，在这种划分中，身份起了一个很坏的作用。身为贵族就意味着人生的起跑线提前了 50 年。而平民呢，入仕以后要一步一步地爬，要跪拜、要考试、要等待机会，等到当宰相恐怕要到 70 岁了。如果是皇帝的儿子那就容易了，18 岁、20 岁的皇帝多的是，而大臣多是胡子老长。在贵族与平民的身份划分中，有一个很不好的现象，贵族在社会等级中，本来就处于优势地位，而法律却继续给贵族以特权，给平民以歧视。由此，身份制度使强者更强，弱者更弱。贵族与平民的划分是最古老的身份划分。我想，“从身份到契约”的命题很大程度上来自这个划分的启示。在这里可以看出：身份划分意味着分配。利和不利的结果就是由分配造成的，所以这种身份我们可以把它叫作分配性的身份，分配的对象是各种社会资源，尤其是各种社会权利。现在的人看来很奇怪的是：贵族已经很强大了，为什么还要给他们特权，但在十七八世纪的人看来这很正常。为什么呢？他们认为高贵的家庭出身会产生高贵的品质，甚至高贵的相貌。高贵的家庭产生高贵的品质，就要让这样的家庭得以延续。

内国人与外国人的身份划分也很常见。国际法上实行一项平等对待外国人的原则，这一原则主要体现在民事权利方面而不体现在政治权利方面，譬如，内国人享有选举权和被选举权而外国人不享有，在这种情况下可以说外国人是受到歧视的，但这是正常的歧视。同时，外国人在民事权利方面也并不是跟内国人完全一样。可以举出一些经典的例子，譬如外国人在内国不能从事某些保密性职业，如制图员、引水员等。这也是正常的限制。但如果超出正常的限制，对外国人格外地歧视，那就是国际法所不容许的。

下面讲身份的另一种划分。妇女是否为一种身份？妇女是一种身份。妇女的身份因社会形态的不同而不同。在过去，妇女身份意味着受歧视的地位，社会职业不向妇女开放，大学不招女生，生儿育女、相夫教子就是妇女人生的全部。

在中国，少数民族身份在某些方面也意味着特权。譬如考大学时，少数民族考生在分数上受到照顾。少数民族地处偏远，经济文化较为落后，为了促进少数民族的发展，给予一定的优待是必要的，这是以形式上的不平等达到实质上的平等。我国《宪法》规定少数民族在全国人大代表的选取比例上也享有优惠待遇，这种特权也是必要的。

如果说未成年人也是一种身份，这种身份从古代民法到现代民法都存在。未成年人身份意味着什么？意味着特权，未成年人在交易中永远立于不败之地。未成年人与成年人进行交易时，交易对未成年人有利的则有效，不利的则无效。给予未成年人这种特权是必要的，因为未成年人容易受欺骗，应当受到特别保护。

第三类身份是父母、夫妻、子女身份。这是亲属法上的身份。在身份关系中，父子（女）、母子（女）的关系是不能消灭的，哪怕你不喜欢父母，或你不认同父母的观点，你也无法借助登报声明脱离父子（女）或者母子（女）关系。在法律上这种声明不能发生效力，因为父母与子女之间法律上的扶养义务是不能解除的，这种扶养义务产生于生物学上的血缘纽带，个人无法选择或改变它。夫妻关系则可以解除，解除的方式就是离婚，离婚就是婚姻契约的解除。

第四类身份是合伙人、消费者、合作社社员、工会会员。这些都是亲属法以外的身份，是契约性身份。换言之，这种身份的发生是以契约为依据的，它们也是对一系列法律关系的简称。

第五类身份有如联合国安理会常任理事国；中南政法学院；湖北省；东部、中西部地区、老少边穷地区。这些是集团的身份。

对于上述身份，可分为民法上的身份和民法外的身份；对于民法上的身份，又可分为亲属法上的身份与亲属法外的身份。

可以进行的分析是：

第一，我们已经知道，身份是个人或集体被置放的有利的或不利的状态，在这一前提下，身份由谁来安排，成为一重要问题。由“命运”、上级机构来安排的，谓之固着性的身份；由当事人自己通过契约来安排的，谓之契约性身份。在通常情况下，契约性身份由于体现了当事人的自由意志，并且可以变易，因而是善的；固着性身份的无选择性和不可变易性，容易带来问题。即使在亲子关系这样的固着性身份关系中，也发生了“为什么要生我”类型的案件。

第二，显然，任何身份安排的目的都在于区别对待，都意味着赋予特权或科加受歧视状态，这样做的目的在于对社会进行组织，使一部分人受到特别的保护；另一部分人受到遏制，如此使社会能按一定的目的存在下去。在这个意义上，身份是组织社会的一种工具。任何社会都是需要组织的，否则社会将陷入无政府状态。承认了这一点，身份就不是完全消极的东西，不能全盘否定。对于保护弱者的身份，尤其应如此看待。

但问题在于：安排者依据什么目的来安排各种身份？赋予的特权或课加的受歧视状态是否合理？如果要对这样的处置结果进行评价，评价的标准应是什么？不能否认，在古代社会，一部分身份曾作为使强者更强、弱者更弱的工具使用，因而使身份一语获得了恶名，但是，如果把身份作形式主义的理解，使它成为自由竞争的对象，它可以成为具有积极意义的东西，依据它形成平等基础之上的等级制度。

有些身份是终生享有的，并且通常不可变易，如贵族、干部的身份；而有些身份是临时性的，人们进入某种场景便具有这种身份，退出该种场景便丧失这种身份，如消费者、合伙人的身份。通常，不可变易的身份是导致社会冲突的；相反，可以变易的身份——有人为了把它跟传统意义上的身份相区别，称为“情势”——不会导致社会冲突的后果。

身份的区分意义最终表现为它是资源分配的依据，这里说到的资源，主要是权力。因此我们用了分配性身份的概念，在分配中承受不利结果的，谓之受歧视。歧视往往被作为一个消极的概念使用，但我们看到，如同身份并不完全是一个消极的概念一样，歧视也不见得必定是一个消极的概念，某种歧视对于组织社会来讲是必要的，为此要为歧视正名。

三、什么是契约

契约在拉丁文中为 Contractus，该词为动词 Contrahere 的被动态过去分词。Contrahere 由 Con 和 Trahere 构成，“Con”表示“共同”；“Trahere”表示“拉紧”，显然，Contrahere 的基本含义是“共同拉紧”，后演变为“限制”“约束”“缔结”“订立”等意思。因此，作为 Contrahere 的被动态过去分词，Contractus 的意思有二。其一，“收缩”“拉紧”；其二，“合同”“契约”。尽管在拉丁文中早就有了“Contractus”一词，但古罗马的法律文献中很少用它，而是用 Pactum、Stipulatio 和 Cautio 等。Pactum（简约）是非正式的合同，相当于现代的非典型合同，由于其非典型性，它得不到诉权的保护，它是否能转化为合同，取决于其原因能否得到承认并因此赋予它诉权。Stipulatio（要式口约）是一种既可以确认某些合同条款，又可以导致一个独立合同的行为。Cautio 又称裁判官要式口约，是一种特殊的要式口约，通常在程式诉讼中由裁判官根据利害关系人的请求命令某人缔结，以便使其承担在发生某种事件的情况下对相对人偿付一定金额的义务。“Contractus”一词的普遍使用，是 19 世纪的事情。这一事实本身也说明了契约与近代社会的联系。

毫无疑问，从词源来看，契约仅仅是一种形式，是人际允诺关系的一种形式。根据人际允诺关系中执行之自由度的不同，可将这种关系分为宽松的、紧缩的两类，在紧缩的人际允诺关系中，人们要受到强制地履行其允诺，否则要付出代价。

契约属于紧缩的人际允诺关系的一种。在我看来，契约不是别的，它无非是一个自由人以自由的方式选择了一种不自由的状态。契约诚然意味着一种双方当事人之间的约束，但这种约束服务于什么目的，换言之，契约的内容是什么，“契约”一语本身并未揭明。这是从西文出发所作的分析，即使从中文出发分析，所得的结论也是一样的。在中国古代，契约有“约剂”“券书”“判书”“书契”“傅别”“合同”“和同”等名称，其共同点为把一张契据一分两半，在两支契的押缝处共书一个“同”字，或者在两支契上分别书“合同”二字。至于契约上书写的内容，可以是邦国之间的联盟、祭祀神明、记载功勋等，也可以记载买卖、赊欠、和解等民事关系。

契约的形式性，对于正确地理解契约的性质，极为重要。

关于契约的内容，在我国大陆中文的用法中，契约通常被理解为以经济交换为目的的双方当事人之间的约束。国家之间的“契约”被理解为条约。

在我国台湾地区的用语中，契约的含义要广泛一些，包括婚姻关系，即所谓亲属法上的契约。

在西方的政治学、社会学用语中，契约的含义更加广泛，包括以政治安排为内容的双方当事人间的约束，即各种形式的社会契约论。还包括作为道德哲学概念的契约，并包括以神与人之间关系为内容的神学意义上的契约。

从形式的角度来看，作为一种人际关系形式之描述的契约，无论它具有什么实际内容，都必须具备如下要素：

第一，契约的主体是复数的。因此，契约反映了人的社会性，其前缀 Con 的含义即在于此。

第二，契约的结果是合意。因此，契约与强制是对立的，契约是自由选择的结果。由于契约的自由选择属性，契约也是试错制，合则契约，不合则解除，有如离婚和解除合同。

第三，契约的内容是允诺。

第四，由允诺和同意产生某种义务和责任，由此使契约成为一种“拉紧了的”、更加坚固的社会关系。

第五，契约的主体是平等的。因而契约原则上必须是互惠的。真正的契约只存在于经济势力或其他势力大致相当的人或团体之间，否则，契约不过是一种不平等关系的遮羞布。正如人们所说的弱国无外交，我们说，弱者无平等的契约。恩格斯说：“劳动契约仿佛是由双方自愿缔结的，这种契约的缔结之所以被认为出于自愿，只是因为法律在纸面上规定双方处于平等地位而已。至于不同的阶级地位给予一方的权力，以及这一权力加于另一方的压迫，即双方实际的经济地位——这是与法律毫不相干的。而在劳动契约的有效期间，只要任何一方没有明白表示放弃自己的权利，双方仍然被认为是权利平等的。至于经济地位迫使工人甚至把最后一点表面上的平等权利也抛弃掉，这仍然与法律毫不相干。”

第六，在现代社会中，契约的主体可以是个人，也可以是集体，甚至国家。

第七，契约的当事人具有一定的目的，它可以是经济交换、婚姻生活，也可以是政治安排、人—神关系。

第八，契约关系是人与人之间的暂时的、部分的结合关系。

由于契约的形式性，由于契约可以包括无限丰富的内容，由于契约是义务和责任产生的依据，由于契约可以为多种主体利用，我们可以看到，契约同身份一样，是组织社会的一种工具，被组织的社会，是陌生人的社会。在这样的社会中，人们在分工条件下的各种经济需要，即生存需要，是通过契约的途径来得到满足的；人们繁衍后代、解决本能的要求的活动，也是通过契约的途径来获得满足的；人们的政治选择和要求，也通过同样的途径来满足；国家对其他国家的愿望和要求，也通过这一途径来实现。陌生人是合同的基石范畴，它极大地拓宽了人们合作范围的广度，也使人际关系建立在不信任的基础上。陌生人间的关系以合同为形式。用美国法学家 **L. M.** 弗里德曼的话来说，我们生活在陌生人的海洋之中，“当我们走在大街上，陌生人保护我们或威胁我们，前者如警察；后者如罪犯。陌生人扑灭我们的火灾，陌生人教育我们的孩子、建筑我们的房子、用我们的钱投资。陌生人在收音机、电视或在报纸上告诉我们世界上的新闻。当我们乘坐公共汽车、火车或飞机旅行，我们的生命便掌握在陌生人手中。如果我们得了病住进医院，陌生人切开我们的身体、清洗我们、护理我们、杀死我们或治愈我们。如果我们死了，陌生人将我们埋葬”。我们何以能利用如此众多的陌生人的服务？因为我们通过契约发生了一种具有相互性的关系，通过这种关系，我们得到了一种“人人为我，我为人人”的局面。

我们可以设想一下，离开了契约，我们以何种方式来组织这个社会使每个社会成员都尽可能地满意？我想不出替代品。因此，“契约神圣”的口号是不难理解的。

四、身份与契约的互补和交叉

通过以上的分析，我们可看到，身份与契约，各为一种组织社会的工具。在古代，身份是主要的社会组织工具；而现代，契约是更重要的社会组织工具。“从身份到契约”，表述的是社会组织工具的变迁过程，这是我在谈到梅因的著名命题时心中所想的。

但这并不是说，古代没有契约，现代没有身份。正如梅因所说的：“无论是‘古代法’或是任何其他证据，都没有告诉我们有一种毫无‘契约’概念的社会。”“我们今日的社会和以前历代社会之间所存在的主要不同之点，乃在于契约在社会中所占范围的大小。”

但是，在身份与契约之间，并非全然对立的关系。人们把身份与契约对立起来时，所理解的身份是不可变易的身份、固着的身份，一句话，缺乏自由意志的状态，而契约被理解为一种自由意志的状态。于是人们相信，“从身份到契约”的运动是一场伟大的社会进步。通过这一过分概括的命题，人们牺牲了身份的保护弱者的积极意义，并闭眼未看契约所意味的意志自由的虚假性。换言之，契约的消极意义被掩盖了，身份的消极意义被过分张扬了。

现在我们可看到，在一定的条件下，契约与身份，并非绝对相互排斥的，身份具有一定的积极意义，正如契约具有一定的积极意义一样。身份的保护意义，恰可以作为契约的强者向弱者宣告自己意志的工具的消极意义的解毒剂。而且，在现代社会，契约成了产生身份的根据，有了所谓的契约性的身份，它使弱小的个人依附于强大的集团，使无数根细纱拧成一条大绳，抗御强大的力量，构成弱者的“保护伞”。

五、从身份到契约

对梅因的这一命题，我已解释为社会组织工具的变迁，这是对这一命题的最大解释，并不见得符合梅因的原意。

事实上，梅因是在谈论罗马的家庭制度时提出其著名命题的，因此，梅因命题的含义，并不如有些人理解的那样广泛。在罗马法中，主要有 3 种身份。首先是自由人的身份；其次是某一城邦的市民的身份；最后是一个人在家庭中的身份，有家父、家子、家女等。从家庭身份的角度来看，的确存在过“从身份到契约”的运动，通过解放家子、特有产等制度，妇女从男子、妻子从丈夫、子女从父权下逐步地得到解放。通过这一过程，人的一切关系由被概括在家族关系中，过渡到根据“个人”的自由合意形成一切社会关系。因此，梅因的这一命题，不过是在谈论家族制度的解体和个人取得社会原子的地位。

在古代的社会结构中，无论罗马还是中国，国家的统治力都不直接达于个人，而必须通过“家”的中介。完成梅因所说的这一运动后，社会的最小单位不再是家而是个人，由此产生了个人主义的哲学。它认为，社会的出发点是个人，个人福利的增长将导致社会福利的增长；与此相反的哲学为社会主义，它认为，社会的出发点是社会，只有社会福利的增长才能导致个人福利的增长。而社会福利何在、是否得到了增长，由掌握权力的人判断。他们把社会的所有成员都组织在一定的身份中，以此保证自己计划的实现。

对梅因的命题，有人解释成从接受安排到自由选择。从团体本位到个人本位，我认为这些都是可能文义范围内的解释。

六、从契约到身份：市民社会

梅因的命题应该理解为不仅是对罗马法变迁的分析，每个作家都在自己的时代里写作并受其影响，梅因的命题还应是对19世纪的英国乃至欧洲的社会变迁的反映。

19世纪的英国，通过工业革命造成的剧烈的社会变迁，人们的确从家族关系中、从封建关系中解放出来，成为自由的个人，表现为大家庭为核心家庭所取代，行会解体。

所谓的行会，不妨把它称为“温柔的约束”。就其温柔的一面而言，作为行会成员，要承担许多互助的责任，“如果一个会友的房子被烧掉了，或者他的船遭了难，以及他在朝香的旅途中遭遇了不幸，那么所有的会友都必须帮助他。如果一个会友患了重病，就必须有两个会友在床边看护他，直到他脱离危险；如果他死了，会友们必须把他送到教堂的墓地去埋葬。在他死后，如果需要的话，他们还必须扶养他的子女，他的寡妻常常成为行会的一个姐妹”。就其约束的一面而言，行会对成员的材料购入、产品质量数量、雇佣人数、价格以及其他在全企业范围内的事项有统制力，且学徒受到师父的约束和剥削。16世纪，当现代意义上的国家形成之时，为了消除国家与个人之间的中间环节，使国家权力直接达于个人，国家摧毁了被理解为封建制度的一部分的行会。1789 年 8 月 4 日的法国立法完全废止了行会制度，普鲁士 1810 年的法令做了同样的事情，英国 1814 年的立法，也废除了对营业自由进行极端限制的土地条例。但由于行会过去的强有力的存在，《法国民法典》出于担心封建制度复辟的考虑，甚至没有规定法人。法国议会和英国议会都颁布了禁止工人结社的法律，“一定数目的公民结成团体，被认为是企图反对国家的主权，而国家是平等地保护他的一切人民的”。于是，过去的行会会员，到 19 世纪，成了孤独的个人。

但人们很快发现：“从身份到契约”的过渡，并不意味着从较坏的社会条件向较好的社会条件的过渡。契约社会对身份的抛弃，增强了社会的流动性，这对个人却意味着状况的恶化，因为个人失去了过去的给人以某些约束、同时给人以某些保护的团体例如行会的支持。19 世纪的思潮是把各种机构从属于个人的意志，但在大部分情况下，平等仅仅是形式上的，而不是实质的。契约自由往往是虚伪的。马克思对这一现实有很好的描述：资本家与工人按照契约自由的原则订立雇佣契约后，“资本家昂首前行，劳动力所有者成了它的工人，尾随于后。一个笑容满面，雄心勃勃；一个战战兢兢，畏缩不前，像在市场上出卖了自己的皮一样，只有一个前途——让人家来蹂躏”。人们发现了个人的弱小，又组成团体来使契约自由获得真实的意义。19 世纪，是“从身份到契约”的运动的世纪，它也正是工会运动的世纪，从 18 世纪开始，工人便开始冲破各种禁令建立工会。最早的工会运动者都受到了残酷的迫害，有的人为此牺牲了生命。到 1825 年，英国正式废除了禁止工人结社的条例，工会运动进一步蓬勃发展，到20世纪初，工会运动才取得完全的合法化。工会是对行会的扬弃，它去掉了行会的限制因素，保留了其保障功能，被工人们用作改善个人的谈判地位，以集体谈判的形式订立集体契约的工具。19世纪，也是合作社运动的世纪。1844年12月24日，正是在英国的曼彻斯特，诞生了人类历史上的第一个合作社。所谓合作社，是劳动者或居民以经济互助为目的联合组成的经济组织，有生产、消费、信用等种类，它是人们避免中间盘剥的工具。消费者保护组织也建立起来。人们只享受了短暂的以个人的名义存在于社会的时期，很快，人们成了各种协会的成员，成了各种协会成员的契约性身份的拥有者，以此保护自己的利益。现代的社会，又成了身份社会，不过，这里的身份，与以前的身份社会中的身份，已经是形同而实不同了。

市民社会的概念也因此发生了变化。如果说罗马的市民社会的成员是个人意义上的市民，而现在，市民社会是由“各种独立的、自主的社团组成的多元的社会”。市民社会取代过去的家族，成了国家与个人之间的中介。一方面，它保障弱小的个人免受强者的剥削；另一方面，从纵向上讲，它保障个人免受国家这个最大的强者的不当干预。

最后，身份的概念为情势的概念所丰富。依据这一概念，法律不再把个人看作抽象的人，而是看作雇主和雇员、工人、职员、业务经营者、偶犯和惯犯，法律只参考其社会关系的一个部分具体的方面，此时，法律是把人作为特定的社会角色的承担者看待的。

七、结论

在本讲座题目所提出的两个命题中，身份的含义是不同的。在第一个命题中，身份的含义是无可选择，没有自由；在第二个命题中，身份的含义是通过自由的选择，取得某种保护。因此，这两个命题都是正确的，反映了不同时期的两种社会变迁。

在这两个命题中，契约的含义是一样的，它在借代的意义上使用，是意志自由的代名词。“从契约到身份”，是为了减轻自由的代价，减弱契约的消极意义，使自由更有保障。

时间：1999 年 12 月 5 日

地点：华中理工大学

记录及整理：华中理工大学法学院研究生

第八讲

民事死亡 · 社会死亡 · 社会瘫痪
——市民法的规训之道

非常感谢华侨大学的许少波院长邀请我在11年之后重新回到这个讲坛，2004年我来这里演讲过一次，我感到非常地高兴。今天我讲的题目很长，简化一下，就是市民法是怎么整人的。说这样的话，让这个研究显得怪怪的，但是呢，它是有理由的。

一、研究的缘起

第一个缘起是王森波的一篇文章，批评我在《中国法学》上发表的《论民事屈从关系》，我在这篇文章中证明民法并非全部调整平等主体之间的关系。有一些人接受了我的这个观点，像武汉工程大学的孙文桢教授，他说此文引发了民法学的一场革命，应基此考虑怎样重构民法理论。但是华政毕业的王森波对我的文章提出批驳，发表在《湖北社会科学》上，他的意思就是说，民法根本不想整人，而是面对不平等想追求平等。我就觉得他研究平等的时间可能比我还短一些，但是也刺激到我，想进一步地证明民法有的时候不讲平等，有的时候即便是平等的，也要把它搞成不平等，以满足一种治理的需要。

第二个缘起是我们知道的现在（2015 年）的“民法总则草案热”。中国法学会把王利明教授主持的“民法总则草案”稍加修改公布出来，征求各界的意见。明天（2015 年 5 月 23 日）我要到大连去开会，内容是法史学界对“民法总则草案”提意见，到时我要讲讲我的意见。这个“总则草案”开头的一两条就让我非常地失望：第一个条文是关于民法对象的规定，它还是说民法调整平等主体之间的人身关系和财产关系；第二个条文是对《民法通则》第 10 条的重复，就是公民权利能力一律平等。它又把该条抄过去了。我就是想证明，无论是王森波也好，还是最近公布的“民法总则草案”的作者也好，他们都是一个思路，也就是说民法面对不平等的现实，但要创造一种平等。但是他们可能不知道立法者也许会出现制造不平等的可能。今天就是要证明这种可能。

第三个缘起是“胡娜事件”。胡娜是 20 世纪 80 年代我国一个有名的网球运动员，在出访美国的时候就不回来了，然后申请政治避难。大概是在几个月（2015 年）前，她又回到中国。网络上有很多人对她有一些不忿之言，这个也就罢了，但是凤凰卫视竟然在《名人面对面》这个节目里采访她，把她当作名人。看节目时我就想我一定要写文章提到胡娜。根据我所受的罗马法和民法的训练，这种人不是在很多国家都民事死亡了吗，怎么能够上电视？所以呢，这也是刺激我写这个文章的一个诱因。

第四个诱因就是“入籍外国者回到中国要求养老金事件”。改革开放初期，我国一些年龄很大的人到国外留学，留学了以后又放弃中国国籍留了下来。这样的话，他在中国的工龄可能达到了二十几年，但是在国外的工龄很短。所以如果他拿美国的养老金，拿法国的养老金，很少，不够吃。这些人现在想起来要拿中国的养老金。甚至于安徽省的一个地方政协还向全国政协提出议案，要解决这些人的问题。我有一个亲戚移民澳大利亚了，她也是澳洲公民了，正好我写这个文章以后，我就问她这种请求是不是合理。我受的训练告诉我，如果你放弃中国国籍，依附于中国国籍的一些利益就没有了。她的观点跟我是一样的，我的亲戚说，既然你想要中国的养老金，当年你放弃中国国籍干吗？因为在放弃中国国籍的时候，有一个剪护照的程序，即当着移民国官员的面把中国护照剪了，发给你新的护照。实际上此举也是对中国的一个羞辱啊！对这个情况，我个人认为我们中国政府没有任何预案。平常我不搞对策研究，但是我个人认为今天我所讲的这些内容是一个非常典型的对策性研究，想帮助中国政府解决一个对它来说非常新的问题。

第五个缘起。有一天，我在厦大邮局储蓄所还贷款，排在我前面的是一个和尚。你们知道厦大和南普陀是邻居，僧人见得比较多。他在那里理财。大家知道理财 5 万元起步，他至少要有 5 万元人民币。但是大家知道佛教的规则，佛教的出家人不能有许多身外之物，只能有“三衣六物”。“三衣”是大衣、中衣、小衣，相当于外套、衬衣和内衣。“六物”包括一个喝水的杯子，喝水之前他怕把水里的活物喝掉，这样就杀生了是吧，所以还有一个过滤水的器皿，等等。所以和尚应该是没有什么财产的。但是中国的和尚现在变得越来越富有，有宝马车，有运动自行车，有 iPhone，甚至还理上了财。这种情况可以吗？不可以，但是从理论上怎么说明它，要按照佛教的规则来证明。

第六个缘起，即吉林一个监狱的囚犯与外界妇女恋爱，通过 iPhone 与警察的妻子有关系的事件。这是一个震惊全国的事件，这个事件提醒我们注意一个事情：剥夺自由刑的内涵到底是什么？

上述种种现象，我个人把它概括为民事死亡制度的现象。你要把民事死亡制度搞清楚了，这些现象都能够加以解释。但是我们之前没有研究这个，所以对这些问题没有预案，也就闹出了很多的笑话。

二、民事死亡

（一）罗马法中的民事死亡

民事死亡制度罗马人想到了，但是还差一里路，没有把它命名，这个命名是中世纪人搞的。民事死亡制度的基础是什么？就是生物人与法律人的对立。在现代国家，所有的生物人都是法律人。但是在古代，要经过一定的过滤程序，不是所有的生物人都能成为法律人。这样的话，生物人成为法律人是一个正过程，民事死亡则是一个反过程。我已经让你这个生物人成为法律人了，但是你这个法律人，有时候做一些违反国家利益的事，我又把你打回成生物人，你就不再是法律人了，或者是不再全部是法律人了。可以这么说，民事死亡是解除生物人和法律人的合一性，把某些法律人还原为生物人的制度。它的原因有三大类：第一个是因判罪；第二个是因出家；第三个是因移民，也就是归化外国。就判罪而言，不是所有的判罪都导致民事死亡，只有重罪，像引起死刑、无期徒刑的罪才如此，引起一般的有期徒刑的罪不导致民事死亡。还有出家，很多种类型的宗教，比如伊斯兰教中有出家导致某种人格减损的情形，但是我研究得比较多的，第一个是天主教，第二个是汉传佛教，这些宗教都是有民事死亡制度的。第三个是归化外国。归化外国这种行为的意义是什么？你归化外国了在我国还有什么利益？我们中国这方面的情况一片混乱。我在苏州大学讲这个题目，下面的听众马上给我举出一个例子：我们有一些律师已经在加拿大有国籍了，他们竟然在中国照样作为律师执业。这个就是我们中国管理上的问题了，没有把这样的外籍律师的执业资格排除。

1. 因判罪的民事死亡

我们看一下因为判罪的民事死亡。让我们从刑罚的角度看这个问题。在罗马法中，因为三种刑罚发生民事死亡：第一个是禁绝水火，它相当于我们现在的驱逐出境；第二个是放逐小岛，相当于我们现在的流放；第三个是被罚为奴隶。首先，我们看看禁绝水火。因为水与火是祖国的象征，是人的生活中不可缺的要素，禁绝水火就是不能让你享有祖国的要素。它的法律效果是，受刑者在离罗马国家中心一个圆心划出的500罗马里的半径之内不得出现。一旦出现，任何人都可以杀死他，也不得有人给他提供食物和眠床，否则也要承担非常严重的结果。这种刑罚是一种假死刑，目的是避免杀戮，以它取代死刑。禁绝水火的人丧失了罗马市民权，他以这种方式被从罗马市民的行列中开除，“如同已经死亡”。此语证明罗马人没有创立民事死亡的概念，但他们感觉到有一种东西，它不是死亡，但相当于死亡，所以罗马人敏感地触及了这个问题。禁绝水火者还要丧失全部财产，它适用于一些比较严重的罪名，大多是违反国家利益的犯罪。道理很简单，你对抗国家，国家就不给你公民身份，依附于公民身份的利益就没有了。第二种刑罚是放逐小岛。放逐小岛与禁绝水火不是同时的，禁绝水火比较早，放逐小岛比较晚，是图拉真皇帝用来取代禁绝水火的一种刑罚。这个“岛”也可能是海岛，在没有岛的地方（因为罗马帝国很大，有的地方是内陆地区），沙漠上的绿洲也被认为是一个岛，在这里服刑。这些刑罚主要是适用于宗教异端罪、妻子遗弃丈夫罪等。

禁绝水火和放逐小岛都导致受刑者的市民权丧失。用罗马法的术语来讲，就是人格中减等。我讲罗马法多年，我原本认为人格中减等这个词已经是没有必要再使用了，但是我在研究民事死亡制度的过程中，我发现这个术语还有很多的现实意义。比方说我们一个中国人放弃中国国籍，加入外国国籍了，这个就是人格中减等。所以我们现在也不妨用这个词，表示一种法律效果。

第三种刑罚是罚为奴隶，它更加严重，不仅让受刑人丧失市民权，而且还丧失自由权、家族权。导致它的罪名是拒绝国势调查、拐卖人口等，都是极为令人厌恶的犯罪。

上面的三种刑罚的一个共同点是剥夺受刑人的市民权。市民权就是我们现在的国籍，这种权利的剥夺将导致只有市民身份的人才能享有的市民法上的权利的丧失。基本的理路是：市民身份是一个载体，上面载有我们很多的利益，包括你的养老金、你能不能在这个国家进行正常的文教活动等，都取决于你的国籍。你的国籍没有了，就会釜底抽薪，一切都没有了。但在不同时代的国家，对于国籍上所附载的权利的设定是不一样的。罗马人的设定非常简单，第一种权利是交易权，也就是说进行财产性的法律行为的权利。不是罗马人也就不能够进行罗马私法上的财产性法律行为。第二种是通婚权，即进行人身方面的法律行为的能力。没有了它，你不能缔结婚姻，已经缔结的婚姻失效，因为婚姻能力决定了你能不能缔结婚姻，你过去有婚姻能力，你才缔结了这个婚姻，现在婚姻能力没有了，就相当于楼的地基没有了，楼要塌掉了。第三种是遗嘱能力，就是设立遗嘱处分自己财产的能力和按照他人的遗嘱接受遗产的能力。第四种是作证能力，就是为他人的法律行为作证，并且召请他人为自己的法律行为作证的能力。第五种就是公法上的投票权、选举权。你想，一个中国人假设归化了外国，到中国来竞选泉州市市长，恐怕不行吧！由此我们知道，在我国法上，市民身份还是在暗暗地起作用的，在一些方面作为门槛阻拦入侵者。第六种是担任公职权，就是被选举权。第七种是向人民的申诉权，即在遭受长官的一些重罚的时候要求公民大会给予复议的权利。第八种是从军权，就是参加军队的权利。军队也不是任何人都能进来的，要有公民身份。

这8种权利中，前3种是私法性的，后5种是公法性的，它们与市民身份形成“毛”与“皮”的关系，市民身份没有了，这些权利都没有了。所以我们刚才所讲的这些问题，都是涉及市民身份的问题。

2. 因出家的民事死亡

接下来我问一个问题：一个出家人，他还是公民吗？和尚是不是公民啊？（学生：是啊）是啊？你们的观点还蛮先进的。曾经不是，知道吗？因为出家就是把自己从市民社会中间自我放逐。市民社会是什么？是一个有国籍的人组成的社会，你出家了，就进入另外一个社会。所以，我们说曾经不是。我们把这个问题说具体一点：你一旦受了剃度，还能不能选举啊、能不能有投票权啊？这个在中华民国初期就是一个问题，这个现在应该不是问题。我们看到电视上报道，南普陀的僧人投票选举人大代表，这是20世纪30年代佛教界进行抗争的结果，以前是没有的。

第二个问题，我想大家可能比较好接受：一个剃度了的人，能不能被选为泉州市市长？恐怕不行吧。你专心念你的经吧，你当泉州市市长，你那个经还能念好吗？（笑声）这意味着什么啊，他的被选举权被剥夺了。至少我们可以这么说，公民权上面承载着8种能力的概念也适用于中国当代，就是说你作为一个出家人，你被选为人大代表、政协委员是可以的，甚至被选为这些机构里的宗教委员会的委员也是可以的，但是你恐怕不能被选为泉州市的市长或者中华人民共和国的主席，除非国家实在是找不到人了，只好拜托你管理一下我们的国家。这样的话，我们就产生了一个问题，出家导致一个过去的公民变成非公民，或者退一万步说，变成一个不完全的公民。所以，我们说他受了民事死亡。

出家导致的民事死亡，在罗马有两个制度，第一个是维斯塔贞女制度。我们知道罗马作为一个国家，像一个人家一样，它有一个灶火，永远不灭的，以表示国家的繁荣和存续。这些灶火要求一些处女来供奉，这些人被要求出生于贵族家庭，一旦被选中就享有很多特权，比如说妇女通常不能立遗嘱，维斯塔贞女就可以立遗嘱，但是也要承担一定的义务。大概是三十多岁退休，退休了以后，你爱干嘛干嘛，但是在三十多岁之前，你就不能够与男性亲近，一旦发生性关系，要活埋的。那么，就是说她们享有一些特权，但是也要被剥夺一些世俗生活的利益：一是脱离了家父权的管辖，再就是说在法定继承的情况下，她们没有继承能力，她们不继承别人，别人也不能继承她。这就意味着维持贞女在宗亲关系方面和法定继承方面的民事死亡。当然了，这个民事死亡不是全面的，只是导致部分能力的丧失。这是第一个制度。

关于第二个制度，我们看下优士丁尼在535年发布的第22条新律第五章的规定，说的是配偶一方因为出家无过错离婚的情形。这个情况我们很熟悉啊，我们法学界的王小能教授[1]曾是一个民法老师，后来在深圳出家了。我一直想在网上查一查她出家的程序是怎么样的，可惜很少。我们知道演《红楼梦》里的那个女演员，[2] 也是出家吧，但是她在出家之前是

---

〔1〕 王小能原系北京大学法学院教授，后出家。——编者注

〔2〕 即1987年版电视剧《红楼梦》中林黛玉的扮演者陈晓旭，现已辞世。——编者注

事先离了婚，分割了财产的。所以呢就谈到了这个问题，愿意出家的丈夫或妻子可以选择离婚，同时要给被抛弃的配偶某种补偿，然后，作为当事人谈判对象的利益，本来要在死亡的情形才可收取的，应属于被抛弃的一方（当然，这属于继承），无论他是丈夫还是妻子。因为就婚姻而言，选择另一种生活的人视为死亡。这是优士丁尼的一则新律的内容，这则新律告诉我们，罗马人敏感地感觉到有一种事实不是死亡，但是跟死亡的效果是一样的，用我们现在的话说就是拟制死亡。所以说，把出家人拟制为死亡。请大家注意，这个死亡是什么？是作为一个公民不再存在了。在罗马中，对于公民的存在，有一个物理的体现，它有一个公民的名册，每一个人占一条，你一出家，这一条就删掉了。说你民事死亡并不是说你不呼吸了，不心跳了，而是说你在公民登记簿里的那一条没了。没有以后，你的权利也没了，义务也没了。这样就产生死亡的效果。这个告诉我们：出家者可以离婚，出家者的民事死亡可以作为开启继承的事由。我们知道死亡是一个自然的事实，导致继承的开始。在这里，民事死亡，跟自然死亡一样导致继承。

3. 因移民的民事死亡

现在讲移民（Exilium）作为民事死亡的原因。"Exilium"这个词的意思很多，在这里的话是指移民。罗马与一些同盟国订有一些条约，其中就承认各个国家的成员在成员国之间可以自由迁徙，但是又不承认双重国籍。所以移居外邦的人取得当地的市民权的，即丧失罗马市民权。用我们现在的话来讲，归化外国的罗马公民不再是罗马公民，那么罗马公民权所意味的八种权利或者说能力就没有了。为取得当地市民权而丧失罗马市民权的人，如果移居的是拉丁城邦，就是罗马的同盟国，就保留交易权和通婚权（因为拉丁人是半罗马人，他们没有罗马人的政治权利，但是享有民事权利），但丧失家父权、法定继承权。权利的丧失的范围与维斯塔贞女一样，所以我们可以说，移民造成的民事死亡也不是完全的死亡，只是部分死亡。有意思的是，要指出一点，就是罗马对移民在完成这个程序之前有一个清算的程序。因为你一旦移民以后，我就不好找你了，一个人总是有一些债权人和债务人跟他发生关系，当然要通过清算把这些债务了结。以后你要移民到美国，我们去起诉你，多麻烦啊！甚至就完全不知道你在哪里，是吧？但是也可能有隐藏的债务人，还没有发现这个事实，所以你还要留下一个保证人，一旦有人追诉你，这个保证人帮你承担责任，但你要把你确切的地址、联络方式留下，甚至放一笔钱在保证人这里。这个程序很好，但是我们中国没有，移民走了就走了。

（二）中世纪人对民事死亡概念的打造和制度化

首先我们看一下，在罗马法原始文献里面涉及民事死亡的法言。中世纪人就根据这些法言创造了这个概念。第一个法言属于盖尤斯，即“合伙也因人格减等而解散，因为从民事的角度来看，人格减等同于死亡”。请大家注意，我们说合伙是一种人的集合，不是资本的集合，所以它基于人身信任关系，合伙人之一死亡导致合伙解散。盖尤斯就想到了这个问题，一个人没有自然死亡，但是被民事死亡了，会不会导致合伙解散呢？他的结论是解散。所以盖尤斯心里就设定了一个死亡的属概念，下面分为自然死亡和民事死亡两个种概念，但是还没有把它说出来。第二个法言属于帕比尼安，他设想了一种情况：

“你允诺在你死亡之时偿付吗?”这叫作死时要式口约。要式口约是为了满足我们的需要订立的，要死的时候就没有这个需要了。按照现在的法学理论，死时要式口约应该是无效的，但是罗马人的合同法以家子继承为基础，你这个人死了，你的家子继承你的合同地位。所以，他们认为这种要式口约有效。这就产生了一个问题：如果这个以死亡作为生效条件的要式口约面对债务人被放逐小岛的情况，其条件是否成就？放逐小岛，我们知道就是一种导致民事死亡的原因。帕比尼安则作了一个否定的回答。也就是说，帕比尼安的思想与盖尤斯的思想不一样，他并不认为民事死亡能产生自然死亡的效果。第三个法言是保罗的：“我们已说过合伙也因没收而解散。此语只涉及没收全部财产的情形。如果合伙成员的财产被没收，且某人继承了其地位，他被认为已经死亡。”没收，我们知道这就是放逐刑的一种附带效果，同时要被没收全部财产。这实际上讲的是合伙人之一遭受人格中减等，由此被没收了全部财产，他认为也导致合伙解散。这是保罗的一个看法。这个看法被优士丁尼的《法学阶梯》继承。这些再加上我们刚才提到过的优士丁尼的新律（涉及出家，他里面提出出家是一个相当于死亡的法律事实，这些我们不讲了），就是罗马人暗用民事死亡的概念描述某些法律情势的实践。

其次讲讲中世纪人对这些材料的加工。第一个加工者是皮留斯（Pillius），是12世纪左右的法学家。他的年代离他处理这些文献的时代已经是700多年了。他写了一本书——《安息日问题集》，针对帕比尼安提出的问题，作了一个进一步的分析。他说：“这一法言是针对自然死亡而非针对民事死亡而做出的。”帕比尼安没有讲民事死亡吧！他讲的是死时要式口约面临债务人被放逐小岛的情况，会不会导致这个死时要式口约的条件成就。皮留斯把帕比尼安的片段加以提炼，说他所谓的放逐小岛是民事死亡，他还问：“在被杀、被绞死或在其他非自然死亡的情形还会发生什么？”所以，大家都认为皮留斯第一次提出“民事死亡”这个词。这个词罗马人已经到了喉咙上了，但是就是没有说出口，那么是皮留斯把它说出来的。

第二个加工者是阿佐（Azo）。阿佐在中世纪非常有名，有一句法谚说：“不读阿佐的书，身在法庭亦无用。”他对罗马法原始文献作了一个很大的评注，它对于当时的律师的法庭工作非常重要。他写的一本书叫作《金子般的短论集》，其中设有“民事死亡研究”的专节，研究了罗马法原始文献中具有民事死亡意味的情形。其中一个情形是上列优士丁尼《法学阶梯》所包含的，他如此分析道：“对于合伙之诉来说，民事死亡因放逐或人格大减等而发生。民事死亡在许多情形都导致自然死亡的结果。”这句话最关键：“民事死亡在很多的情形都导致自然死亡的结果。”下面还有一句：“在提到死亡的合同和其他文件中，如果当事人只提到了自然死亡，未提到民事死亡，法律推定他们也考虑到了民事死亡。”也就是说，即使当事人所受的法律训练不够，在合同中间我们说了死亡会导致合同解除，但是没有考虑到民事死亡，此时法律作了一个补充性的规定，推定你也考虑到了民事死亡。也就是说，两种死亡产生同样的效果。可以说，阿佐把死亡作为属概念，把自然死亡和民事死亡作为它的两个种，赋予两种死亡同样的法律效果。这是一个很大的推进，民事死亡制度到这里就理论化了。

第三个整理者是奇努斯（Cinus）。他针对罗马人提到的民事死亡情形进一步地扩张，把出家的情形也包括进来。因为前面都是谈的判罪造成的民事死亡。对于出家对民事法律关系的影响，他是这样说的："进入修道院的人被视为死亡。"进而雅各布斯（Jacobus de Ravanis）在《真正的入门》中对优士丁尼的我们所提到的那个新律作了一个分析，他说："进入修道院的人将带入他的全部财产，就算他未明示地这样说过，但他将不再是此等财产的所有人。"也就是说，财产经他带入修道院，也就是捐给修道院了，他自己应该是赤条条的。我们厦门南普陀的和尚在理财，此举跟这个规定是矛盾的。优士丁尼上面所说的新律讲的是出家者没有婚姻能力，雅各布斯的分析还限制了他们的所有权能力。由此民事死亡的类型达到齐备。非常有意思的是，中世纪的法学家都是从民法的角度研究民事死亡，研究刑事制裁对于民事法律关系的效果，而不是从公法的角度研究，但是我们知道民事死亡是一个刑法与民法相结合的制度，你可以从民法的角度进行研究，也可以从刑法的角度进行研究。

（三）近现代法中的民事死亡

接下来我们就要从刑法的角度研究近现代国家法律中的民事死亡了。

1. 法国法中的民事死亡

1804 年的《法国民法典》被我们的李浩培等老先生翻译成中文，在商务印书馆出版，所以对于在座的包括我在内，第一次接触民事死亡都是看的这个法典的译文。《法国民法典》第 23 条规定："受死刑判决者发生民事死亡。"请大家注意，这个条文规定的是受重罪判决造成的民事死亡。但是，我们处决一个公民，杀死他后还宣告他民事死亡有什么意义啊？意义就在于，如果你没有把他宣告成民事死亡，他还有一个公民人格的假存续状态，你必须使他保持他曾获得的一些荣誉称号，或者在纪念碑上刻有名字，但是如果你宣告他民事死亡以后，那些东西都无效了，要把它凿掉。第 28 条规定："缺席受刑人，在 5 年之内，或迄至其到案或在此期间被捕为止，一律剥夺其民事权利的行使。"也就是说，因在逃缺席审判的人，在他到案之前都被宣布民事死亡。你什么时候到案了，什么时候民事死亡就终止了。在民事死亡期间，你所有的民事权利、政治权利都被剥夺。

1810 年的《法国刑法典》第 18 条规定："判处终身强制劳动、判处放逐，导致民事死亡。"这和罗马法的规定是一样的，终身强制劳动就是无期徒刑，判处放逐相当于罗马法中的流放小岛。适用于这个刑罚的罪名有帮助越狱和实施暴力抢劫等，这是对抗国家的一种犯罪，行为人承受民事死亡，因为你不忠于这个国家，就不让你享有这个公民身份所带来的各种权利。

民事死亡有公法上的效力和私法上的效力，它的公法上的效力见诸《法国刑法典》第 48 条的规定，即受刑人被禁止行使如下的公权、私权和家庭权：第一个是投票表决权，这个和罗马法的规定是一样的吧！这是选举权。第二是被选举权。第三个是被召或被认命为陪审员或其他公职，以及受雇于国家机关权，这个罗马人没有，实际上是被选举权的一个延伸。还有携带武器权。在家庭决定中的投票权，因为很多国家的法律都确认了亲属会议制度，经受民事死亡的人，在亲属会议不能投票了。作为监护人或保佐人之权利，但是可以担任自己子女的监护人或保佐人。在诉讼中作为专家证人权和证人权。在审判中提供证言权，单纯的声明除外。这个规定基本上来自罗马法，但是比罗马法的规定复杂，把一些权利的剥夺展开规定了。

另外，《法国刑法典》第28条还规定了被判处应受刑罚未达到民事死亡程度之罪行者的民事禁止。民事禁止也是剥夺受刑者的一些能力，但是剥夺的范围比较有限。被剥夺的有哪些能力呢？该条文规定："被判处有期强制劳动者（请大家注意，民事死亡是无期的强制劳动的后果吧！这里是有期的强制劳动）、流放者、牢房监禁者，永远不得担任陪审员、专家证人，也不能在诉讼中用作证人，也不得出庭"，"不得担任监护人和保佐人"，也不能持有武器。这一条规定的受判处者，他的法律情势其实不能用死亡表示，因为他没有到死亡的程度，只是其能力被部分剥夺，所以可以用瘫痪或麻痹来形容。我个人认为那些吸毒的演员实际上是被民事麻痹了，不能够再进行表演了。民事麻痹、民事瘫痪这是我的说法，法国式说法是公民资格减等（公民资格减等就是说，我们都是公民，但是我的能力比你大，你就不如我那么牛了）。根据《法国刑法典》第34条的规定，公权的减等体现为解任或排除受判处者担任一切公职或受一切公共雇用，并体现为剥夺第28条规定的一切权利。我们可以发现，公民资格减等相比于民事死亡少剥夺了受刑人的一些权利，比如说他还可以选举和被选举。所以说《法国刑法典》给我们留下了能力剥夺刑上完全剥夺和部分剥夺上的双轨制。我们在这里交代这个很重要，因为后来民事死亡制度被废除了，但是它以公民资格减等的方式换个名字又出来了。

关于民事死亡的私法效力我们大家可能比较熟悉，因为老版的《法国民法典》都翻译过来了，有好多条规定。人们经常把《法国民法典》第 8 条作为权利能力人人平等的例子，该条规定，所有的法国人都享有民事权利。它相当于我们的《民法通则》第 10 条，公民的民事权利能力一律平等。但是人们不知道，过了十几条以后该法典就规定民事死亡，这实际上是对《法国民法典》第 8 条的一个大大的但书，而且对民事死亡的规定多达十几条，但现在已经被废除了。

在民事死亡的私法效力方面，法国人完全采用罗马人的规定：第一个是丧失对全部财产权的所有权，那就是剥夺交易权；第二个就是丧失继承他人的能力；第三个就是丧失以生前赠与或遗嘱的方式处分其财产的能力；第四个是丧失监护方面的能力；第五个是丧失作证的能力；第六个是丧失诉讼能力；第七个是丧失缔结婚姻的能力；第八个是已有的婚姻消灭，就是强制你离婚。最后这个很厉害，本来有老婆的人，现在把你变成光棍，作为一种惩罚。当然了，两个人结了婚后会生孩子，生的孩子当然是坏孩子，所以英国人进行这种处罚的理由是“坏血”。关于英国法，由于时间关系就不再说了，布莱克斯通的《英国法释义》里很详细地讲到英国法中的民事死亡制度。

我们看到法国立法者的规定与罗马法的规定一样，就是把一切的民事权利都附属于国籍，国籍没有了，所有的民事权就没有了。尽管如此，法国立法者还网开一面，实际上这网开一面也是从罗马法开始的。我们知道，一个人除了是市民法的主体之外，同时还是自然法的主体，你因为丧失市民身份，市民法的权利不能享有了，但是自然法的权利还可以享有！你剥夺他的交易权，他就不能买饭，在华侨大学食堂里买饭的权利就没有了，这等于是把他弄死了，这显然不太合适，所以，法国法允许受民事死亡者保留一些自然法和万民法上的权利，比如说有偿购买权、经商权、破产时的缔结和解协议权等，所以，他们还有一定的自然法意义上的权利能力。

2. 美国法中的民事死亡

接下来，我们讲一下美国法中的民事死亡。英国法的这部分内容已经被省掉了，讲美国法是因为涉及问题的一些方面。首先我们看看美国宪法第1条第9款第3目的规定：禁止国会通过民事死亡法（Bill of Attainder）。这里就涉及“Attainder”这个词的翻译问题。我们一般的美国宪法条文的译文中这个法案被翻译成褫夺公权法，这个翻译是不对的，因为译者对英国法中“Attainder”这个词的意思不够了解：它让人失去的不仅是政治权利还有民事权利，所以应该把该词组翻译成民事死亡法。美国宪法流传全世界，它甚至包括民事死亡的规定！

在大陆法系的大部分国家，民事死亡制度名义上都被废止了，但是在第一次世界大战爆发之前，国联对于世界各国的民事死亡制度存废的情况做了一个调查，结论是美国、捷克斯洛伐克等国家仍有民事死亡制度。所以我们可以说，美国的民事死亡制度从来没有被废除过，这是一个很有意思的现象：美国那么民主、自由的国家，它竟然有民事死亡！我们看一下《哈佛法律评论》在1937年发表的一篇编辑部文章《民事死亡法规：现代世界的中世纪拟制》，它对当时美国各州的民事死亡制度的情况做了一个统计。我们说，在美国联邦的层面上不能制定民事死亡立法，但各州是有权力制定的，所以，在1937年有18个州采用了民事死亡制度。在这18个州中间又选择了民事死亡制度的不同效果：有6个州规定民事死亡者的财产要如同它实际死亡一样进行分配，也就是说民事死亡作为法定继承开启的依据；另外有17个州中止民事死亡者的起诉权，就是剥夺他的诉讼能力；有6个州规定民事死亡者无出售与转让财产权；2个州允许民事死亡者订立遗嘱马上分配其财产，也就是说允许他以遗嘱的方式分配自己的财产，结果他没死，财产却要分了；还有3个州承认判处民事死亡具有消灭受判者既有婚姻关系的效力。最后这点与罗马法一样，不让你再有老婆、有配偶了。整你，整得让你痛！我们今天的讲座研究的就是市民法的整人之道。我就觉得我们在这里必须提到孟德斯鸠讲的最大的一句引人误解的话：在民法慈母般的眼里，每个人都是一个独立的国家。说这句话完全是引人误解的，因为它根本不符合民法的规定！开始我还以为译错了，查了法文版、英文版，都是这么写的，但这句话真的完全错误！到了20世纪80年代，上述州不少废除了民事死亡制度，只有爱达荷州对于所有囚犯适用这个制度，纽约、罗德岛、维京群岛只对判处无期徒刑的人实行这个制度。基本的趋势是民事死亡制度的适用范围有所减小。

3. 因判罪的民事死亡制度遭到的批评

首先我们看一下公法角度的批评。德国历史学家特赖齐克

（Heinrich von Treitschke）说："宣告一个活人民事死亡与我们的正义观念不符。"一个人还活着，你说他死了，这也不吉利吧！美国最高法院怀特法官认为，这一制度违反了公民基本权利的概念。请大家注意，在英语里，民事死亡这个词是"disenfranchisement"，也就是说剥夺投票权，怀特讲的这句话是说被关在监狱里的人也是公民。一个被关在监狱里的公民可以投票，有选举权，但被选举权恐怕很难实现，要是被判无期徒刑的人被选举当泉州市市长，他怎么去当这个市长，是不是？美国关于民事死亡的文献很多，主要聚焦于被判刑者是不是有选举权，很多州是允许他们投票的。

其次有来自私法角度的批评。论者认为民事死亡伤害了受判者的妻子和孩子。例如，解除受判者的婚姻关系，他们可能感情很好，感情跟他的罪行并不见得有必然的关联。另外，承受这一处罚的还有完全无辜的孩子，你把他的家庭拆散，孩子本来是有双亲的，现在只有单亲了，这当然不利于孩子的成长。而且，立即开启对受判者的继承，让他的家人从一个犯罪中间得利，实在不义。最后，国家通过剥夺受判者的财产，也剥夺了继承人继承的机会，这也是有所不公的。

最后是来自技术角度的批评。因判无期徒刑而发生的民事死亡引起继承的发生，但是很多国家有大赦制度，通过继承已经分掉了遗产，这个人又被赦免了怎么办？其实这个问题好办，把这个赦免设定为没有回溯力就行了！其实很多国家也是这样规定的。

正是因为上述理由，民事死亡制度在多数实行它的国家和地区遭到了废除，有晚近立法的国家就不规定它了，已经规定的，有些就废除了。如法国是在 1850 年部分废除、1854 年完全废除了它，魁北克是在 1906 年废除了它。法国废除因判罪的民事死亡制度的过程很有意思，为此专门颁布了《政治放逐法》，其第 3 条规定：在判处放逐的任何情形都不导致民事死亡，仅导致公民资格减等。前面我就跟大家讲过 1810 年《法国刑法典》采取民事死亡与公民资格减等的双轨制。民事死亡改成公民资格减等，被剥夺的能力仅仅减少了两项：一个是选举权，另一个是被选举权。所以，公民资格减等实际上是一个小型的民事死亡。所以法国口里说废除民事死亡，实际上放生了民事死亡。它原先采用双轨制，现在只废除了一轨，所以说它没有诚意要废除民事死亡制度。

4. 因判罪的民事死亡制度的当代转型

我们首先讲一下民事死亡在西班牙法中的转型。西班牙法采用失权这个词来表达民事死亡的公法效果。它的内容是：（1）绝对失权。（2）特别失权以致不能受雇于政府部门或担任公务员，从事一定的职业，担任一定的职位，不能从事某种工业或商业，不能行使亲权或监护、看管或保佐、被选举权。（3）暂停受雇于政府部门或担任公务员。（4）剥夺驾驶汽车、摩托车或者机动车的执照。这个是罗马人没有的，是西班牙人的创新。请大家注意，剥夺一种执照，实际上就是剥夺了某个人从事某个职业的机会。比如，有一个汕头的司机，他打电话向我求救。他受雇于一个客车公司，客车公司用的是套牌车，然后车管部门就处罚他，吊销了他开 A 类车的权利。他说他还差几年就退休，就只会开车，如果不让他开车，就没有生计了。所以说剥夺执照等于剥夺需要执照从事这个职业的能力，实际上也是剥夺某种职业资格。（5）剥夺持枪权。（6）剥夺在某地定居或者去往某地的权利，禁止接触一定的人。（7）从事有益于社区的劳动。（8）剥夺亲权，等等。我们可以看到西班牙有一定创新，但是大部分内容都源于罗马法的规定。

还有我国澳门特别行政区的法和葡萄牙法，由于我国澳门特别行政区主要是援用葡萄牙的规定，所以我们只讲我国澳门特别行政区就可以了。我国澳门特别行政区的规定是：在公法领域不能担任公职，在其他领域有停止行使亲权、监护权、保佐权、暂时禁止业务或者职业、中止驾照的效力等。所以说，我国澳门特别行政区还是保留民事死亡制度的。

中国内地以剥夺政治权利的附加刑来体现民事死亡的公法效果。它的理论非常独特，它认为公民的政治权利是宪法规定的，剥夺政治权利的意思是：宪法规定的公民权利被剥夺，就不能行使了，包括游行、集会、示威、担任国家机关职务的权利，这样的话它剥夺的权利范围比较独特，跟其他国家的不太一样，有所创新，但是它的逻辑理路很笼统。

魁北克以公民资格减等来体现民事死亡的公法效果。我们知道公民资格减等就是一种小型的民事死亡。1801 年的《法国刑法典》采用民事死亡与公民资格减等的双轨制，魁北克受法国的影响很大，所以它废除民事死亡之后改称公民资格减等，规定：受判者卸任或不得担任在本省立法机关控制下的公共机构的官员或职员；剥夺投票表决权和被选举权；不得担任陪审员，等等。这些规定跟法国的一样，只是没有剥夺持枪权。

因判罪的民事死亡的私法效力也保存在现代法中，不过也采用了其他的名义。在西班牙等国家，采用了民事禁令的名义。所谓民事禁令就是剥夺一个人的权利能力，比如说《意大利刑法典》第 19 条规定的法定禁治产，一个犯罪的人被法定禁治产，他就不能进行财产管理活动了（后面我们会讲一个中国很有意思的案例，一个被判无期徒刑的人，还在监狱里进行继承，这与意大利的规定是有冲突的），然后是禁止担任法人和企业的领导职务、剥夺与公共行政部门签约的权能、解除职务或劳动关系、剥夺或停止行使父母权。这些剥夺都属于我过去研究过的失权的类型，在中国大概我是第一个也是唯一研究失权制度的作家，过去我没有把失权制度与民事死亡制度联系起来。

关于失权，我们举《公司法》第 146 条的例子，这个条文规定了很多失权的类型，其中的一个类型是：一个企业的领导人导致某一个企业破产的，在 3 年内不得再担任企业领导人，这样他担任企业领导人的权利能力就被剥夺了，至少是有期地被剥夺了。这就是民事死亡制度的私法效果。在中国法律中，还有很多关于民事死亡的规定，主要有《会计法》《拍卖法》《律师法》，这些法律规定的失权的特点是：从事某一个职业者，触犯了这个职业的道德底线的，国家就不再让你从事这个职业。比如会计做假账，5 年内不让你担任会计；拍卖师也是这样，你与竞买人串通，就终身不得担任拍卖师。这实际上是某一种意义上的民事死亡。

这里小结一下。到目前，民事死亡的公法效力和私法效力都在，说民事死亡制度已经死亡就变得困难了。之所以民事死亡制度死亡不了，是因为它有用，国家是要用民法来管人的。

你想想我们要用民法怎么修理公费留学不归的人，按照我的思路，他们不能与中国姑娘结婚，他不是中国公民，他没有结婚能力，按照罗马法来说，他的婚姻是无效的。当然，我这里是在调侃，我们后面会讲到现代法中的民事权利不仅以公民身份为基础，而且还以人权为基础。

最后要讲到秘鲁的一个事件。在世界各国除了在英语国家，一般都不提“民事死亡”这个词，只有一个国家大张旗鼓地提这个词，那就是秘鲁。秘鲁在 2012 年提出一个法案打击贪污犯：贪污犯在没有还清他负欠国家的贪污款之前，不具有民事权利能力。秘鲁把这种情况叫作民事死亡。这样的话就引起了很多的关注，因为这个词有点耸人听闻，这个词已经死掉了，怎么又突然出现在西班牙语之中。我的如上所述是根据我国新华社的西班牙语新闻报道。这个事情我后来仔细研究了一下，秘鲁议员提出的法案中根本就没有民事死亡这个字，它用的是“失权”（Inhabilitación）这个词。新闻之所以用民事死亡的字眼有它的考虑：第一个是因为这两个词在实质上的意义是一样的，第二个是因为民事死亡的表达更加能吸引眼球。这个法律后来在 2013 年通过。2014 年秘鲁建立了登记簿，登记那些没有返还赃款完毕的官员，在他们返还赃款之前，不能利用银行服务、不能贷款，等等，什么都不能干，相当于民事死亡。所以我们说民事死亡没有死亡，最容易找的例子是秘鲁。

5. 民事死亡的实践运用

下面讲一下民事死亡在 3 个案例中的实践运用。这些案例都是我在北大法宝里寻找出来的真实案例。第一个案例：一男一女有婚姻关系，男的把女的杀了，然后被判无期徒刑，剥夺政治权利终身。但是这一男一女生有一个孩子，并且共有一套住房，男的和孩子要求继承这个住房，法院判处他继承成功。也就是说，房子归他所得，但由于遗产应该由他和他儿子继承，所以他应该把房子中应归他儿子的份额折成现款给他儿子。这个判决让我觉得很好笑：其一，一个凶手怎么能继承被他杀害的人的遗产，他应该是被剥夺继承权的；其二，被判无期徒刑的人还有诉讼能力吗？根据罗马法和许多国家的法律是没有的。根据 1801 年的《法国刑法典》，被判重刑的是民事死亡，民事死亡导致他丧失很多的能力，其中就包括诉讼能力，甚至所有权能力。我们前面也提到《意大利刑法典》第 32 条第 1 款的规定，被判无期徒刑都同时被判法定禁治产，而受刑了应该是没有应诉权的。这是一个很有意思的案例，反映出我国立法者和司法者没有民事死亡的概念。我们在这里需要问，剥夺自由权到底剥夺哪些权利，如果有一个人被剥夺了自由，照样可以玩 iPhone、跟周围的妇女谈恋爱，甚至跟警察的妻子发生关系，那他还算是被剥夺自由吗？还有一些人被监禁，想把自己的精子邮寄给妻子受孕，很多国家也是不行的。不然，自由刑就没有什么意义了。所以说剥夺自由包括剥夺他出庭的能力。

第二个案例的主角是一个出家人，他竟然在放债，放贷 33, 300 元（离理财还差一点），借款人不还。我看了这个案件，才明白为什么有出家人在厦大的邮局银行理财了，那个是放贷来的钱，因为他的津贴很少的，据我所知，少林寺的主持释永信也就是几百元钱一个月。按照《汉传佛教寺院共住规约通则》第 14 条的规定：僧人的生老病死由寺院管，但是居住在寺院的出家人不得有私财。在我们中国出现很多案例，在寺院的财产落到出家人的户头下，然后他被犯罪分子杀死，他在俗世的子女要求继续遗产。于是发生纠纷，遗产到底属于子女还是寺院？按照出家人民事死亡的规定，甚至开银行户头的能力都没有的。所以我们提出一个问题，就是出家人是否有民事贷款能力和民事诉讼能力，他是不是处在民事死亡状态？

第三个案例也非常有意思。（笑声）主角是一个广东省的村民，他移居加拿大，已经具有加拿大国籍，但是他在出国之前没有办一个清算的程序，所以他在中国还有一块宅基地，这个宅基地被他在国内的亲属加以利用后，他觉得吃了亏，返回中国起诉。广东省广州市中院竟然受理了这个案件，然后判处他胜诉。我们知道，宅基地使用权是一种身份权，即使是中国人，城市人都拿不到的，必须是特定村子里的村民，才能够取得宅基地使用权。他要是离开了这个村落，还有没有这个权利都是个很大的问题，但是他一个外国人来中国争夺城市人都不敢问津的宅基地使用权，这不笑死人吗？这反映了我们中国对这个问题没有正确的预案，我个人这样认为。

这 3 个案件涉及一个共同的问题：被判无期徒刑、出家、归为外国人对权利能力的影响。3 个案件的受案法院基本都未考虑这个问题。这也不能怪他们，因为立法者没有考虑这个问题，作了不当的处置。我认为案例一与案例三中的民事死亡事由都应该引起一个清算程序，然后案例二中的法院应该驳回他的诉求，因为他没有商行为能力。《天主教法典》是这样规定的，教士没有商行为能力，那么他与借款人的债务关系应该作无效处理。

6. 归化外国者的民事死亡

下面我讲第六个问题：归化外国的企业家、演艺人士、运动员、公费留学生承受的民事死亡。先看公费留学生的情况。今天早上得到的数字，从 1978 年至 2002 年有将近 58 万的学生和学者出国留学，但是回来的只有 16 万。北大曾西迁到昆明，抗战胜利了回北京，但北京大学在西迁时期照样开张，周作人就在那里教书。北大在抗战胜利回到北京后，当时的代理校长傅斯年制定了一个政策，对于在日据时期继续工作的人一个都不用。周作人很有才华，也不得任用，不然就寒了那些扶老携幼、颠沛流离的北大师生的心。道理是一样的，像有些不归的公派留学生应该在中国永不得任用。让他们在中国没有民事权利能力。当然还可以设置一些例外规定，如果这个人对中国特别有用，我们可以让他在中国转悠，其他的不行。

三、社会死亡

社会死亡可以讲得比较快。跟民事死亡不一样，社会死亡是把一个人或团体留在市民社会中，请大家注意是留在市民社会中。我们说民事死亡都是物理上的或者精神上把一个人与市民社会隔开。“物理上的”是归化外国，或者被判重罪关在牢里。“精神上的隔开”是什么？以前的寺庙是在荒郊野外，但现在是在市中心，“精神上的隔开”是在心里面跟你分开。生在世俗世界，红尘滚滚，但心里是青灯古佛。所以，民事死亡与社会死亡不一样，它不是把被承受这种结果的人与市民社会隔离，而是让他们在市民社会之中，但剥夺其公权和一定的私权，使其与同一市民社会的其他成员隔绝。

社会死亡与民事死亡的区别除了隔绝的方式不同之外，还有一些差别：民事死亡是针对特定个人，不是针对群体，而且民事死亡的决定要走司法程序，但社会死亡主要是针对一定的群体，而且做出此等决定走的是立法程序。犹太人是最经常被讲到的社会死亡的例子，不是针对某一个犹太人，而是针对犹太人这一群体，整他们不是通过一个司法程序而是由一些立法来做的。两者最后的差别是实质性的：民事死亡遵循的是“罪过—责任”路径，犯了某一种罪，立法者不喜欢你，把你修理一下；社会死亡遵循的是“所属—责任”路径，你没有任何罪，但是你属于一个我不喜欢的群体，我就修理你。

社会死亡的概念不是我发明的，是其他国家的著作中存在的概念。我们中国学者在翻译外国的著作时也采用社会死亡这个概念。在我国的著作中有把民事死亡翻译成法定死亡的，社会死亡虽然也是法定死亡，但不同于民事死亡，所以说还是叫民事死亡好，与社会死亡构成对立。

我们接着讲犹太人社会死亡的例子。自古以来，犹太人由于独特的信仰和独特的生活方式，自我隔绝，在古罗马就受到排斥。希特勒时期颁布了一系列法律，让犹太人不能担任公务员，不能担任杂志编辑，不能拥有超过一定数额的财产，让整个犹太人不能从事某种职业、某一些职业，不能使用金融工具，等等。针对后者，德国学者还创造了金融死亡的概念用来描述纳粹时期希特勒利用禁绝金融服务对犹太人的惩罚。然后，我们看看意大利。意大利是德国的盟国，也步希特勒的后尘，通过立法制定了一系列打击犹太人的法律，强调雅利安种族的优越性，不允许犹太人担任公务员，也不允许他们拥有超过 100 人的企业，不得占有超过 50 公顷的土地，不得参加军队。还禁止雅利安族意大利人与其他种族的人通婚，否则婚姻无效。这就等于犹太人在意大利“死亡”。

四、社会瘫痪

“社会瘫痪”这个词是我创造的，但是也是受到一些外国理论的影响。一般来讲，以下情况被认为是社会瘫痪：第一个是奴隶制国家的奴隶。他们是生物人，但是不具有完全的民事权利能力。第二个是印度的低等种姓人。他们不能担任高级的国家领导人，他们不能够从事一些白领性的职业。第三个是美国《人权法案》颁布之前的黑人。美国宪法里讲到人人平等，但实际上这个平等不包括黑人，到 1964 年才解决这个问题，甚至这个问题到现在也不见得完全解决。你们要是看过一个美国电影《The Help》，你们就知道当代美国黑人也受到很多歧视。最近发生很多黑人运动吧！白人警察在对黑人执法时特别加大力度，黑人是不满的。最近好像在日内瓦人权会议上对美国进行公审，美国以前好像都是站在人权的高地上，这次好像站了一次低地。第四个是中国的疍户制度。像厦门的疍户终身被要求生活在水上，风湿病、关节炎就很容易得，或者上岸不得离水太远，像厦门的鸿山寺就是一条界限。这是明朝创立的制度，建文帝的追随者在永乐皇帝后就受到这个待遇，成为疍户。导致一个上等人不能与疍户结婚。这个制度后来被废除了。

五、结论

第一个结论是如何认识平等。我们中国法学界对于平等的认识分为三个阶段：第一阶段是与经济法论战的阶段，采用平等的尺度把民事关系与行政关系区分开来。行政关系是命令、指挥，民事关系的主体平等。这个阶段过去以后，我们发现民事关系主体平等的前提根本不成立，民事主体之间，特别是法人之间，有的财力很大，有的很小，是不平等的。自然人之间，父亲与儿子之间怎么可能平等，所以就放弃了这个观点。第二个阶段是规范性平等阶段，因为社会关系不平等，要调整成平等的法律关系。第三个阶段是认为立法者有可能为了社会治理的需要搞不平等的阶段，按照这种理论，立法者时而想把平等搞成不平等，我们刚才讲到的种种就是把平等搞成不平等，在希特勒颁布法律之前，犹太人与其他的德国人是平等的，但是后来由于种族主义搞成不平等；但立法者时而又想把不平等搞成平等，这就是颠倒行动。在第三个阶段，平等恐怕不是民法的目标。

我在这里顺便跟大家讲个经历：2015 年 5 月，我到上海去开一个海峡两岸民法案例研讨会，在回厦门的路上，我与台大的两位老师进行交流，问他们中国台湾地区“民法”中间有没有平等原则。对他们来讲这个问题很新鲜，他们思考了一下，说“民法”里面没有平等原则，但有公平原则。也就是说，我们在民事生活中多数情形是不平等的，尤其在雇佣关系、劳动关系、具体的民事关系中间。那么你有不去参与不平等关系的权利，你可以不去呀，然而在饥饿的情况下，你就要接受这种不平等关系，但是结果要公平。所以“民法”是不讲平等讲公平的，这句话讲到点子上了。你可以不平等，但是你不能太过分，过分到让妇女生完孩子不让她上班，那谁还敢生孩子？一个服兵役的小伙子，兵役结束后回到企业，你不让他上班，那谁还当兵呀，就没有国防了！在这种情况下，国家就会进行干预，这个时候平等不是原则，只是国家偶然的干预，叫作不得歧视的特别命令，此说可能就比较接近真理。我已经做了全球性的考察，早就证明了平等原则不是民法原则，是宪法原则，而且宪法原则讲的也不是人与人之间的平等原则，而是对立法权进行限制。通行的学说就是立法权限制说，也就是说，宪法规定一些安全岛，立法者在这些方面不得搞不平等，但安全岛以外的地方，立法者可以搞不平等，包括年龄问题。这个东西已经是全球通说，但在中国偏偏很多人不知道，非要把平等说成是民法的原则。

第二个结论是现代民法并不完全以公民身份为基础。也就是说，我们现在的民事权利跟古罗马时代不一样，那时候，所有的民事权利以公民身份为基础，而现在的话，有一些权利以人权为基础，所以提出一个新的概念 Human person，human 是生物人，person 是法律人，现在把两个东西连在一起了。最新的《阿根廷国民民商法典》采用的就是这个概念（*persona humana*）。所以我们现在剥夺你的国籍并不见得你所有的民事权利都会丧失。

最后一个结论是自然人的提法与公民提法的比较。我们知道，在《民法通则》里同时使用两个概念，一个是自然人，另一个是公民。我曾经长期反对使用公民的概念，因为公民是公法的概念，但是我现在经过更深入的研究，认为公民的概念真好，因为所有的权利实际上是以公民身份为基础的，我们的民法不是宇宙法，不是地球法，而是以中国的国籍为基础，它在空间上以中国的领土为范围，在身份上以中国人为适用对象，完全是一个公民法。我个人觉得，我们的民事权利的基础就是公民身份。我就讲到这里，谢谢大家！（掌声不断）

时间：2015 年 5 月 22 日

地点：华侨大学法学院模拟法庭

记录及整理：汤小芳、丁贤达

第九讲

对体外受精胚胎法律地位的比较法考察
——财产、私生活利益还是人？

不到吉大，不知吉大的人情之厚；不到吉大，也可知吉大的理论法学中心之牛，以下是一个在吉大、吉大的理论法学中心做的既可以理解为民法的，也可理解为法哲学的讲座。

大家好，今天我给大家讲的题目是对体外受精胚胎法律地位的比较法考察，副标题是财产、私生活利益还是人？讲的第一个题目是从性交生殖到这种生殖与非性交生殖并存。

据统计，在异性夫妻中（两性之间的婚姻，不包括同性间的婚姻），有15%的不育症发生率。35%的配偶不育的原因在丈夫，40%的配偶的不育的原因在妻子，25%的配偶不育的原因来自两者。这种“另类”生殖人群的存在导致人工辅助生殖技术的诞生，因为他们不能正常地生育，但享有生育权，只能通过辅助手段得到自己的孩子。人们首先是在兔子、老鼠等动物身上做试验，从1940年起，这种试验开始扩展到人类，很早就完成了试管授精，但都不能维持胚胎的生命到5～6天以上，因为胚胞只有存活很长的时间这一技术才有商业价值。在 1960 ~ 1961 年之交，一名意大利人完成了几枚试管胚胎的培育，其中的一枚存活了将近 60 天。这是比较成功的试验，但因为意大利是个典型的天主教国家，天主教国家都认为人是上帝创造的，因此人不能改变人的出生。所以该比较成功的试验由于天主教会的干预终止。试管婴儿技术在另外的国家发展起来。1978 年，在英国诞生了第一位试管婴儿路易斯·布朗（Louis Brown），这标志着人工辅助生殖技术的成熟和商业化运用。这种技术的基本特征是配子（精子与卵子）来自亲体，在体外受精后又返回母体，完成一个循环，整个受精是在体外完成的。这是一个痛苦的过程。这一技术的产生的意义在于人类生殖与性交脱钩，不需要性交也可以生殖。过去的性交生殖的单轨制被性交生殖与非性交生殖的双轨制取代。我们现在是个双轨制的时代，可以说，过去民法中的自然人制度、亲子关系制度、收养制度、继承制度等，都是以性交生殖为基础的。非性交生殖或体外受精技术的产生和较广泛使用，对传统的上述法律制度的可适用性提出了挑战。譬如说将受精胚胎视为物，一对夫妻不用而另一对夫妻用，那么这样的行为是捐赠；相反，如果将其视为人，一对夫妇不用而另一对夫妇用，那就是收养了。这两种理论可能引发了非性交受胎的人类组织的法律属性问题，它们是财产呢还是私生活利益或独立的生命？每个当代国家的法律制度都逃不脱这一问题的挑战，不同的国家给出了不同的答案。上次我参加阿根廷《第 19 届全国民法大会》，其中有一个大的工作组就是讨论这个问题的。就人的生存的开始的问题就提交了 49 篇论文，主要是讨论人的主体的地位的开始的时间，研究得很深入。在西班牙也有讨论，布斯内里（Francesco Busnelli）教授是意大利生命伦理学委员会的委员，他有专著讲生命伦理学，这样的文献、这样的专门化的研究在西方比较多，而在中国比较少，因而我们也面临挑战。我这个讲座拟分析我掌握的这些答案，并对我国未来这方面的立法提出建议。这是第一个问题。

第二个问题我们讲一下1992年的Davis诉Davis一案包含的法律问题，这是个美国的文献、欧洲的文献中经常提到的案件，这个案件报道非常详细，并且将妇女受精的痛苦描述得也很清楚。我们了解这样的痛苦，才有进行讨论的基础。下面就将这样的案情向大家介绍一下，然后概括出包括的法律的问题。该案的案情是这样的：

田纳西州的路易斯·戴维斯（Davis）和玛丽·戴维斯于1980年结婚，6个月后玛丽发生宫外孕，可能输卵管有炎症（过去中国叫作血崩）所致，从而切除了右侧的输卵管，以后5次发生宫外孕。1985年，戴维斯夫妇接受试管授精。这是一个痛苦的过程，我们看一下是怎样的：首先，人工刺激排卵的过程非常不舒服：用药物刺激卵巢排10个到20个卵，而妇女正常情况下的一个月排一个卵，荷尔蒙刺激与一次过量排卵对妇女造成的副作用不可预知，现在有的报道说这样妇女容易衰老，因此这是个比较痛苦的情况。其次，采卵的过程很“血腥”：玛丽的腹部被划开3个切口，这样才可以用显微镜和仪器将卵巢固定在适当的地方，并从她的肚脐插入采卵工具取出成熟的卵子放入培养皿中培养并受精。这个过程也是很不舒服的，这是比较大的手术。完成这一过程的卵子变成受精卵，医生将这些胚胎放在皿中也就不管了，让他们自由地相互接触。过一段时间它们开始分裂，这时候它们成为准胚胎。当准胚胎发育至2~8个细胞的阶段时，将它们植入玛丽的子宫。如果准胚胎在子宫内着床，则试管授精成功，否则就失败了。这个过程我们简单地概括一下，一是采卵，让它受精，制造出一个包含双方配子的胚胎，但是胚胎被植入之后不一定会成功，因此在3年内，戴维斯夫妇遭遇了5次失败。到1988年产生的一个新的技术，即冷冻保存（Cryopreservation）准胚胎的技术诞生，它是将准胚胎冷冻在液态氮中保存供将来使用的技术，其好处在于可在妇女自然的而非人工的月经周期把胚胎移回母体以增加怀孕的机会，其次它的好处也在于，由于保存的时间增长，在1988年时，准胚胎冷冻保存的极限时间是2年，从而也创造了某对夫妇的配子形成的胚胎被另一对夫妇使用的可能性。这也表明了，某些夫妇可以不经过第一阶段就可以达到第二阶段，从经济上分析也是较划算的。1988年12月8日，医生从玛丽体内采集了9枚卵子。经过受孕后移植了其中的两枚，冷冻了其余的7枚，这是为了保障成功率。两周后，医院宣告移植失败。两个月后，即1989年2月，路易斯向玛丽提出离婚。因为为了得到一个孩子，他等了很长的时间，现在失去了耐性，这就产生了7枚冷冻胚胎的归属问题，对此不同的人有不同的看法。

玛丽认为自己是这些胚胎的母亲，（这是好的感觉）胚胎是她自己的一部分，（她的想法可能有些模糊，可能当胚胎成了自己的器官的一部分），希望得到它们以便在适当的时间把它们植入体内。路易斯则认为自己拥有每个这些胚胎的一半。

由于他童年的经历，他认为在单亲的家庭对于孩子非常不利，所以为了不让孩子在破碎的家庭中长大，即使玛丽想生下孩子，他也不希望玛丽将来生下他们共同的孩子，因而拒绝成为父亲，（这里就有了生殖自决权与生育权的冲突。生育自决权在美国宪法中有两方面，一是夫的权利，二是妻的权利）其行为类似于女性拒绝成为母亲而实施流产。双方发生诉讼。初审法院首先发布禁令防止玛丽将这些准胚胎植入体内。在审理中，为玛丽实施手术的金医生认为破坏这7枚准胚胎是浪费，主张把它们捐给其他不孕的夫妻。此论提出了准胚胎他用的可能。但路易斯认为这样做与遗弃子女无异，他认为：他是这些胚胎的生物学意义上的父亲，如果这样做，他也不同意。接下来，美国生育协会伦理学委员会成员约翰·罗伯森在作证中针对准胚胎是物还是人，即它们的属性问题提出了看法，他认为准胚胎是一群可能发展成一个人甚至更多人的细胞。科学界一直认为它们不是人，不是权利主体，但它们是潜在的生命，所以应比其他的人体组织得到更多的尊重。简单地说，他采用的是特殊客体说。这一证词把准胚胎定性为特殊的物。玛丽采取的加工的理论，她认为由于自己为之经历了11次外科手术和6次试管授精，她为这些准胚胎作出的贡献最大，因而她是唯一有权使用它们的人，言下之意是她和路易斯对这些准胚胎的权利不能是同等的。欧洲学者有些认为对胚胎不适用民法的加工的理论，不能用财产法来处理这方面的问题。法国遗传学家杰罗姆·勒琼（Jerome LeJeune）在作证时主张，一旦怀胎，就产生人，因此，别人认为的准胚胎，在他看来就是人。1989年9月21日，扬法官作出判决：人类的生命始于受孕，因此，被冷冻保存的实际上是试管里的小孩，其监护权属于玛丽。显然，一审判决采用体外受精胚胎为人说，采用的是主体说，并认为男女在受精中的作用不同。路易斯提出上诉。1990 年，高等法院推翻扬法官的判决，将准胚胎判给玛丽和路易斯共同管理，采用的是私生活利益说，该说不是从主体的角度来考虑问题，而是从玛丽与路易斯对于胚胎形成的贡献份额的角度考虑问题，将准胚胎作为客体，考虑的是路易斯的生殖自决权与玛丽的生殖自决权的冲突，认为路易斯有拒绝成为父亲的权利。但玛丽对此不服，再提出上诉，田纳西州最高法院于 1992 年 6 月作出判决：一方面，准胚胎不是人，但也未判定它们是物，但承认路易斯和玛丽对它们享有与财产权类似的决定权；另一方面，又采用美国生育协会的伦理指导方针，把准胚胎看作一种过渡的类型，应作为潜在的人类生命加以尊重。至于它们未来的命运如何，属于路易斯和玛丽的生育权的范围，而此等权利又属于个人私生活权的重要部分。如果他们两人的意见无法一致，只能用权衡双方负担的方式来解决争议。法院认为路易斯的不为基因意义上的父亲的权利优于妻子的把多余的受精卵捐赠给他人产生孩子并养育的权利。尽管如此，该判决未解决玛丽自己使用这些准胚胎的问题，也未解决如果她由于年迈，无法接受另一次试管授精手术，而上述准胚胎是她成为母亲的唯一机会的问题。法院指示主治医生按照自己的意见继续按常例处理未使用的准胚胎，排除了把它们捐赠他人的可能。1993 年 5 月 24 日，同一法院命令医生把准胚胎交给路易斯，以保障其生育自决权。玛丽向美国联邦最高法院上诉，但法院拒绝审理。自田纳西州最高法院作出上述判决后，美国各地的妇产科诊所开始使用书面同意书解决夫妻发生死亡或离婚时对准胚胎的处置问题，因为这样的事情以前没有发生过，现在发生了，就通过意见书来规范这样的领域。而各州也匆忙地通过法律来规范这个领域。这一案例代表了用私生活权说来处理这类案件的情况。

这里不妨举一个类似的案例来反映处理同样问题的不同见解。在 1998 年的 Kass 诉 Kass 一案中，纽约最高法院的法官不顾基因父亲（基因母亲的前夫）的反对，把体外受精的胚胎判给了其基因母亲（两个人在受精之后离婚了，母亲想再继续生殖而父亲不同意），法官承认本案涉及生殖自决的私生活权，这种权利包括生殖的权利和不生殖的权利。法院根据先例认为，在体内受精的场合，丈夫控制生殖过程的权利止于射精。因为妻子也享有生殖自决权，丈夫不能强迫或阻止她流产；在体外受精的场合，也应遵循同样的原则，不能因为受精是在体外完成的就授予丈夫额外的权利。我理解，Kass 诉 Kass 一案的判决隐含着对 Davis 诉 Davis 案的批评：把丈夫的生殖权与妻子的生殖权相提并论，而本案的法官认为妻子的生殖自决权优先于丈夫的同样权利。按本案的原则来处理 Davis 诉 Davis 案，必然要发生应把体外受精胚胎判给基因母亲的结论。

Davis 诉 Davis 案和 Kass 诉 Kass 案提出了如下问题：

第一，体外受精胚胎到底是什么？它的法律属性是什么。显然，在 Davis 诉 Davis 案的一审中，扬法官和杰罗姆·勒琼采用了主体说，认为它们是人，因为人的生命开始于受孕。这一结论看起来是老生常谈，实际上具有革命性的意义：把基于体内受精的法律制度扩张适用于体外受精的胚胎。以前的所有关于自然人的生命开始于何时的理论，无论是出生说还是受孕说，都是以体内受精或性交生殖为基础的，不能解决体外受精的问题，Davis 诉 Davis 案中的主人公采用体外受精技术或非性交生殖方法受胎，构成了以前的理论探讨未涵盖的空白地带。扬法官用简单的类推适用的方式填补了上述法律空白。然而，扬法官还有一些没有解决的问题，即如果体外受精胚胎是人，它是从受孕开始如此呢，还是从被植入时才开始如此？这两个阶段有很大的不同。如果采用植入说，那么流产就是犯罪。如果采受孕说，则保护的范围就大得多。体外受精胚胎的法律地位因采用不同的学说而不同。如果采用植入说，这些胚胎就是财产；如果采用受孕说，那么保护责任增加了。对此问题法院没有表达意见。田纳西州最高法院则采用私生活利益说，把体外受精胚胎当作配子提供者的生育自决权的客体。面对这两种观点（其实观点不止两种，但为了简化论述，我们这里不考虑玛丽把胚胎一方面看作自己的孩子，另一方面看作自己身体的一部分的自相矛盾的观点。我只是把诸说简化为主体说与客体说），初审法院是按主体说判的，而田纳西州最高法院是按客体说判的。那么，对于一个法官来讲，受精胚胎到底是主体还是客体？如果是主体，按阿根廷学者的表述，“捐赠胚胎”这样的表达就不合适了（买卖儿童的动词的使用本身就包含有一种把儿童客体的意思），因为捐赠是一个基于财产客体的概念，不能适用于主体。

第二，体外受精分为采集卵子并授精阶段和植入子宫阶段。第一个阶段对于女性是个相当痛苦的过程，如果经受这种手术的女性由于主观的或客观的原因不能完成第二阶段（离婚或身体不行了)，已经造就的胚胎应如何处理？能否捐赠给其他存在不孕问题的夫妇，对于他们来说，至少省却了第一阶段的痛苦而直接进入第二阶段，在这个意义上说，玛丽的捐赠胚胎的想法符合经济性原则，有利于减少社会成本。

第三，与第二相联系，体外受精技术本来使用夫妻各自的配子并为解决他们的不孕问题服务，夫妻使用自己的配子，由于不能自用或自用有余造成的受精胚胎被捐赠的可能导致了异配子胚胎植入的问题。在自配子试管婴儿的情形，亲子关系很好判定；在异配子人工受孕的情形，亲子关系到底在婴儿与配子提供者之间产生，还是在婴儿与异配子接受夫妇之间产生？如果作后一种选择，接受夫妇凭借什么与婴儿建立亲子关系，是依据收养关系还是依据代孕母亲就是母亲的新泽西州的判例？

第四，为了保险，体外受精往往采集多个卵子实施受孕，植入的只是受精胚胎中的两个或稍多。那么，体外受精的实施医生能否在多个受精胚胎中选择植入的对象？(有的人为了性别选择而打掉孩子，也有为发现并避免遗传病打掉孩子的可能)如果可以，根据什么原则作选择？如果不可以，其理由又如何？

第五，与第四相关，在从多数受精胚胎中选择数枚植入的情况下，剩下的胚胎应如何处理？能否摧毁他们（她们或它们)？这样做是犯罪吗？

第六，在正在实施试管授精手术的过程中，如果夫妻离婚或配偶一方死亡，已受精的胚胎属于谁？与此相关的问题是，在体外受精胚胎的贡献构成中，基因父亲和基因母亲的份额是否一样？在 Davis 诉 Davis 案中，从受孕的机理看，基因父亲和基因母亲的份额一样，但从试管授精的操作过程来看，基因母亲付出的痛苦远远大于基因父亲所付出的，能否根据这一事实来判定他们对于受精胚胎享有不同份额的权利呢？

这些都是前沿的生命伦理学问题，也是当前各国面临的司法实践问题，一些国家的立法或学说已经就这些问题作出回答。就美国而言，法院以判例来做出不同的选择。限于篇幅和我的研究的有限性，我只介绍就第一个问题存在的 3 种观点，以作为我国未来立法处理同样问题的参考。

第一种观点，财产说。在此说的大框架下，有人认为体外受精胚胎是单纯的人体组织，可以由医生任意处理；有人认为体外受精胚胎是体源财产（Excorporeal property），它受其所有人的意志的控制。体源财产是从身体财产概念衍生出来的。按照约翰·洛克（1632～1704 年）的理论，每人都对自己的身体享有所有权，作为此等所有权客体的人的身体及其部分就是身体财产，从人体脱离的器官和组织就是体源财产。就财产说的适用，有约克诉琼斯（York v. Jones）一案，其中，弗吉尼亚州法院就把受精胚胎定性为作为保管合同标的的财产，裁定医疗机构将其保管的此等受精胚胎返还提供配子的夫妇。虽然财产说忽略了受精胚胎发育为人的潜在可能，是法院在初遇受精胚胎法律地位问题时依据既有理论工具提出的观点，它在逻辑上允许摧毁剩余的胚胎，允许用它们做各种试验，是一种最自由的、最脱离生命伦理学干预的理论。但它遭到了一些学者的反对，例如，北川善太郎教授就批评日本现行法把冷冻受精卵当作物对待不妥，因为它是生物体，应受到不同于物的对待。批评财产说的理由有如下列：其一，从技术上看，把胚胎看作财产会产生一些违背常理的结果：如果一男一女的配子合成的受精胚胎是财产，此男此女对它形成共有关系，如何划分两者的共有份额呢？当然可以按照不分份额的共有的处理解决这一问题，但在一个生殖活动中女方的付出较大，对她的身体的影响也较大，男方拥有的共有份额以及相应的处分权构成对女方的生殖自决权的一种干预，有如在 Davis 诉 Davis 一案中所发生的，这是一种不合理的结果。其二，既然胚胎是财产，就具有财产的属性，其中最重要的是可转让性，否则就是不完全财产，因此，把胚胎定性为财产暗含着允许转让它们的可能，这会导致人类生命组织的商品化。由于这些理由，除了前述一个美国判例，似乎没有一个国家的人工辅助生殖立法采取财产说。

第二种观点，私生活利益说。如前所述，田纳西州最高法院是按照生育自决权决定 Davis 诉 Davis 一案的，其中涉及玛丽的要生育的自决权和路易斯的不要生育的自决权的冲突。而生育自决权属于私生活权的一个亚类。

在美国，私生活权的定义不断变动，但其演变有大致的脉络可寻。那就是从横向到纵向，从“身外”到“身内”。最新的是加利福尼亚大学黑斯廷斯法学院教授拉笛卡·劳（Radhika Rao）的私生活权定义：私生活是某人拥有自己的身体并排除他人及政府干预的人格利益的集合。它包括人身私生活权（Right of Personal Privacy）和关系私生活权（Right of Relationship Privacy）。前者是个人保存自己身体的完整或普通的自由利益。后者是保护个人免受国家干预其某些亲密的和自愿的关系的权利，例如生殖或养育孩子的权利。在关系私生活权中包括生育自决权，它包括生育的权利和不生育的权利，前面已讲过，Davis 诉 Davis 一案就是以法院承认路易斯不生育的自决权高于玛丽的通过把受精胚胎捐赠他人完成生育的自决权告终。这是这个案件的要点。因此，这对前夫妻营造的体外受精胚胎被视为私生活权的客体，此说与财产说在基本思路上一致，都属于客体说。但它更高明，它尊重了体外受精胚胎发展为人，并进而与其配子提供者建立亲属关系的可能，因而避免了财产说的物化倾向。两种学说有什么区别呢？笔者认为，财产说表达的是一种横向的权利，即私法性的权利；而私生活利益说表达的是一种纵横交错的权利，即宪法性的权利。就横的方面而言，在生育不能通过男女双方一方的努力完成的前提下，玛丽不能把自己的生育自决权凌驾于路易斯放弃不生育的自决权；就纵的方面而言，田纳西州不能以促进本州人口增长的公共利益来凌迫路易斯放弃不生育的自决权（德国的艾尔兰根的孩子的案例，就是将母亲的身体进行了征收，来孕育一个孩子）。就本案的情形来看，纵的方面是主要的，因此本案涉及的私生活是美国宪法第 14 条修正案（正当程序条款）保障的私生活。但私生活利益说的缺陷是没有考虑到体外受精胚胎的权利问题，只考虑到了配子提供者的权利问题，是一种比较保守的理论。

第三种观点，人说。与上述客体说不同，人说把受精胚胎看作法律主体。此说又分为两支，其一把受精胚胎看作有限的自然人；其二将其看作法人。

1. 有限自然人说

把胚胎看作特殊的自然人的做法具有悠久的历史。1871年的《阿根廷民法典》第63条和第64条在“即将出生的人”的标题下规定：“孕育于母胎而尚未出生的人，为即将出生的人。”“只要即将出生之人能依赠与或遗产继承取得财产，即对此等人产生代理。”第70条在“出生之前人的生存”的标题下规定：“人的生存自孕育于母胎之时起开始；人可在其出生之前如同已经出生取得权利。如果母胎中的受孕胎儿出生时为活体，则即使是在和母体分离后存活一瞬间，前述权利也视为不可撤销地取得。”这3条在世界各国的民法典中被公认为唯一的承认胎儿是人的条文。这些条文基于已经出生的人和即将出生的人的区分，赋予后者以无偿名义取得财产的权利；另外，由于即将出生的人不能自己行使这些权利，允许他们被代理。这些条文开创了有限自然人说，对现在的人们考虑体外受精胚胎的法律地位问题有影响。“有限”表现为两个方面：其一，胎儿只能取得财产权；其二，胎儿取得的权利承受“活着”出生的前提条件，这揭示了胎儿在取得权利后不能活着出生的极大可能。这些条文来自《巴西民法典》之父奥古斯多·泰赫拉·弗雷塔斯（Augusto Teixeira de Freitas，1816～1883年）根据与巴西司法部订立的合同起草的《民法典草案》第221条的注解，该注解又符合承认胎儿有限主体地位的罗马法规定（在有利于胎儿的事项上，胎儿被视为已经出生，D. 1，5，7）。但一些阿根廷学者认为，现行《阿根廷民法典》的作者达尔马雪·贝莱斯·萨尔斯菲尔德只考虑到了体内受精胎儿的主体地位问题，未考虑体外受精胚胎的法律地位问题。

因此，故《阿根廷民法典》的上述条文与现代生殖现实的契合出于偶然。没有这样的先见，但用它来解决已然的问题，也是有困难的。

1871 年的《阿根廷民法典》在 2014 年之前在阿根廷有效，它必须面对当今的科技现实，考虑对现代生殖技术的适应问题。在当年的性交生殖条件下，不存在受孕与着床的严格区分，在理论上可以看成是一个过程，而现在的非性交生殖存在这样的区分。受孕有不同的阶段，有许多的词的表达这个过程，我们的词汇都不够用了。受孕与着床不同，但区分的标准是什么呢？是英国政府任命的委员会于 1985 年为探讨试管婴儿技术的成果与潜在发展的伦理意义并提出有关的政策起草的 Warnock 报告，根据该报告，非性交生殖条件下出生前的生命发展分为 3 个阶段（比刚才的两个阶段还多了一个阶段）：第一是准胚胎阶段（或受精卵阶段）。准胚胎指处于分裂过程中的细胞，它只有 1/10 毫米大。第二是胚胎阶段。第三是胎儿阶段。第一阶段是完成植入前的阶段，持续大约 14 天，这是受精卵可以在试管内保存的极限时间。这一天数（14 天）具有 3 个意义：首先，14 天后准胚胎会形成神经冠，因此，在形成神经冠之前，准胚胎没有痛感，对操作它们的行为没有感觉，所以可以将其作为物（但不是它，怎知它不痛苦?）；其次，须在这一天数前完成植入；最后，由于准胚胎在 14 天前尚在分裂，例如分裂成双胞胎，准胚胎不能被视为人类个体。在 Davis 诉 Davis 案中，如果按这样的观点，那么这些胚胎就不妙了，因为它们没有被植入。第二阶段从受精卵植入开始至以后的两个半月，其间，胚胎发育出脑和心、身体的结构、头、躯干和四肢等。第三阶段从受孕两个半月开始到完成分娩，胚胎具有人的外形和成形的器官保障在分娩后能够存活。该报告暗示：在非性交生殖条件下，受孕与着床两个过程可以人为中断，在着床前的胚胎不是即将出生的人，把它当作物来处置不会涉及对人的尊严的侵犯问题。

这一报告对英国以外的国家产生了很大的影响，阿根廷为这样的受影响国。它至少把阿根廷的有限自然人说分裂为着床说和受孕说。因为阿根廷的法律随着社会的发展要适应新的需求，所以发生了分裂。主张经过了 14 天的体外受精胚胎是人的学说为着床说，它们在试管内的时间不认为是人，它把体外受精胚胎在母体着床的时间定为胎儿的人格开始的时间。这主要考虑到受精后的胚胎成为婴儿的概率只有 10% ~30% ，而且这时候的胚胎没有产生神经元，不会感受痛苦，因此，把这个时期的胚胎定位为物不会产生道德问题。着床说的出现导致了性交生殖产生的胎儿与非性交生殖产生的胎儿的人格开始的时间不一致的问题，因此使阿根廷的民法典要重写了，至少要加一但书。而受孕说认为，孕育的过程是独一的，不能分为各个阶段。如果受孕 14 天后的胚胎不是生命，它是什么呢？主张者采取举例的方式，揭示了采用着床说的西班牙和德国的立法的矛盾。西班牙 1988 年的第 35 号法律（《关于辅助生殖技术的法律》）承认 14 天以后的受精胚胎为人类生命，但规定用于着床的胚胎只能在合理地确保妇女怀胎的数目范围内。德国的《胚胎保护法》规定一次采集的胚胎不得超过 3 个，它们都应被植入生物学母亲的子宫中。这样的对 14 天前的胚胎的保护骨子里还是承认它们为生命。

有限自然人说也为意大利的主流学说接受。在该国的波伦那，发生了类似于 Davis 诉 Davis 案的案件。于是，该国司法部立法司设立了生命伦理研究委员会准备这方面的法案。该委员会的主席佛朗切思科·布斯内里教授是《生命伦理学与私法》（*Bioetica y derecho privado*）一书的作者，他主张，体外受精胚胎是宪法承认的法律主体，因此享有生命、健康、身份、尊严权。但此等胚胎具有变化的性质，也即有可能发展为人也可能夭折。胚胎不具有权利能力，因此，民法典为他们保留的财产权受制于出生的事实。只有他们出生后才能成为自然人，取得权利能力。对于此说，我是这样认为的：布斯内里把胚胎的权利由《阿根廷民法典》承认的财产权扩展到了人格权，有身份、健康、尊严权，因此不能用它们做生育的实验。从而可以看出，他有个矛盾，即这些权利在无权利能力的条件下被胚胎享有，确实存在逻辑上不通的问题，没有权利能力怎么会有权利呢？这样的悖论要么因为布斯内里考虑不周，要么因为权利能力制度已暴露出其内在的缺陷。

2. 法人说

人说的另一分支是法人说。《路易斯安那民法典》采此说。《路易斯安那民法典》是个比较老的法典，该民法典在其自然人部分纳入了专门规定人类胚胎的法律地位问题的 1986 年的第 964 号法律。其内容如下：

第 9：121 条规定人类胚胎的定义：具有某种法律授予的权利、由一个或更多的活的人类细胞以及人类基因材料构成的试管授精的人类卵子，这些细胞以能在子宫中发育为胎儿的方式联合和组织起来。这条与客体说划清了界限。

第9：122条讲体外受精胚胎的使用：只能为植入子宫、完全发展为人使用，不得为研究或任何其他目的催发和培育试管授精的人类卵子。禁止出售此等胚胎。这是基于对胚胎的主体属性的承认为维护其生命权和尊严采取的措施。

第9：123条讲受精胚胎的能力：在被植入之前，或在取得法律授予胎儿的权利之前，体外受精胚胎作为法人（Juridical person）存在。本条反映《路易斯安那民法典》采用受孕说，在更广阔的范围内保护胚胎。它有两个情形，植入之前与没有植入之前，这个法典规定了两者。

第9：124条讲体外受精胚胎的法律地位：作为法人可以起诉和被诉。“起诉”，当用于胚胎的生命权等人格权以及财产权被侵害的情形；“被诉”比较费解，因为一个在试管中的受精胚胎没有机会侵犯他人权利。也许只在受精胚胎由于被错误分配遗产不当得利的情形，它们才有“被诉”的机会。由于他们不能自己起诉或被诉，只能通过他人进行，因此，本条隐含了胚胎的获得代理人的权利。

第9：125条讲体外受精胚胎的独立性：作为法人，它独立于被置放或保存的医疗机构或诊所。换言之，它们不是上述机构或诊所的财产而是它们自己。

第9：126条讲对体外受精胚胎的所有权的排除：它是生物学意义上的人，不是医生的财产，也不是精子和卵子的捐赠者的财产。医生不过是它们的临时监护人，法院也可以为它们指定保佐人保护其权利。

第9：127条讲医疗机构的责任。凡引起试管授精发生的医院应对体外受精胚胎承担保管责任。该条用保管这个词还是有将此等胚胎客体化的倾向。

第 9：128 条规定可以实施试管授精手术的医疗机构的资质：达到美国生育协会以及其他有关组织的标准的医疗机构的执业医生，根据上述机构的标准进行过试管授精方面的专门培训。

第 9：129 条规定不能故意摧毁体外受精的胚胎，但受精卵于非冷冻状态下在 36 小时内未发育的，视为不可存活的胚胎，不被认为是法人。

第 9：130 条规定配子捐赠人的义务：尽高度注意管理作为法人的试管授精胚胎；如果以公证书放弃对它们的植入子宫的亲权，应允许它们被收养性植入；他们也可放弃其亲权，将之让渡给其他愿意并能够接受体外受精胚胎的已婚夫妇。在进行如上收养时不得收取报酬。在这些活动中，适用路易斯安那州关于收养的法律规定。

第 9：131 条规定法律标准：就体外受精胚胎发生的当事人间的争议，按考虑此等胚胎最大利益的原则解决。

第 9：132 条规定责任：对诚信筛分、收集、保存、准备、植入或为了植入冷冻受精胚胎的医院和医生不适用严格责任或任何种类的包括关系到继承权在内的诉讼的责任。

第 9：133 条规定了继承权：上述胚胎不享有继承权，只有它们发育成活着出生的胎儿后才享有此权。被其他夫妇收养的胚胎产生的胎儿对配子捐献者不享有继承权。这也意味着它们与接受它们的夫妇产生了亲子关系。

让我对《路易斯安那民法典》的这些规定做一个小结。《路易斯安那民法典》所持的法人说中的法人并非我们所理解的法人，这对我们平常保持的社团法人和财团法人意义上的法人概念提出了挑战。该州为何用法人的概念定性胚胎？按照上述规定的催生者约翰·克伦特尔的说法：受精胚胎是男人的精子与女人的卵子的联合，这种联合与在社团名义下自然人的联合是一样的，因此，因为“联合”的共同要素，体外受精胚胎与社团法人取得了同一性，故被称为法人。这样的类比非常古怪。

《路易斯安那民法典》还规定了胚胎成为主体的条件：在受精后的36小时内已开始发育。对于他配子试管婴儿的情形，规定了亲子关系不存在于人工辅助生育子女与配子捐赠者之间。无论如何，《路易斯安那民法典》对于Davis诉Davis一案中提出的问题的回答是最全面的。

最后的结论如下：我不是生命伦理学专家，平常研究的也不是时髦问题而是“冷”问题，我只是在研究身体财产和私生活的过程中发现了本讲座的论题，顺藤摸瓜地进行资料介绍并进行初步的研究。我从研究客体关系出发，在某种程度上回到了主体关系，完成了一个有意思的大回环。至少在体外受精胚胎的性质上有两种学说，主体说与客体说，由此造成的问题是，主体与客体的界限到底在哪里？

本论题在我国研究得不够，看到第19届阿根廷全国民法大会的论文集中竟然有49篇关于这一问题的论文，看到意大利和秘鲁都有了这方面的专著，尤其看到并不年轻的《路易斯安那民法典》已以系统的方式对这一问题做出回应，我感到十分惊讶，不由得反思本论题在我国遭到相对冷遇的原因：它关涉对正在形成中的人的保护，在作为一个人口大国的我国讨论本论题，可能有点奢侈。尽管如此，本论题不可忽视，因为它关系到以性交生殖为基础建立的民法制度面对非性交生殖的广泛推行进行必要的调适的问题，一套另外的制度必须建立起来，为此要先进行研究。本论题的实质是自然人权利能力的发生时间能否越过出生的界限前推的问题，后推的问题已有不少研究，而前推的研究偏少，需要同仁努力。

面对关于体外受精胚胎的法律性质的诸说，我们应如何选择？我认为应选择主体说与客体说之间的折中说，从我国的国情出发把它们定位为特殊客体，从尊重它们成为生命的潜在可能的前提下出发进行制度安排，在未来制定的民法典中在自然人制度中设计有关的条文，并回答 Davis 诉 Davis 一案提出的有关问题，例如离婚后受精胚胎在原配偶间的归属问题。

讲完了，谢谢大家！

时间：2004 年 4 月 12 日

地点：吉林大学前卫南区东荣大厦 3 楼 A 区法律思想者学园

记录及整理：吉大民法研究生

第十讲

取得时效制度在人身法和公法上的适用

这个讲座稿比它依赖的文章更加丰满，更加充满事例和讨论，因而更有意思，两者已经不是一个东西了，我更爱这个。

开场白

今天我讲取得时效制度在人身法和公法上的适用。第一个问题，我讲一下取得时效制度的变迁。取得时效制度在我国是一个被深刻误解的制度。也就是说在我国得不到法律的承认，因为它有道德上的缺陷。取得时效简单来讲就是一个别人的东西，你经过一段时间的占有，就成了你的，这在中国的传统道德观念看来是取不义之财而用之。所以，取得时效制度被认为是一种攫取不义之财的制度，所以取得时效制度在我国在学说上存在，在立法上是不被承认的，尽管在苏联这样的社会主义国家也承认这样的制度。这是过去人们对它的看法，现在通过学者的研究，尤其是我的研究，人们对这个制度的看法也发生了变迁，就是说把它看作一种绿色的制度。为什么？取得时效制度的一个基本理念是这样的：一个财产有大小两个主人，小的主人就是它的所有人，大的主人就是整个社会，也就是说一个私人财产同时也是一种社会资源，当它的所有人对它不在意的时候，对它不能够充分利用的时候，别人就可以利用它。从小功利的角度讲，这损害了某个所有人的权利，但是从大功利的角度来讲就是社会财富得到了充分的利用。你看看今天老徐的这个讲座挺火的。这个教室中间如果有人占了个位，这个时候占位人还没有来，就可以让其他人自由坐了。这个行为就相当于取得时效。（笑声）于是，这个座位得到了合理的利用了。所以，经过比较长的理论研究，我们完成了对于取得时效看法的第一个演变，就是从不义之财制度到绿色制度。我觉得这是一个很大的进步。

下面我讲第二个变迁：从不义的制度到介于义与不义之间的制度。“义”就是道义的义。过去我们把取得时效制度看作是一种不义的制度，现在我们把它看作是折中于义与不义之间的制度。对取得时效制度的看法，随着我们对考察对象的深入而变化。我们研究了大陆法系的取得时效制度，可能觉得它在某种情形下表现为对不义的容忍，因为取得时效制度在现代国家的民法典里面往往分为两种情形适用。第一种情形，要想完成取得时效的占有人必须是诚信的，于是，经过一个比较短的时效期间，他就能够取得客体的所有权。第二种情形，是这个占有人是恶信的，就是他知道自己占有的是别人的，那就没办法取得占有物的所有权了。对于占有人的两种主观状态，通常的讲法是“善意”和“恶意”，但是根据我的研究应该讲诚信和恶信，大家能转换过来吗？那些比较了解我的学生都知道这个。尤其是我们创造社的成员都知道。善意等于什么？诚信，也就是主观诚信。根据我的研究，诚信分为主观诚信和客观诚信。我们过去所讲的诚信是指客观诚信，不包括主观诚信，是不对的。诚信应该是统一的。恶意等于什么呢？我们把它叫作恶信。现在各国民法的制度通常是这样的，一般是诚信占有人，假设是用10年可以取得这个标的物的所有权，但是恶信占有人作为对他的恶信的惩罚，通常是占有的期间要求加倍，例如20年。这样就维持了最低限度的道德，提倡知道是别人的东西就不应该占有，但是客观上占有之后还是让社会资源得到了充分的利用，所以还是让这种占有人也取得占有物的所有权吧！这是折中大功利和小功利达到的平衡，最后通过延长占有期间达到对恶信占有人的惩罚。所以，如果光是考察大陆法系的取得时效制度，我们会说它是介乎义与不义之间。这个"义"就表现在诚信要求方面，这个诚信要求无非是要求尊重他人权利。简单来讲，就是贯彻罗马法的毋害他人的原则。这里就体现了一种最低限度的道德。这是我们对大陆法系的取得时效制度的考察。

接下来看英美法系的取得时效制度。首先，英美法系没有叫作取得时效的制度，它叫作反向占有。所有人的占有是正向占有，非所有人的占有就是为了攫取所有权而进行的占有，就是对着干的占有。在这种制度中间根本就不要求什么诚信，这样的话，就把最低限度的道德要求放弃，是一种不义的开始。按照反向占有制度，如果你占有他人的财产达到了一定的年限，你就可以取得它的所有权，不要求占有人具有诚信的主观要件。据媒体最近报道，有一个中国农民到了纽约后，看到一块土地特别肥沃，适合种白菜。就情不自禁地种上了，一种就是好几年，所有人过了几年才发现，然后去法院告状，结果是所有人败诉。这里可发现在英美法中，人们对于这种大功利，换句话来讲，他们对于这种侵略性特别地宽容，因为它们本身就是一些侵略的民族。他们的反向占有对于这种诚信的不作要求跟两个事实有关，一个事实是诺曼人入侵英国的时候，他们是怎么取得当地人的土地的，如果要靠诚信的话，现在也没取得的。当然是靠的掠夺。另一个事实是靠的是什么？这些讲英语的人占领美洲的时候，尤其是占领北美的时候，他们是怎样取得美洲土地的所有权的，也是靠一种掠夺。这是从坏的方面来讲。

从好的方面来讲，就是英语国家也是法律经济分析的故乡，那么取得时效制度是最有法律的经济分析这种理论的运用余地的一种制度。我们可以算两笔账，一个是算个人所有人的账，就是按照个人主义的方式来算账。取得时效制度确确实实损害了私人的所有权。但是按照社会主义的方式来算账，以社会为考虑算总账，社会通过取得时效制度实现了用经济学的术语来讲的资源的有效配置。它实现了有限资源效用的最大化，所以它是一种非常经济的制度。所以这种制度在英语国家显得特别的受到容忍。从坏的方面来讲，英美人特别具有侵略性。从好的方面来讲，他们特别注重社会本位、大功利。这是第二个变迁。

反过来突出一个问题，为什么大陆法系还保留诚信的要求？你看看一个很大的发展趋势就是慢慢地把诚信要件淡化。你看看我们中国的几部民法典草案里对这个问题的态度，或者是主张不要这个诚信要件了，或者采用双轨制，符合诚信要件的，占有期间的要求短，不符合诚信要件的，占有的期间要求长。为什么我们大陆法和英美法不同，还保留着诚信呢？首先，我们大陆法没有两个侵略的发生，一个是诺曼人入侵英格兰，另一个是在哥伦布率领下的一些讲英语的人侵略美洲。此外，大陆民法受到教会法的强烈的影响。真正的民法是在中世纪形成的，我们现在的民法是以罗马法为材料，在中世纪经过中世纪法学家的加工，综合了罗马法、日耳曼法、教会法和商人法 4 个要素产生的。所以有很多教会法学家的劳动体现在里面，其中这个诚信就是他们的要求。所以回过头来看，我们过去看取得时效制度很丑，但看到美国和英国的现实以后，才发现它还有一些即使按照传统道德标准来看也是很美丽的地方，至少在大多数场合坚持了最低限度的道德要求。这是第二个演变。

第三个演变，从财产法的适用到人身法到其他法的适用。这就是我今天讲的问题。过去把取得时效理解为一个单纯的适用于财产法的制度。《法国民法典》甚至把它理解成取得所有权的一种方式。《日本民法典》把取得时效和消灭时效作为一个统一的制度规定。在《德国民法典》把它规定在物权法里面。《意大利民法典》把它规定在物权法的所有权法里面，作为所有权的取得方式的一种类型。由上可见，取得时效的适用范围已非常有限了，被限定为物的一种取得方式。

通过我的研究，我发现从历史的角度来看，取得时效的形象不是这样的。它曾经是一种广泛适用的制度，而且在现代社会中它也可能被作为一种广泛适用的制度来运用，可以适用于人身关系法，而且也可以适用于一些公法的领域。下面我们来论证这一点。

一、罗马法中的取得时效制度在人身法和公法上的适用

下面我来讲第一个大问题，罗马法中的取得时效制度在人身法和公法上的适用。罗马法中的取得时效制度在人身法上的适用分为两个方面。第一个方面是奴隶对自由人身份的长期占有导致他取得自由人身份。第二个方面是占有同居妇女妻子身份一年的取得对她的夫权，下面我分开说明。

第一个问题我们讲一下对自由人身份的占有。这一个制度是由两个皇帝的敕答确立的，第一个敕答是戴克里先和马克西米利安皇帝于 302 年 7 月初一在安条克（Antioch）对一个叫作卡尔奇努斯（Caricinus）的人发布的。戴克里先皇帝大约是从 243 年至 313 年这个期间的人，而这个法令出现在公元 302 年。他是这样讲的：合法取得自由人身份占有绝对可通过取得时效维持，因此关于这一问题的倾向和正当性的理性都主张时效应给占有了自由人身份 20 年的人带来利益，他们的权利不受任何试图干扰他们的人追夺，他们因此成为自由人和罗马市民。这句话很拗口，我引用的话翻译气味很重。我把它解释一下大家就明白了。有一个奴隶的小孩长得特别俊美，一生下来就受到奴隶主的喜爱，以至于从小就叫他儿子，他也以为这个奴隶主就是他的爸爸，就叫他爸爸，一直叫了 20 年。这个时候奴隶主死了，儿子就堂而皇之地继承奴隶主的全部遗产。这

个时候就有人不服了，说你当什么少爷，你原来是一个奴隶。那你去做一个 DNA 不就清楚了。（笑声）DNA 一做，查出少爷果然是一个扫地的女奴的儿子，在这种情况下可以这么说，少爷首先是诚信的，他不知道自己的奴隶出身。他真的以为自己就是这个奴隶主的儿子，他诚信地占有自由人的身份达到 20 年。在这种情况下，立法者对他这种情况有两种可能的处理，按照罗马法的普通法，他确确实实应该是奴隶，因为子女的身份从母，他的母亲现在还在那里作为一个奴隶扫地呢！因此，要适用普通法他确实是奴隶。但立法者面临一个价值选择，是让更多的人成为奴隶，还是让更多的人成为自由人？我们知道有两个因素影响了罗马法在这方面的选择。第一个是斯多亚哲学，这种哲学认为所有的人都是神的儿女，所以大家都是兄弟姐妹，人对人的侵犯是不合理的。第二个是基督教，基督教在这个问题上与斯多亚哲学一样。它也认为所有的人都是上帝创造的，也就是把上帝叫作父，我们在天上的父，所以众人也是一种兄弟姐妹关系。人把另一个人当作奴隶是不人道的，是违反自然法的。所以基于这么一种立场，我们看到，在戴克里先时代，基督教还是未受到官方承认的宗教，戴克里先还是一个迫害基督教的皇帝，在这个时候，可能是斯多亚哲学对罗马法在自由权的授予问题上施加影响，所以罗马法就贯彻了有利于自由权原则。该原则就是尽可能地让更多的人成为自由人，只要有任何机会，哪怕沾一点边，也让他获得自由。所以立法者做出这么一个选择，让他在占有 20 年的自由身份之后就能够取得自由身份。他不仅取得自由权，而且还取得罗马市民权。大家明白了吧！这个敕答是允许以取得时效取得自由身份的规定。它证明在罗马法里，这个取得时效制度是适用于人身关系法的。这是第一个敕答。

第二个敕答是由阿纳斯塔修斯皇帝对大区长官马特罗尼亚努斯（Martronianus）发布的。阿纳斯塔修斯皇帝是 491—518 年的人，比起戴克里先等发布上个敕答的 302 年时间过去了 200 多年。于是，200 多年后的一个敕答对另外一个敕答进行补充，因为第一个敕答只讲到奴隶诚信地占有自由人身份的情况，但是没有涉及奴隶恶信地占有自由人身份的情况。我们看看这个敕答是怎样解决这个问题的。他是这样说的，任何在 40 年的时效期间内以无争议的原因占有任何无讼争的财产的人，将得到此等财产的所有权，然后是第一个分号。这里我们省略了一些过渡性的文字，它说明了什么呢？就是说如果某人仍知道这个财产是别人的，他占有这个财产达到 40 年，其他人也没对这个财产提出过任何争议，这个时候他就可以成为这个财产的所有人。所以，第一个分号前的内容讲到的是财产的恶意占有人对财产的时效取得。我看到这个时效比较长：40 年。我们看下面第二句话，任何奴隶在上诉期间届满后，其案件未被提交法院调查的也获得此等利益，根据最有益的法律的规定成为自由人。这句话也是同样的意思。就是说它在讲完恶信占有人对财产的时效取得以后，转过来讲什么？就是恶信的奴隶占有自由人身份达到占有财产的同样期间的，也能够成为自由人。这个敕答具有特别的意义，它首先告诉我们阿纳斯塔修斯皇帝把取得时效制度当作一个统一适用于人身关系法和财产关系法的制度。他在讲完这个制度对财产关系的适用以后，马上讲它对人身关系的适用。所以他把这个制度看作统一适用于财产关系和人身关系的。跟我们现在仅仅把它理解为只适用于财产关系法的制度是不一样的。这是它的第一个意义。

第二个意义就是说：它区分恶信与诚信的不同，决定了以时效取得自由人身份的不同的期间，前面的戴克里先皇帝讲的是诚信占有自由人身份的情形，通过 20 年的时效期间就可以取得此等身份。第二种情形是恶信的情形，需要 40 年才能取得自由人身份。这一规定与我们现在区分对财产的诚信占有，还是恶信占有的取得时效就很一致了。所以这是一个非常有意思的问题，它说明了以上的道理。我们概括一下，两个道理。第一个是横跨人身关系法与财产关系法的取得时效制度。第二个是区分诚信还是恶信规定不同的时效期间。这两个敕答具有这样的意义。这是第一种适用。

第二种适用我讲一下对于妻子身份的占有。对于妻子身份的占有时效取得中的占有是恶信的占有。首先我们看一下法律规定。公元前 450 年颁布的《十二表法》第六表第 5 条规定，如果妇女不愿通过一年的占有被时效取得的方式归顺夫权，就要以每年离家外宿 3 夜的方式逐年中断时效。大家看到这个条文，会发现罗马人赤裸裸地把取得时效制度适用于人身关系了。要想取得对妻子的夫权，要想跟她在一个屋顶下长久生活，就要占有她 1 年。如果这个妻子对这个男人没有什么感情，不想从属于他的夫权，怕他利用这个夫权又打又骂，或者是强迫劳动，那么她可以每年在外面睡 3 夜，当然要提供旅馆的发票，（笑声）不然没什么证据。这个很赤裸的规定典型地表明罗马人把取得时效适用于人身关系。但是过去我们对该条的意义没有理解。那么这条的意义何在？我觉得它有两个意义，第一个意义是它规定了以时效取得夫权。第二个意义是它规定了身份占有的中断制度。既然是取得时效，总是有时效期间的终止、中断和延长这3个制度。我们找到了一个中断制度，物权法里面的取得时效制度也有这个中断。这条的意思必须参考相关的条文得到理解，我觉得这一条跟《十二表法》的第六表第3条是有关的，后者条文是这样的：土地的时效取得为期2年；所有其他物件的时效取得为期1年。大家在这里会感到很奇怪，土地是一种非常珍贵的不动产，它所涉及的是地球的有限的表面，是一种不可复生的资源，在这里为什么会规定这么短的时效期间就可以取得，大家有没有产生这种困惑？通常情况下要想以时效取得土地，在现代民法典里至少要经过10年以上的占有，因为这个财产太重要了，所以用这么短的时效期间取得，对所有人的保护就太不充分了。大家讲为什么？

第六表第3条所讲到的取得时效是弥补法律行为形式要件欠缺的一种制度。我们通常所理解的取得时效制度是为了使有限的资源得到充分的利用的一种制度，就是让被所有人忽视的财产由社会上的其他人通过这种占空位子的方式来充分使用的制度，这个是取得时效制度后来才具有的功能。在《十二表法》的时代，它的功能是什么？在当时土地是一种要式物，所以对它的交易必须通过要式的方式。要式的方式有什么？要式买卖非常的复杂，需要5个证人，还需要一个司称，还要念所有的套语，非常麻烦，所以有的人为了逃避这样复杂的手续，就省略这些程序，私下里口头上进行一些协商，就把这个土地就给移转了。这样的移转没有遵守法律规定的形式要件，法律不能置之不理，因为法律提出形式要件要求是为了保障交易安全，要求一些特别重要的财产按照要式移转，保障这种财产的安全处置。如果当事人实际地移转了这个财产，尽管没有完成法律要求的形式要件，如果长期不承认这种事实上的所有状态，会使这个法律与现实长期脱离，不利于社会的稳定，所以法律最后要对这种藐视法律的行为在进行十足的惩罚以后原谅它。所以在这个 2 年期间之内，他不能以一种非常方便的方式来移转这个财产的所有权，但是在取得时效期间完成后，就可以取得对于这种标的物的市民法所有权。由于没有遵守法律规定的要件，占有人过去只能取得标的物的万民法上的所有权，现在可以取得标的物的市民法上的所有权了。此时，由于可以合法转让，这个财产具有了更大的流通性。就像现在你没有房产证，你只是占有一座房子，你不怎么能卖它。胆子小的人是不敢接受你这个标的物的，道理是一样的。所以，取得时效最早的功能是弥补法律行为形式要件的缺陷。理解了这个制度，我们回过头来看第六表第 5 条，它实际上跟刚才讲的这一条是一样的。它也是为了弥补法律行为形式要件的缺陷而设定的一条。为了说明这一点，我要说明罗马法里有三种婚姻制度。第一种是共食婚。就是夫妻双方举行一个宗教仪式，共吃一个麦饼，表示一种在神之前的结合，这种婚姻形式由贵族使用。在很多情况下，譬如说在某些职位例如大祭司，必须是共食婚里所生的孩子才能担任。第二种婚叫作买卖婚。当时的人们把妇女当作一种动产，在不同的家族里面流通，所以夫家与女方的家长形成一个买卖合同，把这个妇女的所有权移转，移转到夫家以后，一个方面从属于家夫的家夫权，另一方面从属于丈夫的夫权。买卖婚是一种正常的婚姻方式，履行了法律所规定的要件。第三种就是时效婚。既然买卖婚是一种有钱人才能使用的缔结婚姻的形式，那些没有钱的人怎么办呢？他们就不能够请这么多的证人，然后举行这么隆重的仪式，于是，他们就实际地占有一个妇女，通过一年的时间，如果这个妇女没有到外面连续住 3 夜的，就可以归顺这个男人的夫权。我们可以把这种婚姻叫略式婚姻，把买卖婚叫作要式婚姻，这种略式婚姻通过一年的时效也取得与要式婚姻同样的效力。它没有履行要式要件的缺陷也可以弥补回来。

时效婚来自抢婚，我们知道在罗穆鲁斯在公元前 753 年建立罗马城的时候，他那些手下都不大正当，有的是逃犯，有的是私盐贩子，有的是当过土匪的人，男多女少，到了罗马城以后性别严重失衡，性情不稳影响进一步的发展。（笑声）这个时候罗穆鲁斯就设计了一个阴谋，当时的罗马由几个山丘构成，每个民族占据一个山丘，罗穆鲁斯他们占据的是帕拉迪诺山丘，旁边一个山丘是萨宾人占据的。他们与罗穆鲁斯的人有共同的语言和宗教，后来罗穆鲁斯谎称发现了一个孔苏斯神的圣坛，吸引邻丘广大的妇女来观看，这些妇女特别信教，来了 683 人，（笑声）这是有数据可查的。罗穆鲁斯举杯为号，这些士兵就将妇女抢回家做老婆，根据漂亮程度的不同，按照身份来分配。萨宾人觉得这是奇耻大辱，要抢回来，但是他们的政治体制有缺陷，没有罗穆鲁斯那样办事干净利落，萨宾人的官僚主义非常严重，通过反复的讨论，层层协商，从民主到集中，从集中到民主（笑声），整整过去一年。（笑声）萨宾人姗姗来迟，到底是来攻打罗马了。两军相遇，双方还觉得是一场很有意思的战争，但是只有在旁边看着的萨宾妇女觉得这场战争的荒谬，因为这边一刀砍过去砍的是孩子的舅舅和外公，（笑声）那边一枪刺过来刺的是孩子的爹和爷爷，是吧？（笑声）还有孩子的伯伯叔叔。于是，她们挺身来到两军中间，说你们在做傻事！这样两个民族合并为一个新的罗马，他们双方的首领共同为王。萨宾的妇女是被强迫到罗马的，为什么她们后来做了罗马人的妻子，因为罗马人已经占有她们一年。这后来成为占有身份以时效取得制度的滥觞。萨宾妇女希望找回来她们的自由，她们认为我们不是八抬大轿抬进来的，你们对我们不尊敬，我们以后也应保留一种特权，就是在罗马家庭里从来不做家务。这是有史料根据的。这也大概是奴隶制勃兴的一个原因，她们做家务的话要奴隶干吗？奴隶多是家务奴隶，所以罗马的奴隶制跟萨宾妇女的这种特权有关。（笑声）这个故事告诉我们，抢婚跟时效制度相关。抢婚是一种违法的、很不好的行为。在《墨西哥民法典》和《智利民法典》里还提到抢婚，当地还保留着这种风俗，但是这种行为已经产生了结果，产生了一种自然的结果，有了后一代，一加一等于三，然后你不承认它的合法性，那会造成一种什么结果？造成不顾人伦的结果。在这种情况下，法律会向这种不法的行为妥协，承认它为一种合法的行为。我觉得第六表的这个条文规定的时效婚就是这个意思。大家明白了吗？下面我们讲的这个问题，其实就与此相关。这是取得时效制度在人身法上的第二个适用。

第三个适用是在刑法上的适用。在刑法学界普遍认为现在的诉追时效制度是在公元前 18 ~ 16 年的《关于惩治通奸罪的优流斯法》确立的，因为当时罗马通奸非常的盛行。通奸，你知道吗？我给大家将讲这个词。(笑声）所谓通奸就是怀上了别人的孩子，“Adultry”一词就是这个意思。这个不是我讲的，是学者从拉丁文里得来的，Adultry 在拉丁文里是“别人的”意思，所以这个词的意思就是“怀上了别人的孩子”。我们下面会看到美国妇女在这方面的情况。从字面意思上讲通奸就是这个意思。当时的通奸盛行到什么程度呢？最近我写了一篇研究《西塞罗案件》的文章，发现恺撒一方面自己是一个大的“绿帽子”的制造者，同时也是一个“绿帽子”的消费者。(笑声）西塞罗的不共戴天的敌人克劳丢斯就曾利用丰饶女神节——一个妇女才能参加的节日——混到恺撒家里去，试图与恺撒的妻子庞培娅幽会，然后被人发现，酿成一个大案。一般的罗马的政治史里都要提到这个案件，就是克劳丢斯的丰饶女神节案件。恺撒的外甥屋大维据说年轻的时候也是风流成性，后来因为跟李维娅结婚才改邪归正，所以这个《关于惩治通奸的优流斯法》就是奥古斯都制定的。屋大维觉得罗马的风气太差劲了，许多的贵族妇女有好几个情人，所以他要惩治通奸，专门立了这个法律，以图整修风纪。这个法律规定了通奸有两种诉权，第一个是丈夫的妻子的父亲的诉权，属于私诉，我们就不讲它了，因为与我们的论题无关。同时国家对于这种通奸行为享有一种公诉，公诉必须在 5 年内提起。为什么经过 5 年以后就不得再起诉呢？这个法律给了一个理由：不要唤醒一个连续沉睡 5 年的犯罪。大家是不是觉得此语非常贴切地解释了取得时效制度的本质？这个规定说明了取得时效制度是干嘛的？我认为取得时效制度的本质有两个，第一个就是勿搅扰已静之水，这是我的一个文雅的表达，无论这个水以前是因为什么原因，是由于合法的原因搅动得波涛汹涌，还是由于非法的原因搅动的，如抢婚、蹂躏妇女，经过一段时间以后你就不要去搅动它了，这就是取得时效制度的本质。包括我们习惯的所有权的取得时效也是符合这个本质的。

第二个是事实产生权利。在我看来，一个曾有过通奸行为的妇女通过连续的5年没有再实施这种行为，她已构成了对贞女身份的长期占有。（笑声）通过5年的时效就能取得贞女身份，尽管她以前做过一些让她丈夫戴“绿帽子”的事情，应该原谅她。为什么要搅扰已静之水呢？所以我们若更深一步地挖掘取得时效的本质，会发现它是一种宽容的接受，是一种忘却的接受。是必要的忘却！该忘的忘，该宽容的宽容。我老是记得学希腊哲学史的一个朋友给我的一句话，就是“不要让仇恨使你的心灵变得潮湿”。不要让一些乱七八糟的事情让你的心灵变得潮湿，应该忘掉的就忘掉，该甩掉的就甩掉。罗马人在这方面做得挺好。我们看上面3个罗马法适用取得时效于人身关系的例子，至少是在前两个方面是在我们现代民法里面不怎么说的。

二、近现代欧美民法中的身份占有

下面我讲第二个大问题：近现代欧美民法中的身份占有。第一个问题我讲一下配偶的身份占有。我们讲到的《十二表法》第六表第3条实际上就是配偶的身份占有，在当时采用了夫权的取得的表达，在现代就不一样了，在现代就是配偶身份的占有。我们举《意大利民法典》为例来说明这个问题，《意大利民法典》第130条规定如果不出具从民事身份登记中抽取的结婚证书，任何人不得要求配偶的名义和婚姻的效果。这句话是什么意思呢？就是说婚姻的存在与否唯一的证明是民事登记，除此之外别无其他。这是一个原则。但是有原则总是有例外的，第131条规定：与结婚证书相符的身份占有补救一切形式缺陷。这句话是什么意思呢？如果你没有民事登记证明你们夫妻身份的存在，配偶身份的占有可以弥补这个登记阙如的缺陷。配偶的身份占有是什么意思？其第240条进一步进行解释：配偶身份的占有就是两人公开作为夫妻生活。这句话一下子就把这3个条文的意思都揭示出来了，我觉得它们讲到了两种情形：第一种情形就是双方曾进行登记缔结婚姻，但是后来这个登记灭失了，在无法得到一种替代性的证明的情况下，他们两个以夫妻的身份生活，被周围的人承认为夫妻，在这种情形，不要婚姻登记也能证明他们的夫妻关系的存在。第二种情形是他们根本没有登过记，但是他们长期以来就以夫妻的名义共同生活，被周围的人认为是合法的夫妻，然后生育了子女等。在这种情况下，他们也能取得合法婚姻所具有的一切效果。这些效果就包括了夫妻双方相互有继承权，夫妻双方相互有忠实义务，到外面去混是不行的，但是如果没有婚姻关系那是可以的。实际上，这里说的第二种情形就是对事实婚的承认。

讲完《意大利民法典》第240条根据事实婚确定配偶关系的规定后，我们再看看《埃塞俄比亚民法典》第699条第2款对于配偶身份的占有下的定义，大家可能更加耳熟：当两人相互认为是夫妻并以配偶相待，并且其家人和社会做同样认为和对待时，此二人拥有配偶身份之占有。我之所以念出来这个定义，是因为它跟我们中国的关于事实婚的定义很类似。它讲了两个方面，首先是事实婚的构成要素的内在方面：夫妻两个人彼此以配偶相待。其次是广大的邻居、周围的群众都认为他们是一对夫妻的外在方面，内外兼备，所以它讲得更加全面，讲的是对配偶身份的占有。我说了配偶身份的占有有两种情形，第一种是对人的事实上的控制，有如抢婚的情形；第二种是基于协议，有如时效婚的情形。既然是身份占有，应该属于两种情形之一。如果基于协议实行身份占有，妇女必须被作为动产，因为是她父亲订协议，她不能自己订协议，就像在古罗马那样。现代社会已不允许把人当作动产了，所以，《意大利民法典》第131条说到的身份占有应该是一种持续地对人的控制，它涉及的占有不是一般的占有，而是作为取得时效配套制度的占有，没有期间的经过这种占有是没有意义的。你们大家看一看，当两人相互认为对方是夫妻，并以配偶相待，并且其家人和社会也都同样地认为和对待时，此二人发生对配偶身份的占有。这个定义非常的接近于我们的时效定义，但我们的时效定义加上了时间的要素，所以上述《埃塞俄比亚民法典》的身份占有定义是有问题的。它定义了身份的占有，但没有规定占有的期间。我觉得其制定者没有很好地理解这一制度才会如此。期间总是需要的，即使对于动产诚信取得制度也不例外，也有人说它是一种瞬间取得时效，时效在一瞬间完成，所以这个期间可以忽略不计了。你既然以占有身份取得某一种东西，必须要经过一定的期间的，这个期间是瞬间的也行，瞬间的期间也是期间。由此，我们在这里看到了《意大利民法典》

第240条规定有一个缺陷：它没有规定占有的期间，从理论上推演，会得出占有了以后马上就可以取得身份的结论。这样的结论是对藐视法律的行为的鼓励，因为所谓的事实婚，就是对结婚的形式要件的藐视，该登记的没有登记。下面我们会讲到《澳门民法典》走了一条正确的路线，规定了两年的占有期间，占有这种身份必须达到两年才能完成时效取得。这是第一种情况，我们讲到了配偶身份的占有在《意大利民法典》里的表现，以及它的缺陷。这个缺陷在我国的相应的制度里也有。

第二个问题讲一下对子女身份的占有。我们还是以《意大利民法典》为例来说明这个问题。《意大利民法典》第236条规定，婚生亲子关系可以由登录在民事身份登记簿中的出生证书证明。在无此等证明时，持续的婚生子女身份占有即为已足。在好几十年前制定民法典的天主教国家，还有婚生子女和非婚生子女之分，现在的民法典一般都不做这种区分了，所以大家可以把这个婚生子女的因素忽略掉。第236条讲的是什么呢？跟前面讲到的配偶身份的占有是一样的。想证明两个人之间有亲子关系的人必须拿出出生证明来。如果没有出生证书或出生证书灭失，则如果存在一种亲子关系的长期占有，也可弥补没有证书证明的缺陷。这里涉及的第一种情形是没有出生证书，例如，我在垃圾箱里面拣到一个弃婴，我就把他当作我的小孩来抚养，他也把我当作父亲来对待，经过一段的时间人家要查户口说是要这个身份证书，我说我们没有这个，警察来调查，我说他叫我爸爸都叫了十几年了，然后邻居都说他就是徐国栋的孩子，这个时候，事实上的亲子关系也可以取得这种法定的亲子关系一样的效力。当然我应该办收养手续的，因为这种情况下他不是我的亲生儿子，我也没有收养他，如果我要想有合法的手续，我应该到民政局去登记，取得一个合法的手续，但是我竟然没有这样做。实际上我要以这种占有取得这种亲子关系，这实际上就是法律对我没有到民政局去办理收养手续的这种缺陷的一种容忍。所以我在这里就看到了取得时效制度的最早的意义，就是补足需要履行法定形式要件的行为欠缺的要件的一种规定。现在我们的取得时效制度是由这种意义上的取得时效制度和后来的长期占有两种制度合并而成的，所以它把两种制度的特点合并在一种制度里边了。有的时候表现出这种制度的特点，有的时候表现出那种制度的特点。而我们刚才所讲到的我们平常所理解的鼓励资源优化配置的取得时效，实际上源于长期占有，在优士丁尼法中间，也就是公元前 6 世纪的优士丁尼才把两种制度统一。以前它们是各走各的道，大家要注意这一点。这里涉及的第二种情形是出生证书的灭失，以前在出生的医院里办过出生证书，但后来由于意外事故灭失了，拿不出出生证书了，而且在这个时候又提交不出替代的证书。在这里就产生了一个问题，什么叫作子女身份的占有呢？中世纪的法学家对此作了很好的研究，此等占有包括三个要素，它们都体现在《意大利民法典》第 237 条里。第一个要素是姓，就是子女长期使用他父亲的姓氏，譬如我拣了那个小孩姓徐，这种姓就是亲子关系存在的一种表面证据。第二个是对待，也就是说是内部的对待，整个的父亲及其家人对这个小孩都当作婚生子女对待。第三个就是形式，也就是外在的对待，整个社会都把某个小孩当作是某人的小孩对待。三个要素都具备，就可以构成对子女身份的占有。但是，对于子女身份的占有跟对配偶身份的占有一样存在巨大的缺陷。缺陷在哪里？既然是占有，而且是取得时效制度的中的占有，就必须有占有期间的要件，这里又没有设定这个要件。

第三个问题讲一下对于公民身份的占有。这是一个比较新鲜的话题，但是它来自一个比较古老的民法典，就是《法国民法典》。其第30－2条第1款规定，在仅依亲子关系才能取得法国国籍时，如当事人以及可以向其传予法国国籍的父母中有一人一贯享有法国人身份占有的稳定的外观，该人的法国国籍被认为已经确定，有相反证据的除外。这条是什么意思呢？就是说，在通常情况下某人取得一国国籍不一定要自己取得，他的父母有这个国籍，他就自然地有这个国籍，因为有的国家采用血统主义，有的国家采用是出生地主义。通过各种方式，都发生一个上一辈可以向后一代传予国籍的情形。那么传予国籍有什么条件呢？该条分为两种情形，一种是当事人本人有占有法国人身份的稳定的外观；另一种是传予国籍的人，即他的父母有占有法国人身份的稳定的外观。总之，这条规定确立了国籍可以通过身份占有取得的原则。我们在这里就看到了身份占有的一种新适用，适用于国籍的取得。这个规定适用于两个法国殖民地的情况。第一个是马约特。1993年7月22日的第93－933号法律规定了马约特群岛上居民的法国国籍问题。马约特是一个什么样的地方呢？是印度洋上的科摩罗群岛的一部分。科摩罗群岛曾是法国的殖民地。1843年成为法国的占有地，1975年独立。科摩罗独立以后，作为科摩罗构成部分的马约特决定留在法国，在这种情况下他们就构成了科摩罗的

“科奸”，我们中国人把自己的叛徒叫作汉奸，科摩罗人应该把自己的叛徒这么叫。科奸在法国人看来是法国之友，这些人不能推掉。于是，马约特经过民主投票成为一个民主的集体。现在科摩罗仍然主张对马约特拥有主权，但马约特是一个很小的地方，它只有 374 平方公里，人口只有 97,000 人。法国人怎样对待它是一个很重要的问题，它的居民到底是法国人还是国际法上的一种什么类型的人？马约特不是一个独立的国家。怎样处理其居民的国籍问题呢？法国人为此颁布了 1993 年 7 月 22 日的第 93 法令，它规定出生于马约特群岛，于 1994 年 1 月 1 日已成年的人，长期拥有享有法国人身份占有的外观的，其法国国籍因此得到认定。我们看到，这样的话就规定了身份占有从 1994 年 1 月 1 日开始回算，回算到什么时候？回算到马约特决定留在法国，于 1973 年投票决定成为法国领土的一部分的时候。“留下来”的马约特人实际上长期地占有了法国人稳定的外观达 18 年。于是，法国的身份占有立法第一次使用了占有期间的要素。《法国民法典》第 30－2 条中的“一贯”一语指一个很长的时间。这与意大利法对于配偶和子女身份的占有的规定没有时间副词不同，而是考虑了这个身份占有必须经过一段的时间才能导致取得被占有的身份，不能够即时取得。那么通过计算，我们看到这个时间是 18 年。我们终于挖掘出了身份占有演变为取得时效的很重要的一个中间环节就是时间。这是对公民身份占有的第一种适用情形。

第二种适用情形涉及法国的另一个殖民地阿尔及利亚。阿尔及利亚是武装斗争取得政权的，我记得纳尔逊·曼德拉还到阿尔及利亚的游击队见习看怎样搞武装斗争，学习枪杆子里面出政权的经验。所以，在20世纪50年代，阿尔及利亚曾引起法国政界一个很大的风潮，最终它在1962年独立。为了解决一些在阿尔及利亚的“阿奸”的法国国籍问题，法国人专门在1973年1月9日颁布了第73－13号法令，规定1962年7月22日之前出生于阿尔及利亚享有普通法民事身份的人，如长期享有法国人身份占有的稳定的外观，可以取得法国国籍。因为时代在进步，一九七几年颁布的法国的这个法令比1943年制定的《意大利民法典》有关规定的考虑显得更周密一些，出现了考虑占有期间的用语：“长期。”但这是一个不确定的期间，但这个期间可以推算出来，由此按《法国民法典》第30－2条规定的条件取得法国人的身份。它这里讲到的条件是长期占有法国人的身份，这种占有的表现具有普通法的民事身份。普通法的民事身份是什么呢？在法国的殖民地适用两种法，一种是土著法，另一种是普通法，也就是所谓的法国法或欧洲法、其他的法律。相应地有两种法院，一个是土著法院，另一个是普通法法院。要想适用后一种法律，必须具备一定的条件，如受过一定的教育，懂法语，或者是皈依了法国人所信仰的天主教。这些人长期适用法国法，才享有普通法的民事身份，他们才可以取得法国的国籍。从这个法律的时间来推算，颁布法律的1973年减去阿尔及利亚独立的1962年是11年。11年的身份占有就可以导致取得法国国籍。

《法国民法典》以上规定的意义何在？我在前面证成取得时效制度对于人身法适用是一个方面，此举不过把取得时效的适用扩展到了民法的另一个分支，从财产关系法扩展适用到了人身关系法，《法国民法典》的以上规定把取得时效的适用范围扩展出了民法之外，到了公法，因为《法国民法典》没有完全独立于公法，国籍法还部分地留在民法典中，但是大多数国家的国籍法已独立于民法典。所以说国籍法是一个完全的公法部门。所以说，《法国民法典》的上述规定证明，在公法里面也可以适用取得时效。这样的话，它与取得时效在刑法里面的适用是交相辉映，构成证明在公法里可以适用取得时效制度的两个例子。

第四个问题讲一下取得时效制度在刑法上的适用。就像我前面所说的，所谓刑法里面的追诉时效制度是来自公元前 18 ~ 公元前 16 年《关于惩治通奸罪的优流斯法》。这个追诉时效制度在英美的刑法中间得到了普遍的承认，这种情况我就不讲了。承认的理由何在？一共有 5 种学说，第一种学说是什么？认为时效消灭刑罚权，但以在时效期间犯人未犯新罪为条件，从这一事实可以推出犯人已自我改善的结论，因此没有必要再惩罚他们，他们已经改好了，由于时过境迁没有恶性了，该说也可以说是恶性丧失说。第二种学说是这样的，时间的推移使举证困难，因此宜放弃诉追，这和支持消灭诉讼制度的一个理由是一样的。第三种理由，犯人长期逃亡，吃不好，睡不着，瘦得皮包骨，也因此受到了足够的惩罚，再罚等于是两罚。他们有的时候受不了上述磨难就投案自首，关进去就可以舒舒服服睡觉了。这是第三种学说。第四种学说，时间的推移使民众对犯罪的规范感情得到缓和，这个罪实施完毕的时候，大家对他是食肉寝皮而后快，时间长了以后大家的情绪就慢慢淡化了，觉得这个事情也不是很可怕，也没有那种报复欲望了。第五种学说我认为最重要，它与第二个理由一起构成与民法中的取得时效制度的共性，这是一个日本学者牧野英一在其《日本刑法通义》里所讲的理由，认时效之制度者，基于“无纤毫彰害而永续之事实上状态不可不加尊重”之思想，即维持永年间既继续之事实，于社会秩序为必要故也。它的意思是什么呢？说了两个理由。第一个理由是对于一个没有任何危害的长期存在的事实状态，你必须尊重它。这里，牧野英一讲到了取得时效的两个要旨：第一个是不搅扰已静之水；第二个是事实产生权利。两者用不同的话语讲的是同样的意思，即维持永年间既继续之事实，于社会秩序为必要故也。我觉得这一段话的意思与我们前面讲到的拉丁文原始文献片段 D. 48，5，12，4 里讲的是一样的，揭示了取得时效制度的本质。我觉得人们讲到了很多的取得时效制度的理由，都言不及义，只有最后这个理由是切中要害的，这也跟最早创立这个制度的理由，就是不要唤醒一个已经连续沉睡了 5 年的犯罪，具有很大的同一性。我认为追诉时效可以分为两个方面，从国家的方面来讲它诚然是一种追诉时效；但从犯罪人的角度来讲它是取得时效，如果他在长期内没有犯罪就构成对良民身份的占有，经过一段期间后就取得了这个良民身份。一个国家的追诉时效期间都跟嫌疑人犯的罪的法定刑期相对应，最高刑可能是 15 年的，追诉的时效期间便是 15 年。这里我们也就看到了身份占有与时间因素的关联，不像以前理论研究得不够，由于历史的遗忘，导致一些取得时效要件被遗漏，用“一贯”的模糊表达来说明取得时效的期间。相反，罗马法的规定不存在对这个要件的遗漏，“不要唤醒一个连续沉睡了 5 年的犯罪”一语中就有期间，就是一个明晰的期间。我们的立法以“长期的”模糊表达取代这样的明晰表达，我们在谈到事实婚姻的构成的时候，说夫妻双方长期共同生活，周围的群众当他们是夫妻看待是要件。但这个“长期”有多长呀？是15天吗，还是50年？如果期间不量化，它不能变成一个具有操作性的规定，就没什么实际意义。但是讲了期间总比一点都没有讲要好。

三、取得时效制度在我国人身关系法上的适用

第三个大问题讲一下取得时效制度在我国人身关系法上的适用。现在我们回到中国来，我们研究这么多国外的情况，最终还是要解决我们中国的问题。第一个要说的是事实婚。对事实婚要有正确认识。我国比较权威的事实婚定义体现在江平和巫昌祯主编的《现代民法词典》中：无配偶的男女未履行合法手续而共同生活形成的婚姻。按这个定义，事实婚的多数人被要求按要式的法律行为结婚，但他们忽略了这个形式要件，舍弃这个形式而采取它的实质自行结合。在我国司法史上，对这种忽视形式要件的结合，一度非常的宽容。造成的后果是，此人去婚姻登记机关交了钱，办了结婚手续，误了一天的工，其婚姻具有了法定的效力：双方要承担夫妻的义务，互有继承权，生的孩子是婚生子女。而彼人没有办这些手续，省了很多的钱，省了很多的时间，省了很多的工，但他们结合的法律效果是一样的。这不是鼓励人家不去登记吗？如果对于这种事实婚和履行法定形式要件的婚姻的效果之间不做区分，结果会是什么？大家都不去登记，登记制度将形同虚设。我们这个婚姻登记制度没有任何惩罚性的规定。我国农村婚姻登记率很低，

当然有其他的原因，譬如路远呀，费用超过承担能力呀，但我觉得还有一个很重要的因素就是法律没有规定制裁不登记者的手段。所以关于结婚必须办某些手续的法律实际上从来就是一个软法。这是常人对我国的事实婚的理解，但这种理解没有看到事实婚的本质是配偶身份的占有持续了一段时间，由于藐视法律形式要件的法律行为缺陷无法弥补。它只看到了事实婚的一个本质，就是藐视法律的形式要件缔结法律行为，但是它没有讲这种身份占有，它也没讲这种身份占有要持续多长时间法律行为的瑕疵可以消除，所以这种对于事实婚的理解不全面。那我们看一下《澳门民法典》第1472条的规定，《澳门民法典》的规定跟中国内地民法的规定大同小异，它也是把它理解为未履行结婚手续的异性同居，即两性之间的同居，也就是说事实婚的本质就是忽略了形式要件的法律行为，但是它存续的时间长了，你不承认它的效力是不行的，《澳门民法典》第1472条规定了必须共同生活至少两年，才能使这种事实婚变成合法婚。那么双方共同生活两年以后就是一个很完整的婚姻了。所以，对《澳门民法典》第1472条规定的情形，我们可以把它翻译成取得时效，双方在没有履行法定要件的情况下，相互占有夫妻身份满两年的，即取得法定夫妻身份。这样的规定就比较正确地理解了取得时效适用于人身关系的本质，允许以时效取得夫妻身份，克服未履行形式要件的缺陷。把这个规定与中国内地民法的规定比较一下，可以发现后者的规定没有附加经过一定的时间才可取得夫妻身份的要件，造成了对不遵守形式要件的婚姻的鼓励，是一种对轻微违法的放纵，造成了大量不登记的婚姻。结果搞得中国内地的立法者从一个极端走向另一个极端，1994 年 2 月起完全否定事实婚，定它原则上没有任何效力，只有在发生重婚的时候才有效力，事实婚也构成重婚。这样就在法律方面缺乏一个必要的缓冲，由于婚姻法没有规定对不遵守形式要件者的时间上的惩罚，使立法者失去耐心，事实婚泰极否来。这种处理也遭到了一些学者的批评，按照这种做法从逻辑上推演，双方如没有办结婚登记手续，即使这种婚姻持续他们的终生，到了 50 年以后，两口子都已驾鹤西归了，但从法律上看他们的子女是私生子。尽管我们的法律并不歧视私生子，但在意大利，私生子的继承权比婚生子要少一个百分比，如婚生子能得到 1/3，私生子只能得到 1/4。另外，如果这样的夫妻要到法院去离婚，法院说你们离什么婚？本来就没有婚，你们清醒得很呐！随时准备撤退。（笑声）这样，尤其女方的权利得不到保护，夫妻相互间没有继承权，双方的亲属也不发生姻亲关系，这是很可怕的后果。对于这种不承认事实婚的状态，徐涤宇写了一篇文章，据我所知这是中国内地第一篇研究身份占有的文章，其中他是这样讲的：这种做法是不尊重人伦秩序之事实性格，而使事实之夫妻关系溢出法律调整范围。这个批评很好。不承认事实婚，就是对起码的人伦关系的不尊重，是对一个长期存在的事实的不宽容。所以取得时效的本质是什么？是适当的惩罚，然后给予宽容。所以一点惩罚都没有是不行的，长期不予合法化也是不行的。《澳门民法典》对事实婚的处理很好，它是适度惩罚，然后经过一段时间后原谅你的过错，使事实成为权利，在两年的时间之内如果双方要离婚，法院说你离什么婚，无婚可离。两年时间过去，事实婚的一切效果和合法夫妻一样，这样就达到了既保证法律的威信，同时也尊重一个长期存在的事实的目的，表明了取得时效制度的妥协与宽容的性格，适度的惩罚与原谅相结合的一种性格。不尊重这样的事实的法律是不得人心的，违背人情的。所以我觉得，通过研究取得时效制度在人身关系法的适用上，我们可以更好地理解事实婚制度，也可以根据这种新的理解再造它，在立法上使它更加完善，例如，我们可以参照《澳门民法典》一些合理的规定改进中国内地的有关立法。

接下来讲父亲身份的占有取得。父亲身份的占有取得问题产生于DNA技术之应用，前面我们讲到罗马人用DNA技术鉴定某人是否为少爷，我是开个玩笑。DNA在1992年在我国第一次用于鉴定父子关系，一旦应用就打开了一个诉讼的洪流，很多的父亲到医院发现自己的太太怀上了别人的孩子。（笑声）这样就产生了两方面的影响，对女同志的影响我就不讲了，只讲对小孩的影响。这个小孩算是一个不速之客，开后门来的，开后门按中国的通常做法，是哪来哪去，退回去。（笑声）他的生父一夜风流后，回去又结了婚，又生了孩子，对于一夜情的果实，他知道有这个事。但他家里空间很小，就两室一厅，再来一个没有地方住。（笑声）这讲的是物理空间狭窄，他家里也没有一点精神空间容纳一个丈夫的私生子，除非他们家里根本就没有男孩，或者根本就没有小孩，如果是相反的情况，或许这个新太太会高兴地把小孩抱来。这样的安排对于小孩来讲是一个灾难，因为他完全是无辜的。过去叫这个人爸爸，叫了多少年了，现在你告诉他这不是你爹，你爹在那。（笑声）这是一个很残酷的事实。这样的安排的第二受害人是被妻子欺骗的丈夫，他相信自己确实有一个孩子就结扎了。

(笑声) 再生也生不出来了，妻子的风流一旦穿帮，他就由一个有子之父变成了无子之父。在一些落后的农村，没有儿子是一个很大的耻辱，在当地的宗族势力竞争的情况下，这样的父母要受到欺负。在这种情况下，我们要回到取得时效制度的本质：不要搅扰已静之水，事实产生权利。适当惩罚之后要宽容与原谅，不要让你的心灵塞满一些乱七八糟的东西，这就是取得时效制度除了绿色的本质以外的本质。这种情况应如何解决呢？我觉得为了避免两个家庭，甚至是 3 个家庭的强烈震荡，宜用取得时效制度来解决这个问题，占有父亲身份 10 年的，尽管没有血缘关系，只要占有的人愿意就取得此种身份。这个孩子已经叫某人爸爸 10 年了，就让他叫下去好了。这个时候如果哪一方提出来要解除父子关系，法律就说“不”，就说你们在法律上还是父子。于是，水又静下来了，我们的社会生活又进入正常。而且我们应有一种博大的胸怀，就是老吾老以及人之老，幼吾幼以及人之幼。(笑声) 亲属关系本身就是建立在自然与拟制之间的，养子女也是一种拟制的血缘关系。对于这种情况，取得时效是一种解决方法，收养也是一种方法，不过，如果采用后一种途径，又会产生一定的费用。比较一下，还是取得时效的成本小，避免了向民政局交钱。

第三个我讲一个具体的问题，就是对诚信收养人的保护。我们应该借助一个案例说明问题。案例来自中央电视台《今日说法》栏目 2004 年 2 月 29 日的一个节目，叫作《寻子路茫茫》，它讲的是这么一个非常凄惨的故事。安徽阜南县的丁某超和杨某芳夫妇于 1997 年 11 月 29 日生了一个儿子，于 2000 年 4 月的一天，儿子被工友何某军抱走后，丢弃在石家庄火车北站。这个何某军想做一个贩卖儿童的人，赚点钱。但是胆子又不够大，走到石家庄北站以后腿发抖了，良心发现了。然后就把小孩撂下，撂下以后这个车站的工作人员以为是弃婴，他们就为他办理了收养手续，并按《收养法》第 15 条的规定，先后在 2000 年 8 月和 10 月分别在《河北经济日报》和《河北工人日报》上登公告，催告父母来认领孩子，但是父母在这两个月没有来认领，于是办领了收养手续。丁某超夫妇寻子 4 年以后找到了孩子的下落，要求见这个孩子，但被养父母拒绝。对这个案子有 4 种观点，我下面一一介绍。

第一种观点是养父母的观点。他们认为一旦收养关系成立，孩子与亲生父母的关系就解除，也就是说他们收养关系的效力优先于孩子与父母之间的亲生父母关系，简单讲就是一个拟制的关系优先于自然的关系。而且他们还讲了一个人道主义的理由，这个小孩 3 岁就抱过来了，他就以为他们两个是他的父母了，已经形成了家庭式的关系。你突然告诉他这不是你的父母，对小孩来讲是不人道的。

第二种观点为丁某超夫妇的律师所持，他认为，本案中的养父母与孩子之间的收养关系是在特定情况下和特定背景下建立的，违背了丁某超夫妇的真实意愿。就是有亲生父母的人被收养，应该经父母同意，而且还要符合其他条件，例如很贫困。要是不贫困也不行。因此，这个孩子应该归亲生父母所有。

第三种观点为被邀请评说这个案例的北大婚姻法教授马忆南所持，她认为此案中的收养关系完全有效，因此，她的观点跟养父母的观点差不多。她主张等到孩子满 10 周岁以后自己选择是回到生父母身边，还是留在养父母家。这种有点矛盾，既然完全有效的话，还要孩子选择什么？而且她还是基于这么一种考虑，因为养父母家的条件很好，而生父母自己都一贫如洗，难以保证这个孩子有比较好的前途，故马忆南还是觉得在孩子留在养父母家还是好一些。

第四种是我这个观点，不见得对，我是这样看的。我说本案可以根据身份占有取得亲子关系的原理解决。本案中的收养关系有一个缺陷，用取得时效制度的术语讲，是客体的能力的缺陷。因为他是被偷的吗？不能这么说，但媒体报道中用的就是“偷”字，但是应该用“诱拐”这个词，因为偷的客体只能是物，诱拐的客体可以是人，有用错了动词这个缺陷。但是这个缺陷可以通过时间的流逝消除。我认为在本案中，诱拐这个唯一的缺陷导致上述通过收养形成的亲子关系处于可攻击的地位。但由于收养程序合法，养父母对于被诱拐的孩子享有诚信的父母身份占有，此等占有持续到法定期限届满后就应该成为合法的，就可以对抗这种自然的父子关系。但在本案中，还有一个缺陷就是占有身份的时间短了一点，只有4年。按《智利民法典》第271条第1款第3项的规定，应该的期限是10年。侵犯的是人家的骨肉之亲呐！期间应该长一点。由于这个时效期限短一些，这个案子是可以攻击的。如果它的时效期间达到了10年，我就觉得这种拟制的亲子关系可以击破自然的亲子关系。这是我对取得时效制度对适用于我们的人身关系法的一个案件的分析，跟大家探讨。

四、取得时效制度在我国公法上的适用

第四个大问题讲一下取得时效在我国公法上的适用。第一个适用就是追诉时效。追诉时效是舶来的一个制度，我国也规定了，我国《刑法》第87～89条规定了经过5年、10年、20年的时效期间的犯罪不再追诉，但司法机关已立案侦查，或犯罪嫌疑人在受案后逃避侦察和审判的不受时效限制，重新犯罪的，时效中断。这是标的物的能力缺陷造成的中断，导致时效期间重新开始计算。上面的规定至少证明时效制度不仅适用于物法，也不仅适用于所有权，还适用于刑法。怎样解释刑法能运用取得时效制度？民法中的取得时效制度跟刑法中的追诉时效制度的共性如何，值得探讨。

我认为上述条文确定了我国刑事追诉制度的三个构成要件。

第一个构成要件是司法机关不知已发生的犯罪。条文讲的是司法机关已立案侦查，犯罪嫌疑人在受案后逃避侦察或审判的犯罪不适用追诉时效，反推一下就得出这个要件。所谓的立案侦查以司法机关知道有关的犯罪为条件，它没有立案侦查就是它不知道。国家公诉机关就是追诉犯罪的，这是它的职责。所以它没有立案就是不知道，这就极大地限制了刑事追诉制度的适用范围，因为如果是大案或者要案，很少可能它不知道。如果在厦门这么一个岛上发生的爆炸案，我们这里都知道了。杀个人的话报纸上铺天盖地地连续报道，大家都知道了。所以实际上按照这个要件，追诉时效制度的适用范围是很小的。

第二个构成要件是犯罪人在时效期间内未实施新的犯罪。这个很明确，无须解释。但重新犯罪的，时效中断。

第三个构成要件是时效期间的经过。在这里我们要考虑一个问题，就是刑法里面的追诉时效制度跟民法里面的三大时间影响法律效果的制度之间的关系。我们知道刑法跟我们民法之间是主从关系，按照我的民法帝国主义理论，刑法是民法的保障，就像张明楷教授正确指出来的：刑法是所有法律的罚则，尤其是民法的罚则，因为它的有关制度与民法一一对应。民法保护人身关系，它就有侵害人身关系的犯罪；民法保护财产关系，它就有侵犯财产关系的犯罪。它基本上也是两分制，所以一般的轻微的民事违法行为在民法里面解决，重的就到了刑法里。就是说民法之所弃，刑法之所取也。民法就跟刑法是这种亲哥们关系。所以在《法学阶梯》里面刑法被包含在民法里面是毫不奇怪的。有一些犯罪，既不涉及人身关系，也不涉及财产关系。如大逆罪，犯罪人要谋害国家领导人，表面上也是侵害他们的生命权，但是它可能更关注的是一种政治效果。所以这个两分法有一些例外，但是基本上刑法的一些制度都是跟民法紧紧配套的。但是由于我们长期地彼此隔膜，以前是亲哥们，两兄弟好，但是时间长了以后，部门法运动一完成，就各搞各，有的时候两个部门法使用共同的概念，但具有不同的意思。譬如物的概念、人的概念、人格的概念等，他们用他们的，我们用我们的，这种情况是不正常的。所以我们用取得时效的概念，他们用什么呢？用追诉时效的概念。所以当今，我们应时常考虑到刑法与民法的这种伙伴关系，这种互相配套的关系。民法的 3 个时间影响法律适用效果的制度，第一个是取得时效，第二个是诉讼时效，第三个是除斥期间，看看它们能不能各自把这个追诉时效套进去。诉讼时效是解决躺在权利上睡大觉，知道自己有权利而不行使的问题的，因为你要是不知道自己有权利的话，这个时效是不起算的，时效的起算之日也就是你知道你的权利存在之时。而这里说的是司法机关必须知道已经发生的犯罪，才能有追诉时效的问题，不是说的司法机关知道自己的某种权利的存在。所以在这种情况下，诉讼时效套不进追诉时效。第二个可能是用除斥期间套追诉时效。我看张明楷教授的《刑法学》有一种强烈的要把追诉时效解释成除斥期间的倾向，但是除斥期间有两个特征，第一个特征是除斥期间较短；第二个特征是除斥期间是不变期间，但追诉时效制度里的期间很长，最高达到 20 年，而且有中断制度造成期间可变，这样就可以排除它是除斥期间的可能。第三个可能就是取得时效。在我看来，追诉期间很可能就是取得时效。前面讲到的罗马皇帝的敕令，为了讲课的方便，我把很多细节都省略掉了，现恢复一些细节。对于恶信的奴隶占有自由人身份的情形，阿纳斯塔修斯皇帝发布的一个敕答是这么说的："一个奴隶恶信地占有自由人身份的，经过 40 年的时效他也能取得自由人的身份。"这个敕答涉及一个奴隶明知自己是奴隶，还在外面冒充自由人，招摇行骗，跟这个妇女结婚，跟那个人做买卖，总之进行广泛的民事活动的情况。在这种情况下，他本身就是犯罪，叫逃奴。逃奴在法律上不是人，没有犯罪能力。所谓的逃奴，根据罗马法，只能跟帮助他逃逸的人共同才能构成犯罪。这些人或者是包庇逃奴罪，这种罪有一个刑法上的时效，逃奴取得自由人的身份有一个时效，在这个案件中，刑法的追诉时效跟取得时效是配套的。所以在我看来，一方面是国家的追诉时效，这是对上述敕答的一个观察角度，此等时效完成后国家不再追究逃奴及其同谋者的责任；另一方面从所谓的犯罪人的角度来讲，他有一个取得时效，就是刚才讲的是作为“犯罪人”的取得时效，时效完成后由于他对自由人身份的长期占有成为自由人。不过要说明的是：逃奴不是实际意义上的犯罪人，这是罗马法的特殊情况。而在另外的情形，譬如在中世纪，逃亡的农奴就是人，他本身也可以是一个犯罪人。按罗马法的术语难讲这个问题，因为他逃奴是人，没有犯罪能力，但是要是把他换成农奴就比较好讲，就能把这情况解释得清楚了。他得到两重解脱，一个方面他自己是逃亡罪的主体，经过40年的期间逃亡罪就不再成立了，因为这是他获得自由人身份的前提，如果他仍然还受到逃亡罪束缚的话，他怎么可能成为一个自由人？从这个案例中很明显地看得到，这两个观察角度是互相配合的，从不同的角度观察可以有不同的一个结果。所以从犯罪人的角度观察，这是一种取得时效，对良民身份的长期占有导致他取得良民身份。

这是第一种适用，第二种适用有大小两个方面。首先说小的方面：一种共同体资格的取得。我听到一个概念叫“北大混”。我在北大开过一个讲座，他们说有一些听讲座的人根本不是北大的，这些人有讲座就去听，他们占据了听众的大部分，在座的有没有“厦大混”？我在准备这个讲座的时候，就想到一个问题：有些人长期在厦大听讲座，厦大的各种活动都参加，经过一些年后他们是否能取得厦大学生的资格？（笑声）通过取得时效如此！大家可以研究一下这个问题。（笑声）有时候他们比厦大人还厦大人，讲一口地道的厦大口音。作为厦大的一个学生是一种共同体成员的资格，这种东西能不能以时效取得？这是一个很有意思的问题。

还是说小的方面：村民资格的取得，首先看公法方面，按照现在的《村民组织委员会法》的适用情况，要是某人参选某个村的村民委员会的主任，村委会的委员，他必须是本村的村民，但是我看到《今日说法》的一个报道——请原谅这不是一个很严肃的引证，但是我的能耐就这么大，成天看《今日说法》，（笑声）今天中午都看了——就是说如果一个人在某个村长期居住，他即使没有本村户口，也可以竞选村委会的主任，也可以成为村委会的委员。这在我们的公法性法律《选举法》已承认了的，因为这是一种身份资格，没有这种身份的话是不能参加选举的，就像美国的情形，你的户籍在纽约州你才能在纽约州选美国总统，你不能跑到佛罗里达去选，你在那儿没登记，这是一个资格规定。在我们的《选举法》里已承认了村民身份的时效取得，但是很遗憾的是没有人研究这方面的问题，没有说要占有身份多长时间，只是说长期居住在某村，这是第一个情况。第二种情况是在我国的一些城乡结合部的农村，经常发生征地费分配纠纷。所谓征地费分配纠纷是因为城乡结合部的土地经常有被征用的可能，一旦征用，补偿费数目比较大，也比较吸引人，也会吸引外来户早早地在这个地方插一脚。听说在海沧开发之前好多外地妇女嫁到海沧去，这是蒋月老师告诉我的，她们知道海沧有很大的发展前途，就跟海沧的农民结婚了，早早地取得了海沧人资格，将来要是征地什么的，也可以发发财。后来没有征地，让她们很失望，不过后来海沧还是发展了。为了防止这种情况，有些村就人为地限制拥有本村的户口者的数量。限制分为两种，一种是入赘的男子不给上户口，（笑声）分配征地费的时候只能有本村户口的人才能分；另一种是外村女性嫁给本村农民时不让迁入户口。男女迁入都不让，这就造成了不公平，这些嫁入的妇女也好，入赘的男子也好，要承担村里的各种负担，要抗洪抢险，要上堤，要防汛，但是在利益方面却一无所有，这是不合适的。我们可以通过行政手段来解决这个问题，譬如通过一个法律，强制性的规定必须给这些人资格，但是我们也可以通过取得时效来解决这个问题。他如果在某村长期居住，譬如说 10 年，就可取得该村人的身份，无论你是否愿意，利益都必须分给他，这样的话就可以避免一些麻烦的手续。

这是第一个适用，是小的适用；第二个适用是大的适用，涉及全国的问题。我国有 13 亿人口，其中 9 亿是农民。9 亿农民中有 1.5 亿是剩余劳动力，这 1.5 亿大部分人都在城里打工，好多人在城市里居住了几十年。（以下为 2004 年数据）一个农民在重庆居住了 30 年别人还说他是农民，而他的生活方式已经比重庆人还要重庆人了。怎么解决这个问题？我觉得可以通过取得时效来解决，实际上中世纪的欧洲城市已采用这种办法解决类似问题了。说老实话，如果说城市人是自由人的话，农民的自由度是小一点，中世纪的农奴到城市里住一年还可以成为自由人，中国的农民到城市里住了 30 年还不能成为城市人，这是说不过去的，这种身份可以通过——我想 10 年太多了吧！5～6 年就行了，5～6 年就可以通过身份占有取得城市人的身份。这也是有中世纪的先例可循的。

五、结论和余论

第五个大问题讲一下结论和余论。结论很简单。在一个很古的时期，也就是在公元300年至500年的时候，取得时效制度曾经是一个统一适用于人身关系法和财产关系法的制度，但是由于一个我们不知道的原因，通过一个我们不知道的环节，在一个我们不太搞得清楚的时间，取得时效制度拐了个弯，变成了一个仅仅适用于财产法的制度，甚至仅仅适用于财产法里的所有权取得方式的一个制度。由此它为我们的民法的财产法化观察提供了一个例证，很多人千法百计要把民法说成是经济法，这些人的口号是民法仅仅是调整财产关系，但是我们的研究告诉我们一个相反的结论。如果民法确实存在一个财产法化的倾向，那也是近来的事情，以前不是这样的。由此就产生了取得时效制度的另外一个问题，我们研究这个问题不仅是满足对历史的好奇心，而是出于功利的目的，为此，我还研究了取得时效制度适用于现代的人身关系法和公法的可能，我觉得我的论证是有力的，能够说服人的。这样的研究旨在让民法的取得时效制度回到过去的道路上来，来一个合理的还原，把它从财产法的束缚下解放出来，变为一个普通适用于民法的制度。由此会产生一个取得时效制度的定位问题，它是一个该放在什么地方的制度？我觉得那些主张民法应设立总则的人应把取得时效制度放在总则里规定，因为它适用于民法的两大块。重新认识取得时效制度在民法典的结构设计中的位置问题，这是一种必然的结论。另外，取得时效制度不仅适用于人身关系法，而且适用于公法，这样的综合性制度又该往哪里摆？很自然，我想取得时效制度应该放入宪法，成为所有法的总则。一个适用在行政法、国际法、刑法里的跨部门法的制度应该放在一个更高的位置上。为什么取得时效有这么重要的意义？这种意义是基于我们对它的正确的解释或正确的理解，它的意义就是我讲的两个法谚，一个是“勿搅扰宁静之水”，另一个是“时间洗净并抚平一切”。前面讲到人身损害是抚不平的，但是我们让时间尽可能多地把一些皱纹抚平，把一些创伤疗好，岂不更好，所以说取得时效制度体现了一种必要的遗忘和必要的宽容的精神，以及一种在适度惩罚后的谅解精神。这种精神难道不是维持一个健康的社会所必要的吗？如果它是必要的，为什么让它进入宪法大家要感到那么吃惊呢？我们的宪法难道不需要这种精神吗？这是一种基于人的社会性所产生的要求，对过犯进行适度的惩罚，然后加以忘怀。

现在我们还可以从历史来看，取得时效制度到底是什么？前面讲到它是绿色制度，介于义与不义之间的制度，现在我们又有新的发现：关于取得时效制度，在中华人民共和国没有人能像我说的这么多了，不是吹牛！它还是两种制度合并而成的制度，第一种制度是服务于弥补、原谅对法律行为形式要件的疏忽。第二制度是对于社会稀缺资源的一种以大功利为旨归的再分配。严格来讲，取得时效是一种社会主义的制度。这样我就把它引到了过去对它误读的反面，过去讲它是自私自利，现在我们讲它是大公无私，它是为了社会的发展，舍小家为大家。如果在大旱之年有一人在家里放一盆水，他自己不喝，也不让大家喝，这合适吗？大家端了此水喝能够拯救很多人的生命，这是一种非常人道主义的行为，道理是一样的。取得时效制度由于它最早的功能是为了弥补法律行为形式要件的缺陷，它的这个功能经常被人们想起，所以取得时效制度是一种多元混合的性格，我们在讲它的那种社会宽容、社会谅解、社会遗忘的属性时，实际上是在讲它的弥补法律行为形式要件缺陷的功能。这种功能已经很古老了，在《十二表法》第六表第3条里就出现了，实际上还回荡在现在的法律之中，各国的民法典很多还在这个意义上面使用这个制度，这是我们的一个结论。我觉得我们要做的就是重新认识这个制度，从而对它的多面性、丰富的文化内涵有正确的理解。只有正确地理解了它，才能用好它。

下面讲余论。余论就是谈一些吃不准的问题，在探索中的问题，没有结论提出来让大家探讨的问题。第一个余论涉及被拐妇女问题，这是一种比抢婚文明得多的占有妇女的形式，罗马人连抢婚都可以宽容，都能让它成为时效婚，我们对被拐妇女怎么看的呢？通过媒体我们看到，许多被拐卖的妇女在被解救时并不愿意回去，一方面她们所在村的村民围困警察，另一方面被拐卖的妇女抱着丈夫、孩子不放。人家是把她买来的也好，或者是通过其他途径得到的也好，接受她的人家并不是把她当作一个奴隶来对待的，而是把她当作妻子对待的，是把她当作媳妇来对待的。人是有感情的，经过一段时间的相处，开头可能有点不愿意，后来心里就产生一种血肉的联系和一种自然的亲情，这时候把她解救回去，这样做对谁有好处？如果无人得到好处，那就是瞎折腾。所以，我想能不能让5年的身份占有消除妻子曾被拐卖的瑕疵、缺陷。5年之内警察可以干预，5 年之后警察说算了，不管了。这样可能好一点。这是第一个余论。

第二个余论涉及产房抱错孩子，于 20 年后发现真相的情形。最近出现了大量这方面的案例，西安就有一起。为了避免搅扰已静之水，我认为可以通过时效取得亲子关系，由此我们可以用一种博爱的胸怀，天下为公的胸怀把通过身份占有取得的亲子关系凌驾于自然的亲子关系之上，来一个老吾老以及人之老，幼吾幼以及人之幼。这是余论，大家可以研究。

余论三涉及民营企业主的“原罪”问题，请大家注意就这个问题有一个很有意思的对比。我们看到犯罪是有周期的，黑手党徒可能会不想杀人越货了，想改收垃圾。犯罪是这样的，首先是资本原始积累时期的犯罪——通过赌博、开赌场、开妓院、杀人越货、走私等积累资本，犯罪行为总是伴随着很大的风险，利润也比较高，但是谁都想睡个好觉，所以一般的犯罪分子资本积累到一定程度以后就会有金盆洗手的欲望，这是一个自然的周期，他可能没有钱以后又干坏事了。对这个周期的非犯罪阶段是不是要保护？一个人在金盆洗手的时候，你是说：你再洗也没有用，你的手老远就能闻到血腥味，你还是别洗了，你干脆再弄红一点。这是一种态度。第二种态度是：你洗得好，洗了以后就别再弄脏了，好好戴上白手套，跟过去告别，以前的事情我们可以少谈一点，以后我们谈未来。你们说哪一种做法是对的？前种做法对于那些可以拉一拉的人，不拉而是推，这是壮大了敌人的队伍，削弱了自己的力量。（笑声）这是一种让朋友痛苦，让敌人高兴的选择。第二种选择是明智的，我们怎样用制度化的方式来完成第二种选择呢？那就靠两个制度：首先是赦免制度，有一年的5月我到意大利驻华大使馆——又说了这件事了，下面听了两次的同学请原谅——文化处去，该处的处长说他们要跟人民大学合办一个研究赦免制度的国际会议，因为在西方国家，尤其在意大利是定期大赦的。以非法移民为例，西方国家对非法移民是既爱又恨。如果过分地放纵，恐怕会鼓励更多的人来；要是完全不承认其利好的话也不行，因为这些非法移民会受到地下黑社会的敲诈，生活在地下好多年见不到阳光，真的是在地下，因为要拼命地劳动把偷渡费赚回来。但低廉的劳动力成本支撑了美国经济的很多方面，记得里根总统的一个演说就讲到要感谢移民，包括非法移民对美国经济做出的贡献。里根政府时期的司法部长都雇佣墨西哥来的非法移民，因为便宜。（笑声）移民，包括非法移民为美国经济做出了很大的贡献。所以，一个方面美国要是宣布敞开，到美国不要钱，许多人就搬到美国去了，这种结果是美国人不愿意看到的。但是不让移民，美国经济会没有活力，东西老是贵的，所以说美国对非法移民是既爱又恨，这种大赦就像一个闸门一样，非法移民多了以后就关起来，时间长了就放一把，避免漫堤。实际上是这么一种情况，所以他骂是骂，但是都会有5年一次的赦免，非法移民5年后就能拿到绿卡，获得合法的身份。在欧洲也是一样。里根总统也是一个比较直接的总统，由于没有受过政治学的训练，是个演员出身，所以他讲了真话。非法移民对于美国经济贡献很大，尤其是在加利福尼亚地区，对这种情况他们怎么处理？就是通过赦免制度，这是非法移民。而在对所谓的犯罪的资本的转换链条上徘徊的人，对正在准备金盆洗手的人，他们也采取鼓励政策，这个政策就是赦免，在政治上赦免这些人。我国好像没有这个制度，大家注意，在刑法教科书里，赦免跟追诉时效总是放在一起讲的，因为这两种制度的精神是一样的，就是我讲到的必要的遗忘、必要的宽容、必要的谅解、必要的原谅，它们都是一样的。

我国很多民营企业主也有这方面的问题，这个问题怎么解决？赦免制度当然是一个途径，如果我们懒得采取赦免制度，觉得赦免制度会影响很多人的正义感，也可以采取另外一种不显山不露水的选择，那就是取得时效制度。这种制度在这里就可以运用了，现在我们已经有了所谓的追诉时效制度，不过要把它的要件改一改，这些人就可以得到一个新生的机会，我想这是国家之幸，民族之幸。

讲完了，谢谢大家！（掌声）有什么问题吗？我希望这掌声是对我观点表达同意的掌声，而不是表示感谢的掌声。

时间：2004 年 10 月 27 日

地点：厦门大学法学院 B137 教室

记录及整理：厦大民法研究生

附录　外语就是力量，数据库就是腹笥

开场白

首先我向中南财经政法大学的各级领导表示衷心感谢，说老实话，现在是个学术访问的季节，去年的这个时候我到杭州、上海等地活动。今年感到吾道已孤，或者说吾道渐孤。为什么这样说呢，因为我研究罗马法，路越走越窄。全世界范围内都是如此，也包括我在选择罗马法研究的时候，谢邦宇老师，也是我们的前辈，语重心长地告诉我：国栋，你能不能不研究罗马法？罗马法现在在世界范围内不景气。然后我说，我还是要研究。我到了意大利之后，意大利的十大家之二吧，两位教授都劝我不要研究纯粹的罗马法。他们告诉我，你应该学盖尤斯，盖尤斯既写《十二表法评注》，这是好古的作品，同时也讲裁判官告示，这是讲现时代法的作品，他们是这么劝我的，但是我一意孤行，不听劝阻。当然，我们从发表论文、学术成果的影响这方面都没有什么好后悔的。最近在厦门大学开设罗马公法，这应该是一个创举，但是呢却有一些操作上的困难。因为我是民法教研室的老师，开罗马公法有点怪怪的。另外按照厦大的现有体制，该课仅针对2009级的研究生，不是对全校开放。而在选课的时候，民法的学生将来要靠民法吃饭的，选罗马公法也是有点怪怪的。两个怪怪的，一加起来呢，结果选课人数不到5人，最后讲了两周之后，这课就取消了。所以我就感觉到吾道渐孤，也就是说没有市场了。但是正在我心忧戚的时候，我们的张红所长来了一封温暖的邀请信，让我来中南做第一讲，我就感觉吾道不甚孤，所以我非常感谢！这不仅是对我个人的厚爱，也是对我所从事的工作的认同和支持。意大利人也说，靠罗马法是不能赚钱的。但是我们这些书呆子啊，就好这一口，那也没办法。

我今天讲的题目就是：外语就是力量，数据库就是腹笥。这是我多年积累的一些想法，做过准备，有过稿子的。首先我简单地讲一讲，后面大家如果有问题的话，我愿意回答任何问题。我首先做一个简单的概述，举两个例子来说明。

第一个例子，在“二战”初期，有两个很重要的转折。第一个就是坦克的使用，其实在“一战”末期就已经有坦克了，但当时只是作为活动掩体使用的。当时在世界上有3个人看到了这个大趋势，第一个是德国的古德里安元帅，他认为坦克要大规模使用，才能够产生突破力。希特勒之所以能够横扫欧洲，就是因为希特勒用了这个坦克战路线。第二个是戴高乐，他也看到了坦克战的前景，但是其观点没有被法国当局接受，所以后来法国几乎亡国了。第三个是苏联的图哈切夫斯基元帅，只是他的观点也没有被接受，最后还被枪毙了。这个例子说明，在一个变迁的时代，如何看到一个潜在的东西的极大的前景，就应该极大地去把握这个机会。

第二个例子，在"一战"的时候，海战还是处在巡洋舰的时代，但是在世界上有少数人就看到了一种前景，就是说将来的战争是立体战争。将来的海战不是军舰的对攻，而是从航空母舰起飞的舰载机的对攻。实际上在"一战"末期，英国人就把一艘渡轮改造成了航空母舰，这是世界上最早的航空母舰。当时日本看到了，山本五十六是一个航空迷，他不是飞行员出身，但是他所在海军学校也是航空学校，日本的海空军不分家。应该说美国人也看到了这样的趋势，但是真正看到这一趋势的只有日本的山本五十六。最后，他以新的战法取得了战争的优势。坦克集中使用的是欧洲。但在太平洋战争中，西方国家的军力起初远远不及日本。在这里我讲一句闲话，我们很多中国人看不起日本，其实我觉得这是不了解日本。我们现在（2011 年）刚刚有一艘航空母舰的影子，大概明年能够使用。但是在 60 年以前，日本大概有十几艘航空母舰哦，这就说明了我们两个民族的极大差别。

通过前面两个例子，我想说的是，现在我们面临一个时代，就像当前坦克战的前景一样，我们面临一个网络的时代，一个数据库的时代，我们怎么能把握这个机遇呢？

我还有第 3 个例子。在厦门大学，有个想法就是建立一个巨大的图书馆。我并不赞成，我说你建了我也不会去的。我在办公室里面，就可以取得图书馆的一切资源。现在你建图书馆也可以，但不要建大楼，要建大库。我认为数据库的价值就相当于西方盟国与日本在太平洋战场上定胜负的航空母舰的价值。所以我讲的就是如何把握数据库时代，不要被时代淘汰，而是要抢占先机。

外语和数据库这两个问题貌似不相干，但实际上是相通的。因为数据库有中文也有外文，能够利用中文的当然很重要，但更重要的能是利用外文的。这是我的开场白，我觉得这是治学的战略问题。如果我们还是在那些大楼式的图书馆里使劲下功夫，那我估计会面临很多的问题。

一、外语就是力量

第一个问题，我讲外语就是力量这个命题的来历。这个命题套用培根的知识就是力量的命题。但是不能僵硬的理解。应该设定一个前提，即同等条件下，外语就是力量。不是在任何情况下外语就是力量，那么什么是同等条件，第一是志向。我愿意把我的一生献给学问，如果你看不起学问或者仅仅把学问看作谋生的手段，那我就不跟你说了，那是另一个圈子的问题。第二个是头脑，我个人认为在治学的初级阶段，是勤奋第一，天分第二；但是到了治学的高级阶段，可能是天分第一，勤奋第二。能不能有悟性，触类旁通，也是很重要的。所以我的命题的设定是说，在志向与头脑条件相同的条件下，外语就是力量。

第二个问题，是对外语就是力量这个命题的限制，这个命题不见得是一个普适的命题。我认为它的效力只限于西学性的学科，即一些西方移植过来的学科。我们那些国学，中医、中法史就不包括。所以不能无条件地谈论这个命题。但是我是学民商法的，我就说民商法这个专业，在这个命题的效力范围之内。

第三个问题，是为何该命题在西学的领域有效？我认为有四个原因，一是它们都是来自西方。人家从吃奶开始就搞这个，我们不可能赶上甚至超越他们，因为他们也没闲着，比我们更忙。所以，你怎么能够赶上人家呢？这是非常困难的。第二个原因是这些学科的研究具有国际性。我们可以说我们民商法研究的就是日常生活的问题，只要有日常生活的人民，都要研究这些问题。所以你如果关起门来搞，你觉得取得了很大的突破，但是这个突破可能在100年以前的某个地方已经完成了，只是你不知道而已。第三个原因是中国是这方面研究的相对后进的国家。我们自己比自己，可以说中国在改革开放30年（至2011年）以来取得了巨大的进步，但是我们横向比较起来，差别还是很大的。人家玩罗马法、玩民法玩到了出神入化的程度啊，我们甚至都想象不到。第四个原因就是网络社会的建立，使西方的文献容易得到。容易到什么程度呢，很多文献都是免费的。我的一个命题就是知识通过网线源源不断地来，免费而来，就看你认不认识它。遗憾的是讲英语的民族特别抠，某种意义上讲他们很缺德。我们举个例子，英语的数据库，将哈佛大学图书馆法文、意大利文100年以上的书全都扫描收录，因此，我们不必去哈佛大学图书馆，就可以免费看到100年以前的所有的法文、意大利文图书。但是你要看100年以前的英语的经典，则比较困难。英语国家的人民，在某种方面，是慷意大利人法国人之慨啊。100 年以后，这些图书的著作权已经失效了，你不扫描我帮你扫，当然对我们而言是乐享其成，但是对于法国人、意大利人等就不大舒服。因为大家看到你这个资料，不会念你意大利人的好，而是念美国人的好。但是，虽然英语国家的人替人慷慨，但是对自己民族祖先的著作权却极其尊重。即使是过了著作权保护期限，还念念不忘他们的著作权，而对于其他外族的文献，则是采取“非我族类，我可摧之”的态度，全都扫描上去了。所以我们看法文、意大利文的文献往往并不是通过其本国得到，而是通过美国。因此我产生了知识通过网线源源不断而来这样的命题。网络资源非常容易得到，我们举个例子，智利有一个大学，它有一个数据库，那里有拉丁美洲的经典法学杂志，全都是免费的。在这里，我要提到在知识产权保护方面的两个趋势：一是日益加强知识产权保护；二是日益强调知识产权的公益目的。所以，有一个《关于免费从互联网获得知识的柏林宣言》，很多大学签署了这个宣言，其目的是让那些愿意参与知识传播的人，放弃知识产权，让大家能够免费获得。所以，以前我听《美国之音》，它说，有一些贫困国家的人民，上网以后变得富有了，我听了很茫然，我就想上网也能致富吗？后来我接触了这些数据库以后，我觉得真的是致富了。为什么？很多经典文献，它的书价很贵的。所以我每下载一本书，我就在算，我又赚了多少钱。

第四个问题，是对外语就是力量这一命题的精练。我可以说非英语外语就是力量。何解呢？第一，英语不是大陆法系的语言，英美法系的材料只能做肉不能做骨，因为一种语言本身就是一种文化系统，它首先就是一种思想观念、一种价值观念的反映。所以你一说搞民法典，英语世界的人觉得这是愚蠢至极啦。英语世界的人不搞这些东西，排斥这些东西。但是它对微观问题的研究非常好，而宏观的问题它是不研究的。民法典专家到英语世界国家去找灵感的话，无异于缘木求鱼。你注意到没有，留英美以后，能利用这种留英美经历的很少，很多人去了也就是去一趟，不能够用。这个有主观原因也有客观原因。主观原因，比如说很多人没下功夫啊。客观原因是什么呢？口径不大对。但是我们应该注意到一个现象，就是一些去大陆法系留学的人短期之内就取得很好的效果。第一个例子是张明楷，到日本去一年，以后就吃日本饭了。第二个例子是尹田，到法国去不到一年，才 10 个月，再也没有去过，就吃法国饭啦！为什么呢，你短期去大陆法系国家，一拍即合，用尹田的话来讲，我们有时课堂上举的例子都是一样的。你到英语国家以后啊，它的那个体系跟你不一样，你要融入那个环境，转化为教学能力、科研能力需要很长的一个过程。我个人认为到大陆法系国家去，是时间短效果好。我们总结留学史啊，应该说，我们到英美国家出去的人很多，但是效果并不是很好。语言的原因算一个。语言本身即代表了一种思维方法，所以我认为带来力量的外语是西班牙语、意大利语、法语、德语、日语等。俄语是不怎么有用的。

我为什么把西班牙语排在第一呢，就是因为西班牙语是世界的第二大语言，但是我们中国人错误地把它界定为小语种，根本不了解它的世界地位。西班牙语在整个拉丁美洲除了个别的国家如海地、巴西等，都通行。而且我去过其中的墨西哥、秘鲁、阿根廷，都是讲西班牙语。而且西班牙语的文献是非常多的，它的论述方式非常地好接近。我认为意大利的书是很难读懂的，为什么呢，我们最近又接待一个意大利的很会讲中文的朋友，她现在海德堡读大学。她在海德堡大学读书啊，实际上用的还是英语。英语讲究什么呢，就是：能够用一分钱的词汇表达的绝不用五分钱，这是我一个美国朋友的原话。即它的文章好懂。这也是英语数据库为什么流行这么广的一个很重要的原因。我看美国英语很轻松的，但是看英国英语就复杂些。而意大利人写作的价值观念是越复杂越好。所以，我那个在海德堡大学的朋友就说，我现在已经美国化了，所以意大利文总是讲得怪怪的。但是我跟你讲，西班牙人比较接近美国人，一个再简单的问题，西班牙人都要写成教科书，概念、定义、与其他现象的区别，等等，特别好懂。我学西班牙语是学意大利语的副产品。但是我感觉用西班牙语的频率远远超过意大利语。西班牙语人民擅于把复杂的问题简单化，很清楚。上述在海德堡学习的朋友翻译过我的一篇文章，有一年，我去莫斯科开会的时候，这个人把我写的论文翻译成意大利文，我跟她说，你真牛，我自己写的论文，你翻译成意大利文，我看不懂啦！之所以美国人能够在思想上征服世界，有很多的原因。我们大家时间都很紧张，没有时间跟你咬文嚼字。写作上力求简单，这是美国的一种非常好的价值，我们应该学习，不要把文章写得太繁杂。能够说得复杂不算本事，能够把一个深奥的道理说得简单，那才叫大才。之所以把西班牙语排在第一位是因为它材料多，好读，而且是世界的第二大语言。

第二个排了意大利语，为什么呢，因为意大利是大陆法系的故乡，意大利的法学是美轮美奂的，但是稍微难懂一点。我们在哥伦比亚大学法学图书馆可以看得出来世界上某个国家的法学实力，就是说看一个国家的书占多少书架，可以看得出这个国家在世界上的法学实力。因为哥伦比亚大学法学图书馆的藏书是力求齐全的，以比较法见长。你看看意大利的那几架，法国等国家都是好几架的，如果是只有一架或只有一格，那就完啦！而且意大利语是中介性的语言，通过意大利语可以学会西班牙语。我个人就没有专门学过西班牙语，我到了秘鲁一次，西班牙语就提高很多。在那里待 10 几天比埋头学一个月效果好得多。学习西班牙语、葡萄牙语、法语等，意大利语都是中介性语言。法语也是一个学问很深厚的国家的语言，还有德语、日语，等等。我最近研究罗马的税法，发现一百多年前的经典性著作都是法国的，被美国人扫描到网上可以免费获得。然后就是德语、日语等，俄语的用处不大。

第五个问题，是外语分为死的和活的，我认为死的有拉丁文，希腊文。活的语言我就不讲了。那么学死的语言有什么用呢？我个人认为研究中世纪这一时期时，拉丁文是有用的，而研究远古时代时，拉丁文作用应该就不大了，原因在于各民族语言的译本都存在。研究优士丁尼之前的罗马法，几乎所有的文献都有现代语言的译本，不懂拉丁文是没有关系的。但是中世纪的那些文献只有拉丁文版本的，是没有翻译的，当然其读者也相对少一点。中世纪最重要的作家雨果·多诺的《市民法评注》28 卷全部是拉丁文，你遇到关键的一段没有人给你帮忙译出就必须自己译出来。最近我遇到一位 4 世纪的拉丁文作家的作品，他研究罗马宪法的一句话，我自己把它译出来了，没有现代民族语言的译本可以做参考。为了中世纪研究的需要我们要学习拉丁语，还有一个很重要的原因就是博士学位论文的“八股”。博士论文有格式要求，我认为“八股”是有其好处的。我们说第一部分是综述，进行这一部分可以消除很多潜在的错误。综述分两种：国际综述和国内综述。综述可以限定论题为特定时空的论题，不重复别人讲过的内容，在前人研究的基础上工作。如果没有综述的话，你可以从任意地方开始讲。还有就是可以只讲前人讲错的地方，讲对的地方就不讲了，这样可以划定论题。相同的论题在不同的时代有不同的学者进行论述，在特定的时空条件下，如此刻在这里研究这个问题，就有了时间和地点上的定位。博士论文的“八股”结构一般是第一部分为罗马法，第二部分为中世纪法，第三部分是拉丁美洲法，第四部分为意大利法，第五部分是中国法。这种结构这种“八股”本来就是对语言能力的考验。如果不懂西班牙语是不能研究拉丁美洲那一部分的内容的。所以我上次到意大利去就痛感现在的留意者和我们当年的留意者很不同，我们当年在意大利除了学习意大利语、拉丁语外，还学习了西班牙语、葡萄牙语、法语，现在留学意大利的同学没有这样。但是厦门大学的同学不一样，我们送到意大利去的学生，都带去德语和西班牙语的语言教材。其他一些学校的学生没有带，因此他们对我们很敬佩。去年夏天，我在圣彼得堡大学开会，参观他们的图书馆。圣彼得堡大学的老师告诉我们：第一次世界大战之前，学校的名称原本是德语名称，后来改成彼得格勒。以前的法律系老师全部是德国的，所以德国人真的很厉害。当时在场的罗马大学的教授说他们学校也曾是这样。不仅是法学，在医学等方面也是，德国向全世界输出老师。《意大利民法典》是德国模式和法国模式的杂糅，这是有教学基础的。还有一个很简单的事实，你在意大利的博士论文，无论是民法还是罗马法的都必须要引用德语资料。不懂德语简直是没有文化的表征，所以既然在意大利拿学位，必须要考虑其习惯，引用德语文献，德语文献在意大利是很好找的。第二个是西班牙语，厦大的学生去意大利留学都带了西班牙语的教材。其实，论文的中世纪这一段不学习西班牙语是无法完成的。以前我在意大利的时候我们中国人是“附件”，拉丁美洲人是主流，现在反过来了，所以大家也不再重视学习西班牙语。但是交流是很重要的。我在这里强调拉丁文，是因为这是论文要求的。

然后是希腊文，古希腊文和现代希腊文差别很大。我最近写了一篇文章《宪法一词的西方起源考》，副标题是以希腊罗马法为中心。幸好我学习过一点希腊文，希腊文的拼写和查词典及与拉丁文的转写等都会，对我的写作还是很有帮助的。所以我认为外语中死语言还是要学一点。如果有兴趣，工作与此相关，学点拉丁文比不学好。我经常跟学生说，大家条件都差不多，你学了拉丁语整个人都不一样了。研究古典罗马法不一定有必要，但是到了一些品词的环节还是靠语言取胜。而且中世纪是最重要的一段，我在这里推崇中世纪是对传统谬论的一种反思。很多人都跳过这一段，说是黑暗的中世纪，其实这个说法已经过时了。有很多基本的理念都是在中世纪形成的。举例来说，雨果·多诺是中世纪 16 世纪的，托马斯·阿奎那讲到的很多民法观念民法制度跟现世的很多思想观点的关系很密切。所以不对这些进行研究，从历史的角度来看是不完整的。

二、数据库就是腹笥

首先讲腹笥是什么，我认为腹笥是影响一个人行为的内存。我们说一个人写文章大气磅礴，按照中国的文论也就是他腹笥很宽。没有腹笥的人写的文章气局狭小。我们可以说这是一个人的基本修养，文如其人，什么样的人写出什么样的文章。这有一个中介也就是腹笥。腹笥影响写作和气质。腹笥大的人这两方面都很好：写作大气磅礴，为人很大气。我觉得古人讲的养浩然之气，就是指养腹笥。

第二个问题我们讲数据库与腹笥的关系，在网络时代，我个人认为数据库就是腹笥。一个人内化于己的腹笥是有限的，比如我们读了某本书把其变成自己的内在修养是有限的，因为我们读书的能力有限。按照一个统计来看我们一生只能读 533 本书。我在中南读书是很勤奋的，读的书都记了账目，一年最大的阅读量是 22 本，其中还包括《国际歌》那样的小册子。我每个人的阅读能力是有限的，所以要爱惜自己的阅读能力不能滥用。人的器官会随着每次阅读而磨损，眼睛会看不见的。如果读一些乱七八糟的东西会浪费自己的目力。我认为以数据库为腹笥就相当于飞机挂副油箱。尽管我们不能把它内化，但是能随时跟其接触，如同挂一个外接硬盘可以极大地扩大一个人人的内存。数据库的时代如果不能利用它，迟早会被淘汰。整个写作的视野都不够，不能体现你是一个受过良好训练的人。

第三个问题是数据库出现的意义，我认为其改变了我们读书藏书的方式。现在不是说不读书了，在青年时代应有一个阅读时期，要多读一些经典的开拓者的作品作为底子。然后就不读书了或少读书而多读文章。文章就是自己曾经错过的、不知的内容。另外就是数据库对藏书有影响，我曾经藏书很多，现在有很多书都没地方放。现在许多数据库能够随时为我应用，所以藏书也就没那么有必要了。

第四个问题，我认为数据库使不同学校的人有不同气质、有大小不同的腹笥。举例来说，去年有一个厦大毕业的学生在上海交大做老师。他讲了其参与编写书的经历，那些一般高校的老师跟他的写作很不一样，参考的资料都远远不一样。其实就是数据库利用得不一样。像“211”“985”的学校买来的数据库多，参考的资料范围广得多。厦大的那个学生以前是用惯了数据库，所以用不了的时候非常痛苦，以至考虑要不要继续在那里工作下去。所以维持数据库是很重要的，我们验证某个结论要找某句话，随时都要利用到数据库。

第五个问题是数据库与平等。数据库的意义何在呢？我认为是数据库让中国和美国学生读的刊物是一样的。美国的法律图书馆有专门的一层收藏各种 Law Review，因空间有限，所以只有最有名最好的 Law Review 才收集进去。而数据库像 West Law 是什么内容都放进去，所以美国学生跟我们看的杂志是一样的，但是读的书还是有点不一样的。但是，我们现在如果有钱的话还是可以买到任何想要的书的，所以数据库造成了极大的学术平等。这种观念何以产生呢？我是看一个智利人的文章，他被称为拉丁美洲罗马法第一人，在欧洲影响也很大。我发现他写的一篇西班牙语的文章，惊讶于其引用的德语资料量的多，后来知道他的很多资料是通过数据库得到的。这样阅读就超越了国界州界，使我们可以很方便很自由地利用人类文化遗产。我们刚刚讲到《柏林宣言》，其基本理念就是支持知识产品共有，不搞独占。拥护《柏林宣言》很容易，但是采取行动很难。最近我看了一篇文章，援引了一本书，我们过去习惯地认为罗马的夫妻财产制是分别财产制，但是文章引用了保罗的分析谈到了这么一个问题：妻子能不能盗窃丈夫的财产？罗马法上有争论，一个学派认为妻子也是财产的合伙人，因此不能盗窃，这里就暗示着罗马法上也采用了夫妻财产共有制。这些知识都是免费的，需要我们花时间、精力去理解。我认为数据库使学术研究更加平等，包括我们研究欧洲的一些问题，资料基础的差距越来越小。当然也有一个负面的体现，我 12 月去罗马做罗马土地制度的研究，涉及参考文献中一个很重要的拉丁语文本，因为其经过删节很深奥非常难找，我在网上查了很久也找不到。后来一位也是研究这一块的专家告诉我原来已经有法语和英语的文本，但网上没有。不是所有的东西都可以从网上找到。所以对那些不能在网上找到的资料而言，欧洲学者还是有优势的。

第六个问题，为何说欧洲和中国的学生读的刊物不一样，也就是说欧洲的数据库和美国的数据库有区别。我个人认为欧洲人不具有美国人的工作精神或者说图书馆精神。请大家注意我们的图书馆的编目方法都来自美国。建造一个好的图书馆要非常有公益精神，是为人作嫁。首先需要很多经费，去世界各地买书回来；其次需要很多人付出很大的辛劳对书进行编目，使人能够很好的利用。如果书编目得不好，让人找不到就不能被利用，而书的价值正是在于被人利用。在这里顺便讲一下Google的扫描文库，我们在封面上都看到戴着指套的手指，有时候手指也被扫描上去了，扫描工作总是需要有人操作。有一个数据库books. google. com资源很多，不知道大家用过没有？Google早前基于《柏林宣言》将很多国内的书未经作者同意扫描上去，后来中国作家协会跟其打官司，这个数据库就被关了。我在此前趁机下载了很多资料，这些都很宝贵。我个人认为美国人能做大事也能做小事，即服务性的事情。那些扫描上去的手印，我看了之后浮想联翩，那都是牺牲者的手、普罗米修斯之手，其实这也是盗窃之手，但是目的是好的，他们为扫描工作付出了很大的辛劳。而欧洲人多半想做英雄、贵族，不愿做中事、小事，这样其文化影响就衰落了。我们刚才讲到英语不是大陆法系的最好语言，但是我们确实运用英语获取了很多。它有两个要素，一是英语是用最简单的方式写的，二是讲这种语言的人民让人最好地利用各种资料。我刚刚给中国私法网提了意见，即一定要保护知识产权，不然难以持久，不能进入体面的阶段。所以数据库是要收费的，但要比较合理。一个单位购买的数据库达到一定规模使用的程度，那么花费其实是象征性的。在各种环境、因素的共同作用下，美国的文化影响力即其软实力是很大的，表面上看他吃点小亏，但是占了大便宜：我们的思想、文风、使用的资料都是来自美国。欧洲奉行贵族主义没有注意这些，致使其边缘化。

下面讲述中国的数据库问题，我觉得中国处在美国和欧洲之间，还不错。我们创办了知网，包括中国期刊网，博士论文网、优秀硕士论文网等几个部分。我觉得这些非常重要，有的人不愿意用，看不起它。但我觉得每个人的研究都应该有一个基点，比如中国的民法学界，这个概念很抽象，但其实它就体现在期刊网上，期刊网上的民法论文没有谈到的问题就是新问题。现在我们写论文的第一步就是做综述，参考的就是中国期刊网，比如某句话是谁最先说的，可以通过全文检索找出来。所以我个人认为其是某一个研究是否导致知识增量的参照系，也是判断某一个研究者展示自己成果的舞台。比如大家上期刊网上搜索文章，看到标题是上有“优士丁尼”四个字的文章多半是我写的，那么应该说，我在中国为推广优士丁尼做出了不可忽视的贡献，至少让这个名字广为人知。

最后一个问题是写作必须有潜在的读者考虑。我的个人定位是为中国读者写作，所以我不去追赶欧洲标准，不需要按照欧洲标准用几十个注释来说明同一个问题。知识具有地方性，某种知识在某一地方可能过时或者滞销了，但是到另一个地方说不定会很受追捧。我看到波兰人追求自己的文章在意大利的刊物上发表，我就觉得差别在于他还是一个欧洲人，在追赶欧洲标准。我也可以追赶这种标准，但是我以中国读者为参照系来写作。通过吸收罗马法的知识能够让大家对民法有一些新的看法，纠正过去认识上一些错误，我愿足矣。

好，我讲完了。欢迎大家提问。

时间：2011 年 3 月 17 日

地点：中南财经政法大学南湖校区文治楼六楼会议室

记录及整理：中南大民法研究生